21世纪全国高职高专物流类规划教材

采购与供应管理

王波　刘秋平　主　编

申作兰　付宏华　王珂　刘培标　副主编

北京大学出版社
PEKING UNIVERSITY PRESS

内容简介

本书根据采购与供应和物流的内在关系，综合研究了物流和采购与供应的全过程。本书全面阐述了采购与供应的目标和战略、采购与供应流程、采购管理组织、采购价格与谈判、采购质量管理、采购绩效评估与职业道德、采购决策与法规、准时化采购以及供应商管理等方面内容。同时，为了适应职业教育与培训的需要，突出实务性和可操作性，各章都配有学习目标、案例、小结、思考题等内容，还辅以大量的图表，更有利于学生对知识点的理解和掌握。

本书既保持了教材的系统性和完整性，又具有创新性。可作为物流管理及相关专业高职院校教材，也可作为物流企业职业培训教材。

图书在版编目(CIP)数据

采购与供应管理/王波，刘秋平主编. —北京：北京大学出版社，2008.7
(21世纪全国高职高专物流类规划教材)
ISBN 978-7-301-13639-3

Ⅰ.采… Ⅱ.①王…②刘… Ⅲ.①采购—物资管理—高等学校：技术学校—教材②物资供应—物资管理—高等学校：技术学校—教材 Ⅳ.F252

中国版本图书馆CIP数据核字(2008)第051250号

书　　名：采购与供应管理
著作责任者：王波　刘秋平　主编
责 任 编 辑：李　玥
标 准 书 号：ISBN 978-7-301-13639-3/F・1880
出 版 发 行：北京大学出版社
地　　址：北京市海淀区成府路205号　100871
网　　址：http://www.pup.cn　新浪官方微博：@北京大学出版社
电 子 信 箱：zyjy@pup.cn
电　　话：邮购部62752015　发行部62750672　编辑部62765126　出版部62754962
印　刷　者：北京宏伟双华印刷有限公司
经　销　者：新华书店
787毫米×980毫米　16开本　14印张　306千字
2008年7月第1版　2017年 7月第8次印刷
定　　价：24.00元

《21世纪全国高职高专物流类规划教材》

参编院校名单

山东商业职业技术学院
济南铁道职业技术学院
山东英才学院
山东交通学院
山东省农业管理干部学院
济南职业学院
中华女子学院山东分院
淄博职业学院
山东工业职业学院
淄博建筑工程学校
青岛远洋船员学院
青岛职业技术学院
青岛酒店管理学院
青岛港湾职业技术学院
山东外贸职业学院
日照职业技术学院
无锡职业技术学院
东营职业学院
山东交通职业学院
山东科技职业学院
潍坊职业学院
滨州职业学院
鲁中职业中等专业学校
德州职业技术学院

前　言

随着世界经济一体化步伐的加快，国际经贸发展日益活跃，中国已在国际市场中赢得了举足轻重的地位，令世人瞩目，中国正在成为全球采购的重要地区。据了解，企业 70%以上的钱都是采购花出去的，加强开支管理是企业做大做强的核心问题。企业市场的竞争越来越激烈，市场竞争归根到底是人才竞争，国际市场不断扩大，使得国际型的采购与供应人才缺口很大，我国在采购与供应管理人才培养方面尚有很大差距。同时，采购与供应管理岗位涉及面广，无论何种性质企业、行政事业单位和政府部门，都有采购行为，都需要采购与供应管理的人才，采购与供应管理人才已是全国 12 种紧缺人才之一。

在我们与行业专家、学者等人员多次研讨中，认为当前在教学和培训中缺乏合适的采购与供应管理方面的教材或参考书籍。为了较系统地介绍采购与供应管理相关理论和业务知识，我们在前人论著的基础上，结合自身多年的研究成果，编写了本书。本书作者力求向读者介绍实务性的、最新的采购与供应管理知识，全书总共分为十章，由王波、刘秋平任主编，山东英才职业技术学院赵园园参加了第一章的编写，薛坤参加了第二章的编写，郑真真、胡海清参加了第三章的编写，付宏华参加了第四章的编写，日照职业技术学院李辉、王波参加了第五章的编写，山东交通职业学院纪付荣参加了第六章的编写，女子学院山东分院刘培标参加了第七章的编写，日照职业技术学院申作兰、王波参加了第八章的编写，淄博职业学院王珂参加了第九章的编写，日照职业技术学院高明浩、王波参加了第十章的编写，在此对他们的辛勤指导和工作表示衷心的感谢！

由于采购与供应管理在我国正处于成长发展阶段，各种新的论断、理论多之又多。由于时间仓促，编者水平有限，书中难免有不足之处，恳请广大读者提出宝贵意见，以使这套教材与时俱进，保持其时代性和实用性。

编　者

2008 年 6 月

目　录

第 1 章　采购与供应管理概述

【学习目标】

1. 理解采购与供应的概念
2. 理解采购与供应管理的概念
3. 了解采购与供应管理的目标
4. 掌握采购与供应管理的作用

1.1　采购与供应管理

1.1.1　采购与供应

（1）采购的内涵。采购是一种频繁的经济活动，从日常生活到企业运作，人们都离不开它。所谓采购，一般认为是指采购人员或者是单位基于各种目的和要求，从资源环境中获取商品或服务的一种行为，它具有明显的商业性。其过程包括提出采购需求、制订采购计划、选定供应商、经过商务谈判确定价格、确定交货及相关条件、签订合同并按要求收货付款的过程。在这个过程中，一要实现将资源的所有权从供应者手中转移到消费者手中，二要实现将资源的物质实体从供应者转移到消费者手中。前者主要通过商品交换实现其所有权的转移，是一个商流的过程。后者主要通过运输、储存、包装、装卸搬运、流通加工等方法实现商品使用价值的转移，即实体转移，是一个物流过程。因此，采购实际上是商流和物流统一结合的过程。

对采购狭义的理解，可以认为就是买东西，买方一定要先具有支付能力，也就是要有钱，才能换取他人的物品来满足自己需求。当然，为了满足需求不一定非要拥有该物品的所有权，通过获得该物品的使用权也能达到满足需求的目的，因此，广义的采购是指除了以购买的方式占有商品之外，还可以通过下列各种途径取得物品的使用权，主要有租赁、借贷、交换三种方式。租赁是指采用支付租金的方式取得他人物品的使用权；借贷是指凭借自己的信用和彼此之间的友好关系获得他人物品的使用权；交换是指双方采用以物易物的方式取得物品的使用权和所有权，但是并没有以货币直接支付物品的全部价值。

综上所述，我们可以认为采购是以各种不同的途径，包括购买、租赁、借贷、交换等方式，取得物品及劳务的使用权或是所有权，以满足使用的需求。随着贸易全球化的进程以及信息技术和计算机网络的飞速发展，采购环境也发生了巨大的变化，“采购”的内涵也进一步深化，由传统的强调“采购是指买方应该具有一定的支付的能力从而使资源的所有权从卖方转移到买方并最终归买方所有的过程”，扩展到现代的强调“采购就是买方从外部目标市场（供应商）获得经营、维护和管理公司的所有活动处于最有利位置的所有货物、服务、能力和知识的过程”，因此，现代采购的含义不仅仅是指交易过程，而且还要涵盖包括诸如供应商之间的业务、对外贸易、缔结广告合同等活动。在一个大型企业里，采购就其功能来讲不单是采购员或是采购部门的工作，而是企业整体活动的重要组成部分，是集体或团队工作。

（2）采购与供应的关系。采购的对象即“资源”，包括生活资料，也包括生产资料；包括物质资料，也包括非物质资料。能够提供这些资源的供应商就形成了资源市场。供应商或卖方向买方提供产品或服务的过程就是指供应。可见，供应与采购是两个相辅相成的概念，只有存在采购，说明存在需求，供应才有意义；而如果没有供应，也采购不到物品。同时，一个企业可能同时扮演采购者与供应者两种角色，它既要向其供应商采购零部件满足生产的需求，又要向它的消费者供应其产品，把这种情形前后推广，供应过程就形成了一个围绕核心企业，通过信息流、资金流、物流的控制，从采购原材料开始，制成中间品以及最终产品，最后由销售网络把产品送到消费者手中的一个环环相扣的链状过程。这个过程将供应商、制造商、销售商直到最终用户连成一个整体的功能网络结构模式，我们称之为供应链。

1.1.2 采购与供应管理

1. 采购管理

（1）采购管理的概念。采购管理，是经营中的重点。生产、加工或流通企业的原材料、物料物品、经营商品或政府部门的办公用品、机械设备等的采购工作，都与企业或机关单位的生产成本、销售成本和费用成本的结构有着密切的关系。采购管理工作的好与坏，直接影响着企业的经济效益。所以，采购管理也是一门深奥的学问。

采购管理（Purchasing Management）是指为保障整个企业物资供应而对企业采购过程进行的计划、组织、协调、控制等一系列活动，科学采购就构成了采购管理的内涵，即用最小的投入获得较大的产出。它所面对的是整个企业，而不仅仅是企业中的采购人员（因为企业组织的其他成员也要进行有关采购的协调配合工作），他们的使命是保证整个企业的物资供应，同时，为保证进行合理的采购活动，他们也拥有调动整个企业资源的权利。

（2）采购管理的内容。企业的采购管理主要包括三项内容：保证企业所需的各种物资的连续供应；从资源市场获取各种信息，为企业物资采购和生产决策提供信息支持；与资源市场供应商建立起友好有效、长期合作的关系，为企业营造一个宽松有效的资源环境。

采购管理具体来说是计划下达、采购单生成、采购单执行、到货接收、检验入库、采购发票的收集到采购结算等采购活动的全过程，对采购过程中物流运动的各个环节状态进行严密的跟踪、监督，实现对企业采购活动执行过程的科学管理。采购管理包括采购计划管理、订单管理及发票校验管理三个内容。

① 采购计划管理。采购计划管理对企业的采购计划进行制订和管理，为企业提供及时准确的采购计划和执行流程。采购计划包括定期采购计划（如周、月度、季度、年度）、非定期采购任务计划（如系统根据销售和生产需求产生的）。通过对多对象、多元素的采购计划的编制、分解，将企业的采购需求变为直接的采购任务，系统地支持企业以销定购、以销定产、以产定购的多种采购应用模式，支持多种设置灵活的采购单生成流程。

② 采购订单管理。采购订单管理以采购单为源头，对从供应商确认订单、发货、到货、检验、入库等采购订单流转的各个环节进行准确的跟踪，实现全过程管理。通过流程配置，可进行多种采购流程选择，如订单直接入库，或经过到货待检环节后检验入库等，在整个过程中，可以实现对采购存货的计划状态、订单在途状态、到货待检状态等的监控和管理。采购订单还可以直接通过电子商务系统发向对应的供应商，进行在线采购。

③ 发票校验管理。发票校验管理是采购结算管理中重要的内容。采购货物是否需要暂估，劳务采购的处理，非库存的消耗性采购处理，直运采购业务，受托代销业务等均是在此进行处理。通过对流程进行配置，允许用户变更各种业务的处理规则，也可定义新的业务处理规则，以适应企业业务不断重组，流程不断优化的需要。

2. 供应管理

所谓供应管理，即为了保质、保量、经济、及时地供应生产经营管理所需要的各种物品，对采购、储存、供料等一系列供应活动进行计划、组织、协调和控制，以保证供应企业经营目标的实现。过去，多数企业认为：他们对供应商的管理方式不会对企业经营成果产生影响，于是采购方与供应商成为敌对关系，并且经常的变化供应商和使用短期合同，无形中增加了交易成本。当企业发现与供应商的合作可以产生竞争优势时，采购方逐渐改变这种敌对模式，采取相互合作的方式。供应链伙伴的选择过程正变得越来越重要和综合，采购方不仅要检查供应中的各种问题，如质量、交货期、及时响应能力等，还要了解供应商的市场、市场份额、行业趋势、战略计划和投资方向。通过供应管理，可大大降低交易成本，寻求更有竞争力的供应商，提高企业核心竞争力。

企业可以使用战略选择供应商关系，通过外部网开始接受生产计划，而过去都是由供应商检查和完成客户订单。通过这种合作关系，加上新产品开发时间缩短，使得公司成本降低，在没有增加设备的情况下是产量达到过去的四倍，竞争力大大提高。相反，“男怕入错行，女怕嫁错郎”，一旦选择错误的供应商，就会影响企业的竞争力，甚至阻碍企业发展。

采购管理是以交易为导向的“战术职能”，而供应管理是以流程为导向的“战略职能”，随着供应管理的发展，企业对其战略职能越来越认同，事实上，许多企业正在用供应管理或采购与供应管理的概念来替代采购管理的叫法，以反映采购职能的变迁。

1.2 采购与供应管理目标

1.2.1 采购与供应管理的总体目标

对于采购职能总体目标的描述是：在适当的时间以适当的价格和适当的供应商，取得适当的质量和数量的产品和服务。

（1）适当的价格（Right Price）。价格永远是采购活动中的敏感焦点，企业在采购中最关心的要点之一就是采购能节省多少采购资金，因此采购人员不得不把相当多的时间与精力放在跟供应商的“砍价”上。物品的价格与该物品的种类、是否是长期购买、是否是大量购买及市场供求关系有关，同时与采购人员对该物品的市场状况熟悉程度也有关系，如果采购人员未能把握市场脉搏，供应商在报价时就有可能“蒙骗”采购人员，增加不必要的费用。

当然，采购时价格并不是越低越好，还要考虑产品的质量，在满足质量要求的前提下，寻求合理的价格。战略性采购对合理价格的定义是总成本最低，除了产品价格，包括运输、储存、流通加工等采购时发生的各项费用。

（2）适当的质量（Right Quality）。一个不重视产品质量的企业在今天激烈的市场竞争环境中根本无法立足，采购产品品质达不到使用要求的后果是显而易见的：来料品质不良，往往导致企业内部相关人员花费大量的时间与精力去处理，会增加大量的管理费用。来料品质不良，往往在重检、挑选上花费额外的时间与精力，造成检验费用增加。来料品质不良，导致生产线返工增多，降低产品质量、降低生产效率；因来料品质不良而导致生产计划延误，有可能引起不能按承诺的时间向客户交货，会降低客户对企业的信任度；若因来料品质不良引起客户退货，还可能令企业蒙受多种损失，严重的还会丢失客户。

当然，质量不是越高越好，必须符合生产的要求，要适当的处理好质量和成本之间的关系。质量与成本之间的关系用“性价比”来进行平衡。若质量过高则导致质量过剩，使成本大大增加。所以，采购人员不仅要做一个精明的商人，同时也要在一定程度上扮演管理人员的角色，要严把质量关，在日常的采购工作中还要安排部分时间去推动供应商改善、稳定产品质量。

（3）适当的时间（Right Time）。企业已安排好生产计划，若原材料未能如期达到，会引起企业生产延误，即产生停工待料，当产品不能按计划出货时，会引起客户强烈不满。若原材料提前太多时间买回来放在仓库里等着生产，又会造成库存过多，造成采购资金大量积压，这是企业很忌讳的事情。对某些企业来讲，交货时机很重要，科学的交货时间一方面保证企业的生产能按计划持续进行；另一方面也保证了合理的库存，减少库存成本。

因此，采购人员还要扮演协调者与监督者的角色，监督供应商准时交货。

（4）适当的数量（Right Quantity）。批量采购虽有可能获得数量折扣，但会积压采购资金，太少又不能满足生产需要，故合理确定采购数量相当关键，企业要根据具体情况进行分析，确定经济采购数量，采购人员不仅要监督供应商准时交货，还要强调按订单数量交货。

（5）适当的供应商（Right Supplier）。供应商的选择和评估是采购人员面临的首要任务，当然对供应商的监督也是不可缺少的。选择合理的供应商，建立合作伙伴关系，实现供应商和企业的双赢，谋求共同发展。

从采购的发展趋势看，企业选择供应商有集中化的趋势，对供应商提出的要求也越来越高，与供应商的关系越来越密切，要从不断变化的供应来源转变为在性能和价格方面形成一种竞争氛围，并且与少量供应商建立互利的战略性联盟关系。选择好的供应商有助于企业从源头上提高自身的竞争力。

采购人员都有这样的体会，就是在实际的采购工作中强调上述“5R”中的一个方面时，有时就要牺牲其他方面。例如，企业要追求高品质，就不能以市场最低价进货，因为供应商在产品质量上投入了很多精力，它必然会把这方面的部分成本转嫁到客户身上。因此，采购人员必须综观全局，准确地把握企业对所购产品各方面的要求，以便在与供应商谈判时提出合理要求，从而争取有更多机会获得供应商的合理报价，实现科学采购。

1.2.2 采购与供应管理的具体目标

根据企业采购时的侧重点不同，可以将采购与供应管理的目标进行细化。主要包括以下具体目标。

（1）提供连续的物料、供应和服务，保证企业的正常运转。缺货对企业的影响很大，由于供应中断，可能会造成停工损失、丧失销售机会，还会造成企业信誉损失，严重的会失去某些客户，带来更大的损失。

（2）保持并提高质量。为了生产所需的产品和服务，每一项物料都要达到一定的质量要求，否则最终产品或服务将不能达到期望的要求，或者达到期望要求的产品的生产成本远远超出生产预算。由于采购物资质量低劣，会提高产品质量所投入的成本是巨大的，不仅包括停工损失、紧急费用，而且还会影响企业的声誉。所以，要通过不断改进采购流程以及加强对供应商的管理，提高采购产品的质量。

（3）用最低的总成本获得所需物资和服务。在企业中，采购活动消耗的资金比例比较大，这样，采购活动的利润杠杆效应（采购成本的降低会带来利润更大比例的上升）就会表现得非常明显。因此，在确保质量的前提下，应该严格控制采购成本。采购成本的控制和降低可以通过提高采购工作效率、优化供应商、降低库存成本、降低管理费用等途经来实现。

（4）缩减企业的经营周期和备货周期。采购有助于缩短企业的经营周期和备货周期，这主要是通过改进采购物料的质量水平，确保供应商和企业早期参与新产品的设计和改进过程，减少供应商的数量，加强合作关系，保证更频繁的交货等方式来实现的。这样，缩短了交货周期，缩短了经营周期，加速资金周转，有利于企业的发展。

（5）与供应商建立合作伙伴关系。一个采购部门必须有能力发现和发展供应商，分析供应商的能力，从中选择适当的供应商，利用供应商的专业优势，让其积极参与产品开发或过程开发，并且努力对流程进行持续的改进。在目前市场竞争异常激烈的情况下，如果能够找到合适的供应商并建立合作伙伴关系，就能带来企业持续的成本改进，提升产品的市场竞争优势。

（6）条件允许时，将采购作业标准化。从公司角度出发，采购标准化可以使采购人员在执行采购作业时有规则可以遵循，包括采购政策、采购制度、采购程序等内容。通过规范作业，可以提高采购人员的作业效率，积极改善企业管理绩效。

（7）在企业内部与其他部门建立和谐且有效率的工作关系。在现代企业中，由于专业化程度越来越高，如果没有企业其他部门的合作，采购经理要完成采购工作是非常困难的。采购部门只有和其他部门（生产、销售、仓储、财务等）建立密切的工作关系，才能获得有用的信息，同时企业中的其他部门对物料和信息的需求才能得到及时满足，进行有效工作。事实上，采购部门与企业其他部门的关系正随着管理理念的更新和信息技术的发展更紧密地联系在一起。

（8）提高企业的竞争地位。只有当企业能够有效地控制供应链上所有环节的成本和时间时，这个企业才能表现得富有竞争力。当然，也有其他的方面，比如获得新技术、提高产品质量与服务等。从长远来看，任何企业的成功都依赖于它与客户之间建立和维护良好的关系的能力，面对供应的有效管理则会直接或间接的影响客户。对于企业的全局战略和提升企业竞争地位而制定的供应战略，采购和供应管理都会有重要的作用。

1.3 采购与供应管理的作用

采购与供应管理在企业运行中发挥着重要作用，能够增加企业的利润，提高竞争力等。具体来说有以下几个作用。

1.3.1 控制成本的作用

在现代企业的经营管理中，采购已经变得越来越重要。而且，采购占用企业大量资金，一般情况下，企业产品的成本中外购部分占比较大的比例，约占 60%～70%。因此，外购条件与原材料的采购成功与否在一定程度上影响着企业的竞争力。随着经济全球化和信息时代的到来，专业生产能够发挥更大的作用，导致企业采购的比重加大，即战略性的决定企业运营环节，所以企业越来越重视采购在控制成本中的作用。

采购成本并不是所有供应商给出的价格都是仅以成本为基础的，市场结构和对顾客的价值同样影响产品和服务的定价。简单来说，成本组成的因素主要有：

（1）原材料成本。直接用于产品或服务的生产原材料。例如，原料、组件和零部件的成本。

（2）劳动力成本。包括与产品和服务的生产直接相关的人工成本。

（3）间接费用。包括不能直接归结于产品或服务的，但是又是经营所必需的人工成本和原材料成本，比如，生产器材、维修器材、原材料的人工处理和监督成本。

（4）加工成本。某些特殊的产品需要加工成本，这是一项特殊的费用。

（5）行政管理成本。包括管理费用、营销费用、财务费用以及其他与产品或服务的生产没有直接管理的费用。

（6）利润。利润是从事经济活动所希望达到的成果之一。不获利的企业是无法长久生存的。利润是对供应商的经营风险和生产效率的回报。

我们在考虑采购成本时要建立总拥有成本的观念，总拥有成本不仅仅包括产品或服务的支付价格还包括申请成本、所有权成本、使用和处理成本。采购方必须关系企业的总成本，而不只是订货单上的价格。最低报价并一定等于最低的总成本。采购方必须评估所有者的总成本。

由于信息发达与世界经济高度自由化的结果，过去企业借助技术领先、市场垄断等所形成的超额制造或销售利润正在迅速消失，加上保护消费者权益的呼声越来越高，偏高的产品售价将逐步退让，最终使得企业必须以“买”的途径——减低采购成本，来代替“卖”的方法——提高售价，达到提高利润的目的。

采购可以通过集中方式降低成本。一方面是通过维护基本的供应商数量，并增强平衡采购量的能力来获得较低的价格和更好的服务；另一方面，采购过程中对供应商的选择将影响很多成本，例如，检验成本、质量认证成本、返工成本、缺货成本、延迟订货成本。采购企业还可以通过减少采购订单等采购政策来影响交易成本。

1.3.2　提高企业盈利能力的作用

在多数企业中，采购的商品和服务在企业的商品和服务中的总成本占相当大的比重。一些行业里，货物成本中的 70%～80%是采购成本。如果采购成本占销售额的 60%，劳动力成本占 12%，一般成本和管理成本占 18%，税前利润为 10%，采购成本下降 10%则会使企业的净收益增加 6%（即 60%×10%=6%）。要做到这一点，劳动力成本需要减少 50%（即 6%/12%=50%），一般成本和管理成本需要减少 33%（即 6%/18%=33%）。为了取得同样的净收益，销售需要增加 60%（即 6%/10%=60%）。事实上，若增加销量、提高价格，不仅要受外部市场的制约，而且要扩大生产能力，提高产品差异化程度，往往一时很难办到；而公司内部要降低工人工资，减少管理费用，困难也很大。而且在企业中，这些提高利润的方法都已受到了很高的重视，继续努力的余力都不大。显然，将原材料和服务的采购减少 10%，要比将销售增加 60%或是将劳动力成本减少一半容易。所以越来越多的人认为，采购部门可能成为企业最后一个尚未开发的利润源泉。

1.3.3 信息管理的作用

采购部门与市场的接触可以为企业内部各部门提供有用的信息。这些信息主要包括价格、产品的可用性、新产品以及新技术的应用。供应商采用的新的营销技术和配送体系可能对销售部门大有好处；而关于投资、合并、兼并对象，国际经济动态以及当前和潜在客户的信息，对生产、销售、财务、研发等部门都有一定的意义。

企业采购还有管理、控制与采购相关的文件和信息的任务。从采购管理的角度来讲，其他的职责还有制定并实施采购方针、政策、目标以及改进计划，并进行采购以及供应商绩效衡量，建立供应商审核及认可的方针、考核和评估方法，建立采购质量管理体系，同其他单位的采购水平相比较，不断提高整体的采购水平，建立和培养稳定的、有创造性的专业采购队伍，与其他单位共享采购资源，进行“杠杆采购”。

1.3.4 对企业竞争优势的作用

如果企业不能在客户需要的时候，提供物美价廉的产品或服务，那么企业就没有竞争力可言。要想保持竞争力，就要从源头做起。企业要想满足客户需求，生产高质量的产品，采购部门就要把工作做好。这样，才能保证企业需要物料时，能按质、按量、按时，以低价格获得所需物料，从而控制生产成本。如果企业不能按时为客户提供产品，这样客户会寻找新的供应商，企业失去老客户的代价是很大的，在一定程度上会降低企业的竞争优势。

采购还在成本、交货状况、备货周期、新产品上市时间和经营灵活性等各方面产生影响，共同决定企业的竞争优势。

通过控制采购成本，使得企业的总成本下降，获得价格优势，以争取较大的市场份额；在源头上抓原材料的质量，加强生产管理，保证产品的质量的优势；未来的市场竞争不是单个企业之间的竞争而是供应链与供应链之间的竞争。对市场变化响应最快的供应链将是竞争的胜利者。因为采购活动将影响与时间有关的过程和活动。它在以时间为衡量标准的竞争中发挥着非常重要的作用。良好的采购作业，能够缩短企业的经营周期和新品上市时间，抢占先机，在市场竞争中赢得竞争优势。通过供应链管理和供应商早期参与对客户需求的变化做出及时响应，提高客户满意度，进而获得更多的客户，巩固自己的市场份额。

采购部门的行为还会直接影响到公共关系和企业形象。如果不能用心善待现有的和潜在的供应商，企业就会留下不好的印象，甚至会影响到更多的供应商，这种不良形象对企业产生负面影响，从而无法获得新的交易，也找不到好的供应商，更不用说与供应商建立合作伙伴关系了。反之，如果采购部门的行为为企业带来良好的形象，改善与供应商的关系，就会减少企业的持续成本，增强竞争力。

1.3.5 创造附加值的作用

1. 战略职能

采购和供应管理可以通过很多方式是企业获得成功，但是采购管理者必须从战略的高度来考虑问题，开阔采购管理方面的视野，从全局的角度探讨采购活动，使其成为服务的提供者。战略性的采购可以创造更多的价值。

与传统采购相比，战略性采购关注总成本，使企业总本最小，更注重制定与企业总体目标一致的战略目标来满足未来的需求，优化供应商的数量，选择战略性供应商，寻求总价值最大化。

2. 提供服务

采购活动也为企业提供服务。采购在企业内部主要服务于管理、市场营销、贸易、物流等部门。采购服务主要是通过理解这些内部活动的需求，使他们了解采购如何满足各部门的需求并实现自己的目标。常采用的方法主要有：

（1）搜寻一些可以进一步实现企业目标或帮助内部客户达到目标的新产品、新服务和新流程。

（2）提供可以改善用户业务的原材料或信息。

（3）尽可能实现标准化。

（4）为用户提供可以预测的数据。

【本章小结】

本章主要介绍了采购与供应管理的基本概念，阐述了采购与供应管理的目标，分析了采购与供应管理的作用。主要目的是对采购与供应管理有一个初步认识，在理解的基础上能够对采购形成一个总体印象。

【案例分析】

采购管理需要做到“零库存”

手机生产企业在生产过程中，采购管理起着至关重要的作用。控制得好，可以缩短产品上市时间，若控制不当，反而会影响产品上市，甚至延误市场计划。

众所周知，采购管理作为手机项目管理的一个重要组成部分，其作用和地位是非常特殊的。而在实际操作中，手机的采购分为主件（结构件，主要元器件）采购和辅件（次要元器件、外围部件），其中主件采购对项目的操作流程和项目进度起着相当重要的作用。

作为手机集成商来说，采购管理是其中非常重要的一个环节。采购管理的好与坏，不仅仅关系到企业产品的上市速度和产品质量，而且关系到企业的竞争力，决定企业的生存与发展。所以说，手机集成商都将采购管理当作一项重要的任务来抓，而且要求采购管理必须适应公司和市场的发展需要。

九州世佳手机公司在采购管理上主要采取的是项目经理负责制，对采购管理负责。由项目经理组建采购团队，对整个采购管理过程和流程以及采购结果负责。在此基础上，项目经理必须在保证产品质量的前提下切实控制采购成本，以保证公司以最优价格和最佳服务把产品推向市场，形成公司产品的竞争力。

那么，采购经理是如何保证采购管理的竞争力呢？目前主要采取的是招标的方式，选择 2～3 家供应商进行价格、品质、服务、企业品牌以及行业影响力的综合比较，采取加权的方式，由公司领导以及采购人员进行综合评分，从而选择最佳的供应商作为长期的合作伙伴，双方结成战略合作伙伴关系，共同对产品负责，实现合作双方之间的共赢。

具体来说，在方案公司的选择上，选择成熟方案公司的成熟方案，从市场需求的角度对产品的功能、价格等方面进行综合评估，从而在第一关口上选择能够切实符合市场需求，有一定市场潜力的产品。

在模具公司的选择上，选择比较有实力的、在结构上不会出问题的模具厂商。因为整个开模的周期下来需要 20 天左右，一般需要到 T1 或者 T2 阶段才能成型，结构才能相对比较完善，和板型没有太大冲突。在元器件采购方面，相对来说，元器件采购需要的周期比较短，一般在 10 天之内可全部完成，如电池、喇叭以及显示屏等配件。

其实对于采购管理来说，最主要的就是需要实现“零库存”，控制良好的库存将是衡量采购管理的重要指标。对于公司来说，要求采购人员切实做到有效地采购控制和库存数量，不会造成原材料的积压和浪费。一般的原则是根据市场需求进行生产，再根据销售进展和生产相互配合，要求采购人员每周提交库存报表，保证仓库内不积压零部件，按照市场需求再进行下单进行采购。

【思考题】

1．采购对企业的作用表现在那些方面？

2．怎样做到采购“零库存”？

第 2 章　采购与供应战略

【学习目标】

1．理解采购与供应战略的概念
2．理解并掌握采购与供应管理战略的构成要素
3．掌握采购与供应战略的制定

2.1　采购与供应战略

2.1.1　基本概念

1．战略

“战略”一词源于军事，指筹划和指导战争全局的方略。通常情况下，对于企业来说，所谓战略，可认为是为实现企业长远目标所选择的发展方向、所确定的行动方针及资源分配方案的总纲。按照著名管理学家明茨博格（H.Mintzberg）的理论，可从五个角度来对“战略”进行认识。

（1）战略是一种计划。它是一种统一的、综合的、一体化的计划，有意识的行动程序，处理某种局势的方针。

（2）战略是一种计谋。这是指在特定的环境下，企业将战略作为威胁和战胜竞争对手的一种具体手段。如囤积稀缺资源。

（3）战略是一种模式。战略体现为一系列的行为模式。

（4）战略是一种定位。战略是一个企业在自身环境中所处的位置，或在市场中的位置。

（5）战略是一种观念。所有的战略都是一种抽象的概念，存在于人们的头脑中，体现于战略家们对客观世界固有的认识方式。

2．采购战略

所谓采购战略，是采购部门在现代采购理念的指导下，为实现企业战略目标，通过对供应环境的分析，对采购管理工作所作的长远性的谋划和策略。

企业战略一般分为三个层次：企业总体战略、经营（事业部）战略和职能战略。采购

战略属于职能战略，它为企业总体战略目标的实现提供支持和保障。

3. 采购战略管理

采购战略管理，是指采购管理部门为了实现企业的整体战略目标，在充分分析企业外部宏观环境和供应商所处行业环境及企业内部微观环境的基础上，确定采购管理目标，制定采购战略规划并组织实施的一个动态管理过程。

对这一概念的理解需要强调两点：

第一，采购战略管理是全过程的管理，不仅涉及战略的制定与规划，而且要对战略实施过程进行有效管理；第二，采购战略管理的实质是变革，因此它不是静态的、一次性的管理，而是根据外部环境的变化和内部条件的改变，不断进行创新的动态管理过程。

2.1.2 采购战略规划的内容

总体上采购战略规划涉及以下几部分内容。

1. 采购管理理念

理念即企业的经营哲学，指一个企业为其经营活动所确立的价值、信念和行为准则。采购管理理念是企业为采购管理工作确立的价值观。一般用一句或若干句话简洁明了地概括表达采购工作的地位或希望达到的境界等，主要体现在以下三个层次上：

（1）供应管理的基本立足点，即存在的意义。

（2）组织运作的基本方针，即行动的方式。

（3）采购管理所提供的价值，即具备独特的能力。

2. 采购战略目标

采购战略目标是采购管理部门的经营管理活动在一定时期内要达到的具体指标。在确定采购战略目标时，可以采取标杆法。标杆法亦称基准管理，就是将那些出类拔萃的企业作为企业的测定基准或标杆，以它们为学习的对象，迎头赶上，进而超越之。通过标杆实施过程，帮助企业辨别最优秀企业及其优秀的管理功能，并将之吸收到企业的采购战略规划中，以此改进采购工作绩效。采购管理人员通过与优秀企业的比较，找出本企业采购管理中深层次的问题和矛盾，发现过去没有意识到的采购技术或管理上的突破，发挥更大的创造性，推动采购管理迈上一个新的台阶。世界级企业的采购供应实践活动为我们提供了一系列的管理范式，我们应尽量向它们看齐，逐步缩小与他们的差距，制定出较高水准且切实可行的采购战略目标（见表 2.1）。

表 2.1　一般企业与世界级企业采购供应实践对比

	一般企业	世界级企业
每个购买者的供应商数目	34	5
购买成本占购买的百分比	3.3%	0.8%
购买的交货时间（周）	15	8
订货所花的时间	42 分钟	15 分钟
送货延误的比例	33%	2%
废弃材料的比例	1.5%	0.0001%
每年短缺的数目	400	4

3. 采购战略策略

企业为实现采购战略目标需制定相应的采购策略，包括采购物品战略定位，自制与外购决策，供应商发展战略，采购成本战略，采购人员发展战略等。

4. 采购战略执行方案

最后采购战略还要转换成行动计划，即执行方案。该方案一般采取列表的方式，包括工作内容及目标、量化指标、时间进度安排和行动负责人等。

采购战略规划体系如图 2.1 所示。

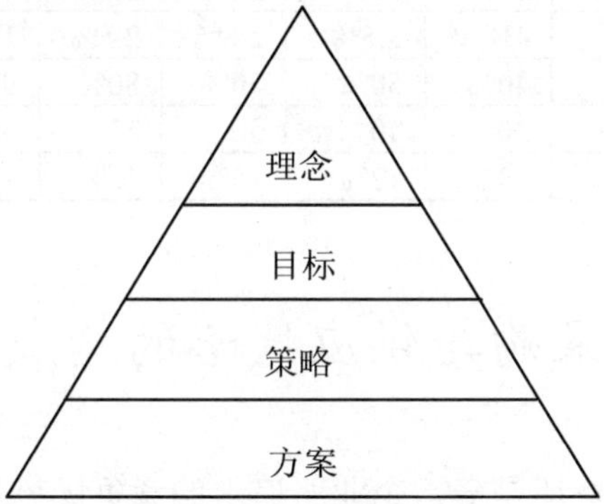

图 2.1　采购战略规划体系

从图中可以看出，一个完整的采购战略规划体系自上而下，从定性到定量，从抽象到具体。采购管理理念是规划的起点，而执行方案是规划的最终具体落实。

采购管理理念：作最终顾客的采购代理人；以优质的服务，让企业内外顾客完全满意

采购战略目标：开发并优化供应网络体系；以最低的成本采购保质保量的物品；加强供应链管理，提高采购的柔性；建立并保持高水平的采购管理队伍。

采购战略规划方案见表 2.2。

表 2.2 采购战略规划方案

规划内容	年份					备注
	2002	2003	2004	2005	2006	
年采购成本降低幅度	20%	20%	20%	15%	15%	供应商优化
BOM 库存（天）	45	40	35	25	20	
BOM 外购比例	60%	65%	70%	80%	90%	
标准件比例	30%	35%	40%	50%	70%	
BOM 供应商数目	400	300	250	200	150	
供应商早期介入比例	5%	10%	15%	18%	25%	
ISO9000 认证供应商比例	40%	60%	75%	85%	95%	
来料免检比例	50%	60%	70%	80%	85%	
平均交货批次准时率	85%	90%	95%	97%	99%	
平均交货周期（天）	20	15	12	8	5	
JIT 供应商比例	10%	15%	35%	50%	70%	直接送上生产线
集中采购比例	40%	60%	70%	80%	85%	
招标采购比例	50%	70%	80%	75%	60%	
网上采购比例	10%	30%	40%	50%	60%	
绿色采购比例	2%	5%	8%	10%	15%	产品回收使用，不污染
管理现代化程度	MRP	MRPII	ERP	ERP	ERP	
供应链管理比例	2%	5%	20%	25%	40%	
废弃材料比例	4%	3.5%	2.8%	2.5%	1.5%	
采购人员本科以上学历比例	40%	50%	70%	80%	90%	
采购人员年培训时间（小时）	30	40	50	55	60	
采购人员轮岗的比例	10%	12%	15%	15%	12%	

2.2 采购与供应战略的构成要素

根据企业的市场目标是宽还是窄，企业所追求的竞争优势是与低成本相关还是与产品差别化相关，一般可以将企业竞争战略分为三种：成本领先战略，差异化战略和集中化战略。当企业制定好总体战略后，接下来才是采购与供应战略的制定。

总体上讲，采购与供应管理的构成要素涉及九个方面，简单表述如下。

2.2.1 什么

在这方面企业要解决的基本问题就是自制或外购的问题。如果企业所需要的产品或服务是标准化的，在市场上容易采购得到，而且企业具有较强的采购实力，那么就可以选择外购。大量的采购可以使企业获得一定的价格优惠，而且标准化的产品不涉及企业的生产机密；对应的是如果企业所需要的产品或服务比较特殊，在市场上不容易采购，而且这些特殊的产品的生产直接影响企业最终产品的核心竞争力，这时候企业倾向于自制。

2.2.2　质量

消费者对产品质量的关注要求企业必须保证制成品质量的稳定，只有这样企业才能保持市场份额。为了实现这一目标，企业的质量保证工作必须从源头抓起，供应商必须保证质量稳定的原料和零部件；同时这样也会使采购企业的生产成本和厂内质量控制费用明显下降。因此，有必要让供应商更多的了解采购企业的质量要求并帮助他们实施规划以达到预期的结果。

2.2.3　多少

这是采购战略中比较重要的一个要素，企业必须解决采购总量与每次采购数量的问题，这就要权衡采购成本、库存成本、生产方式等因素。一般说来，采购数量较小已成了一种趋势，这不同于传统意义上的大量采购以获得价格折扣。理想的状态是，采购企业与供应商一道查明并消除系统中导致库存存在的不确定性根源从而减少系统中的库存。

2.2.4　谁

采购与供应职能应该集中在最高管理部门还是交由采购部门来履行，采购职员应具有什么样的素质，最高管理部门在多大程度参与整个采购过程等问题，都属于“谁”的范畴。

2.2.5　何时

何时采购与采购多少这两个问题是紧密相连的，意思是要在现在采购与将来采购之间做出选择。关键的战略问题是期货购买和库存政策。如果库存政策偏向于持有一定安全库存的话，则更有可能选择现在采购的策略；如果持有货币进行期货投资收益较大的话，则可能会选择将来采购。

2.2.6　什么价格

这里所讲的价格不是传统意义上购买商品或服务所花费的采购成本，而是广义上的成本。它所涉及的问题包括：组织是打算支付高价而得到供应商的额外服务和其他承诺，还是打算支付与市场价格一致的标准价格，还是打算支付低价以取得成本优势。这往往取决于企业制定了什么样的采购策略。一般说来，企业总是希望以最小的代价获得所需要的商品或服务。

2.2.7 在哪里

这里企业需要考虑的问题是：是在地区内、跨地区、还是在全球范围内采购；是向大的供应商采购还是选择小的供应商；单一供应源还是多供应源等。

2.2.8 如何

如何采购是指企业采购与供应的方式方法。企业在如何采购方面面临着大量选择，包括系统和程序、计算机的使用、利用各种团队、谈判、竞争性要价、固定要价、总括订单与开口订单制、系统合同、团队采购、长期合同、采购规则、主动或被动采购、利用采购调查与价值分析、质量保证规划以及减少供应商等。

2.2.9 为什么

这个因素是用来解释为什么企业选择了这样的而不是那样的战略。采取某个采购与供应战略通常的原因是使供应目标与企业的总体目标和战略相一致。其他原因还包括目前的市场状况及对未来市场情况的预期。此外，采取某些战略还可能有采购与供应部门内部和该组织内其他部门的原因。例如，一个经验丰富的采购团队较之新组建的采购团队会采取更具积极性的战略，企业核心部门（如研发部门）的工作可能直接影响采购部门的战略。其他还有环境方面的原因，例如，在产品责任与环境保护方面的政府规章和管理制度可能促使企业采取某些战略。

2.3 采购与供应战略的制定

传统上采购只是用合理的价格在适当的时间，把适当数量和质量的物料送到适当的地点。但是随着市场竞争的加剧、价格的压力及其他种种因素都要求企业应用更加战略性的方法实现采购与供应这一环节。

一般说来，采购与供应战略的制定过程要着重考虑以下两个问题：

首先，采购在战略意义上的重要性。这是根据产品的增值和采购物资占总成本的百分比等因素决定的。

其次，供应市场的复杂程度。它是以供应短缺程度、技术和替代材料的调整程度、进口限制、物流成本和复杂性，以及行业垄断或求大于供等状况来衡量的。

这里简要介绍集中采购与供应战略制定时的可利用的分析方法。

2.3.1　ABC 分析方法

意大利统计学家 Vifredo Pareto 发现了一个普遍的统计结果。在一个国家，大约 20%的人拥有着国家 80%的财富；在一个公司大约 80%的价值是由 20%的骨干员工创造的。在公司采购支出中也遵循这个原则：大约 20%的商品占到了一个公司支出的 80%。ABC 分析法就是 20/80 原理的应用。20/80 原理指出存在着重要的少数 20%和不重要的多数 80%，这一思想告诉采购与供应战略制定者，要将管理资源集中于重要的少数，即花 80%的时间和精力在最重要的 20%上，将得到 80%的回报；而在另外的 80%上只需花费 20%的精力，也能得到不错的效果。

一般来说，企业的物资种类繁多、价格不等、数量不均，由于企业资源有限，对不同的品种应该给予不同的重视程度。为了使有限的时间、空间、资金、人力、物力等得到合理而有效的利用，首先应根据 20/80 原则对物资进行分类，进行分类管理和控制。

1. A、B、C 三类物品的划分

（1）A 类物品。年度使用量的价值约占采购总成本的 70%～80%，物品数量所占百分比约为 15%～20%。

（2）B 类物品。年度使用量的价值约占采购总成本的 15%～20%，物品数量所占百分比约为 30%～40%。

（3）C 类物品。采购价值很小，年度使用量的价值很小，约占采购总成本的 5%～10%，物品数量所占百分比却很大，约为 60%～70%。

要注意的是，实际采购的各类物品的界限并不是很明显，采购人员有时候要根据经验判断物品究竟属于哪一类。将物品分为 A、B、C 三类实际上是一种非常传统的分类方法，现在很多大公司都将物品作进一步的分类，例如加上一个 D 类，或是将 A 类物品进一步分成 AAA、AA、A 三类。这种分类方法的目的只是确保采购人员将精力放在有极大节约潜力的物品上。实践证明有选择性的控制物资比“一视同仁”要有效率的多。

在实际工作中，用一套很简单的计算机程序包就可以算出每件物品的使用量和使用价值，从而对物品进行分类整理。

2. ABC 分析方法的四条基本原则

（1）控制程度

A 类物品应尽可能严加控制，包括最完备、准确的记录；最高层监督的经常评审；要求供应商按订单多频次、小批量交货，尽量缩短提前期。

B 类物品则作正常的控制，包括良好的记录和常规的关注。

C 类物品应尽可能使用简便的控制，定期检查，简化记录；采用大库存量与定货量以避免缺货。

（2）采购记录

A 类物品要求最准确、完整、明细的记录，要频繁甚至时时更新记录；对于事物文件、报废损失、收发货要严密控制。

B 类物品只需正常的记录、成批更新。

C 类物品则简单记录、成批更新。

（3）优先级

在一切活动中应给予 A 类物品高优先级以压缩其提前期与库存；对于 B 类产品只做正常的处理，仅在关键时给予高优先级；C 类物品应给予它们最低优先级。

（4）订货过程

A 类物品应提供仔细、准确地订货量，B 类物品则每季度或是发生主要变化时评审一次 EOQ（经济订货量）与订货点。一般不对 C 类物品作 EOQ 或是订货点的计算，通常在手头存货还很多时就订购下一年的供应量。

3. ABC 分析法的局限性

运用 ABC 分析方法可以识别对公司总成本影响最大的产品和项目。对于 A 类物品而言，建立一个长期的管理系统、改进预测方法、详细分析订货数量和时间决策，将极大地提高总成本的管理绩效；而对于 B 类或 C 类物品这样做则收效甚微。ABC 分析法的侧重点只是采购成本这一个方面，因此，它只是改善采购成本管理的第一步。

对于公司来说，ABC 分析法有助于将管理重心集中于十分重要的方面，即采购成本。但是，该方法只根据一种标准将项目划分为 A、B、C 三类，明显的忽视了其他重要的标准。同时，根据 ABC 分析法我们只能了解某产品或服务对财务状况的相对重要性，而面对市场环境和激烈竞争的供应商时，则无法制定供应管理战略和战术。

2.3.2 供应细分分析方法

鉴于 ABC 分析法的局限性，我们可采用“供应细分”法。这一工具在制定和实施供应战略方面得到了广泛的认可和应用。

1. 支出分析

企业在建立供应细分组合之前，公司需要分析所有购买的产品和服务的支出情况。采购总额应该是把每个部门，每个战略业务单元（Strategic business units，简称 SBU）对每项产品或服务的采购支出进行汇总的结果。支出分析是一项非常繁重单调但又十分重要的工作，是进行供应细分分析的基础。

支出分析的关键一步是在一张图上标出每个库存单位（Stock-keeping units，简称 SKU）和服务大类的位置，图中横轴（x）表示产品或服务的相关成本，纵轴（y）表示供应市场的风险（如图 2.21 所示）。

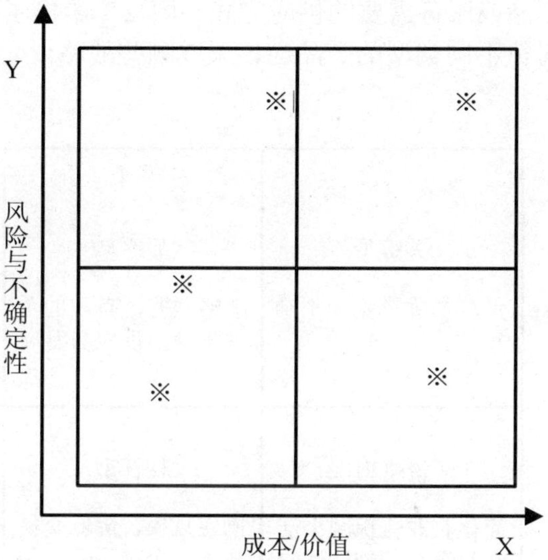

图 2.2　支出分析示意图

图中成本/价值坐标轴表示各项产品或服务的重要性，一般以公司每年对它的支出总额来衡量。实际中会有一些因素无法通过成本确切的标示出来，如进口责任，运输和保管成本等，可以根据实际情况降成本/价值调高或调低一些。在某种程度上，我们可以认为成本/价值描述了所采购物品对企业利润影响的程度。

每个公司必须根据自身情况和需要来确定风险程度。一般来说采购与供应风险有以下一些衡量因素：

（1）采购物品获得的难易程度
（2）供应商的数量
（3）竞争的需要
（4）自产还是外购的可能性比例
（5）库存积压风险
（6）替代品的可能性比例
（7）技术因素
（8）环境因素

2. 供应细分分析方法

当完成最初的支出分析之后，下一步就是通过将图表划分为四个或更多的大类来细分采购，每个大类都要规定一个具体名称。

描述其中所包含的产品或服务需要的供应方式。图 2.3 给出了现今比较普遍的分类方法，并较简单的描述了对待不同类型的产品应该采取哪些战略。

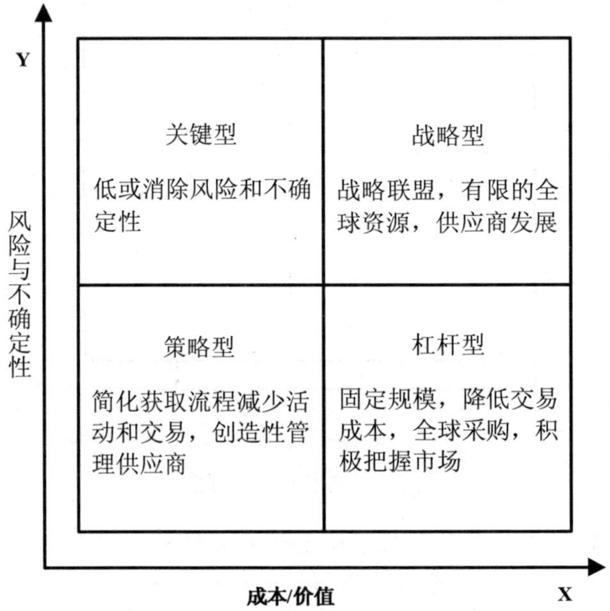

图 2.3 供应细分分析方法示意图

现在，我们来具体分析应如何区别对待不同类型的产品。

（1）象限Ⅰ。代表成本/价值大，对企业利润影响突出，且高供应风险的产品或服务，即“战略型”。战略型的产品或服务能保证企业产品在市场中的竞争力和竞争优势。这种产品或服务会给公司带来风险，但也具有很大的成本/价值。这类产品或服务的决策通常是由企业高层做出的，企业要着重完成以下一些工作：

① 精确的需求预测；

② 详细的市场调查研究；

③ 长期的供应关系的开发；

④ 自产还是外购的决策；

⑤ 风险分析；

⑥ 应变计划的制订；

⑦ 物流、库存和供应商的控制和管理。

（2）象限Ⅱ。代表成本/价值大，对企业利润影响突出，但供应风险较小的商品和服务，即“杠杆型”。该类产品或服务属于一些基本采购，需要支出较多的资金，像包装物、基本的制造物、涂料等都属于此类产品或服务，由于该类产品或服务的竞争中品牌之间的差异很小，供应商通常试图通过提供相关的增值服务来获得采购者的青睐，如 24 小时订货、免费送货等。这类商品或服务的采购决策通常由中级管理者作出，企业要着重做好以下一些工作：

① 充分开发采购的能力；

② 认真选择供应商；

③ 产品的替代；

④ 目标价格策略；

⑤ 谈判；

⑥ 合同采购/零星采购并用；

⑦ 订单量的优化。

（3）象限Ⅲ。代表成本/价值较小，对企业利润影响不突出，但是供应风险很大的商品或服务，即“关键型”。该类商品或服务的成本较低，但由于供应商数量少、到货时间过长或无法交付货物等原因可能导致采购额超支。该象限的产品或服务对于公司的风险较高，而最终的消费者可能并不关心企业为这种产品或服务所付出的代价。这类商品或服务的采购决策一般由企业的部门主管作出，企业要着重做好以下工作：

① 建立供货保障体系；

② 做好供应商的控制和管理；

③ 保证安全库存量；

④ 制订备用计划；

（4）象限Ⅳ。代表成本/价值小，对企业利润影响不突出，并且供应风险比较小的商品或服务，即“策略型”。该类产品或服务属于常规的项目，不直接增加最终产品的附加价值，成本一般比较低，而且万一供应中断给公司造成的潜在威胁也不大。“策略型”产品和服务一般都是标准化的商品，供应充足，可选择的供应商数量也很多。这类商品或服务的采购决策通常由企业下层人员（如采购人员）作出，企业要着重做好以下工作：

① 尽量使产品或服务标准化；

② 做好订单的监测/优化；

③ 库存量的优化；

供应细分分析方法比 ABC 分析法更能反映企业实际，克服了 ABC 分析法只关注采购成本的局限性，保证相应的企业管理人员在权衡成本/价值和风险程度的前提下，优先安排需紧急处理的物资以及相关事宜。

2.3.3 SWOT 分析方法

SWOT 分析是一种对企业的优势、劣势、机会和威胁的分析，在分析时，应把所有的内部因素（包括公司的优势和劣势）都集中在一起，然后用外部的力量来对这些因素进行评估。这些外部力量包括机会和威胁，它们是由竞争力量或企业环境中的趋势所造成的。在这里我们首先要明确：公司的优势是指在执行策略、完成计划已经达到确立的目标时可以利用的能力、自由以及技能，而公司的劣势是指能力和资源方面的不足或者缺陷。

SWOT 分析法适用于企业不同战略层次的制定过程，对这些因素的平衡决定了公司应该在什么时候做什么事。可按以下步骤完成这个 SWOT 分析表：

首先把识别出的所有优势分成两组。分的时候应以下面的原则为基础：看看它们是与行业中潜在的机会有关，还是与潜在的威胁有关。

（1）分组。用同样的方法把所有劣势分成两组。一组与机会有关，另一组与威胁有关。

（2）建表。构建一个表格，每格占四分之一。

（3）填表。把公司的优势和劣势与机会与威胁配对，分别放在每个格子中。SWOT 表格表明公司内部的优势和劣势与外部机会和威胁的平衡。

表 2.3 就是针对采购与供应战略的制定过程，某公司所作出的 SWOT 分析，起因是由于对于某一重要物资的依赖和高度敏感物资的供应源有限：

表 2.3 SWOT 分析法示意

强势（S）	劣势（W）
采购的权利，规律性需求，采购的公正和信誉	高度敏感的进口物资
机遇（O）	**挑战（T）**
替代产品，与某供应商纵向合并的可能，外包，合作伙伴，虚拟公司的形成	来自竞争对物资的竞争，缺乏供应商，货币兑换率的变动

根据上述分析，在企业战略层面所作出的战略可能是纵向合并供应商、外包或是长期合作，以及形成虚拟公司；而在采购与供应职能层所作出的策略可以是寻找替代品等。

【本章小结】

企业战略是企业的管理层所制定的“策略规划”，目的是建立本企业在其市场领域中的位置，成功地同其竞争对手进行竞争，满足顾客的需求，获得卓越的公司业绩。它的涵盖范围广，涉及企业经营和管理的层层面面，是一个不断循环前进的动态过程。采购与供应战略作为它的职能子战略之一，为实现企业战略目标而服务，是企业战略的有机组成部分。本章介绍了采购与供应战略的概念，采购与供应战略与企业战略的关系，采购与供应战略的构成要素，以及采购与供应战略的制定等知识。

【案例分析】

联想供应链管理与采购战略

联想集团作为我国在 IT 行业的领头企业，其供应链以及采购环节有一些主要的特点，这些特点与整个 IT 市场相关，第一个特点是主要产品价格的波动风险非常大，影响因素也非常复杂，比较难以准确的预测，当市场发生变化的时候，需要快速的调整才能够满足客户的需要，并且要避免库存带来的风险。第二个特点是部件更新换代非常快也非常频繁，按照联想的统计，基本上每两天就有一个机型发生大的或者是小的改动，产品的降价速度也非常快，需要准确的预测市场的需求，才能满足客户的订单，这就要求不能有太多的库存，既要保证标准化，又要很好的满足客户差异化的需求。很多物料的价格大部分是来自于上一个供应商，而上一个供应商利益驱动的情况是非常明显的，并且很多供应商是寡头垄断或者是少数寡头的特点，所以供应商对整个行业的影响非常大，这是联想在供应链和采购方面的一些基本状况。那么，对于这种格局，联想是如何做的呢？

首先，从联想的供应链来看，联想有三百多家的供应商，要管理整个国内的客户渠道有五千多家。在联想内部，分布有北京、上海和惠阳三个工厂，目前生产的主要产品除了台式电脑、笔记本、服务器之外，还有 MP3 等其他的数码产品，应该说是一个非常复杂的供应链体系。联想的物料主要分为国际性采购的物料和国内采购的物料，国际性的物料，基本上都是通过香港，然后分别转到国内的惠阳、上海和北京，在国内的物料会直接发到各个工厂，然后由各个工厂制作成成品，最后发到代理商和最终的用户。这是联想的供应链双链的模型。在供应链和采购方面，联想是采取一体化的运作体系，把采购、生产、分销以及物流整合成一个统一的系统，根据客户需求来确定整个供应链的管理。联想在运作模式上，目前还并不是一个完全按订单生产的企业，这与面对的客户群有关。联想目前主要的客户 60%～70%来自于个人和中小型企业。所以，联想的运作模式也是采取一种安全库存结合按订单生产的方式，它会有 1～2 天成品的安全库存，更多的是根据用户的订单来快速响应客户的需求。在这样的供应链管理模式之下主要是解决四个方面的问题：首先怎么样保证准确的预测；第二点，怎么样保证在预测出现偏差的时候，能够快速调整；第三点，怎么样满足客户差异化的需求或怎么样满足客户定制的需求；第四点，怎么样很好地完成供应商在采购方面的协同。这四个问题也是很多企业在当今需要面对的主要问题。联想在预测方面主要基于历史数据，联想从市场和代理商当中积累了大量的历史数据，通过对销售的历史数据分析发现产品的销量跟很多的实践因子相关，比如市场自然的增长、季节的因素、联想做的一些优惠活动、新产品的推出等等，都会影响市场的销量。通过对这些因子进行线性的评估来确定在运算方面的模型。通过这种预测模式再加上对代理商和区域市场对客户的预测，可以同时得出联想在短期和长期以及非产品对整个市场多维度的预测。第二方面在预测出现偏差的时候，怎么样进行快速调整。预测偏差的调整涉及上两个方面，一个方面是采购计划方面怎么样快速调整；另外一方面是在生产计划方面怎么样进行快速调整。首先介绍一下在采购计划方面的调整。采购计划的调整，除了刚才讲到的需要根据预测的调整之外，还要受到采购的提前期、安全库存的策略以及采购批量等等的影响，另外还要根据联想在国内多个工厂、多个库存地的实时的计划，从而确定采购计划应该怎么样进行调整和改变。通过供应商的系统可以更好的和供应商实现交货的计划和采购订单和预测等方面信息的协同，从而可以保证从客户端一直到联想内部的系统和供应商端实现整体的信息协同和同步。当销售发生调整或者供应商的状况发生变化的时候，联想可以做到在几个小时之内，把几十种产品、几千种物料、面对几百家供应商的计划调整完毕，这样就加快了对市场反映的变化和应对的能力。生产计划调整方面，目前联想通过电子商务和主要的代理伙伴和代理商和分销商进行合作，基本上每年会有两千多张订单进入联想，联想也是通过这种生产计划系统来快速的完成生产计划的制订，并且可以很快的根据这种生产计划提供给供应商比较准确的送料的计划，来达到和供应商的协同。另外，通过生产计划系统，还能看到在产能方面的状况，当产能不足时，可以通过调整、加班等一些方式，满足客户的订单需求。另外一方面，对于客户定制，客户可以根据他自己的选择，自动的进行配置，系统可以自动的提供报价，这样客户就可以在网上选择产品，并且可以得到时时的价格以及供货的时间。联想以快速的调整及订单的模式来满足客户的需求，在供应商的协同方面我们要提到两点：一点是做到全程协同，在产品研发过程当中就要和供应商进行同步开发，在品质和供应弹性以及成本方面，需要进行一个持续的改善；另外一点，在采购价格方面需要供应商能够保持最佳的竞争力，采取全程紧密的策略，首先在供应商端会实现优胜劣汰，寻找有竞争力的合作伙伴，其次在供应商端会设立相应的采购平台，加强日常的管理，对于这种突发问题的解决以及持续改善项目的推进，联想进行供应商协同一个主要的目的，就是要确保在业界自由的供应商争夺以及采购资源的争夺中，能够保持一种有利的战略位置。因为当前的竞争已经不单纯是一个企业和企业之间的竞争，而是企业和企业之间供应链的竞争。基于刚才在供应商协同的一个理念，联想会定期地对采购的策略进行一些相应的制定，制定整体的采购策略，并且根据采购策略的情况确定是否需要导入新的供应商，并且进行供应商策略的调整。另外，日常对供应商的管理和绩效会定期进行一个评估，评估主要是从研发、质量、服务、几个和供应以及成本五个方面来进行评估。根据这种评估的结果和供应商进行一些日常的采购的管理，通过这个系统就可以实现对供应商管理的规范化和流程化的管理，从而更好的做到对供应商状况的考评，更好的和采购量有一个直接的挂钩。联想根据采购金额和物料的风险确定了四大类的策略：分为战略型、杠杆型、关键型和策略型，针对不同类型的供应商、不同的物料采取不同的策略，从而达到在不同情况下采购资源的最大化。在采购策略方面联想希望和供应商之间采取双赢的策略，另外采取非常紧密的战略，引入优胜劣汰的机制。联想的采购组织除了目前的采购本部是在北京，另外在上海、香港、深圳和台北，在 IT 这个行业供应商比较集中的工厂所在地，也建立了相应的采购平台，从而加强对供应商本地的监控，以及相应的一些日常管理，还有出现问题的时候，一些项目的推进和改进的工作。所以在供应商协同方面主要有以下四部分工作。首先，要确定供应商的总体策略，包括价格成本以及采购比例的控制；其次，引入淘汰机制，以及框架协议的签署；第三，定期和供应商进行互惠活动，更好地推进相互之间的合作；第四，要对新品供应商以及重要零部件上游供应商进行掌控；第五，定期对供应商工厂生产线进行一些审核工作；第六，管理供应商供应能力等方面的一些事宜；第七，对供应商服务方面的管理，主要涉及在索赔和维修服务方面的支持的管控，对供应商财务状况的分析，以及对日常方面的索赔和物料导控方面的管理等。

【思考题】

1. 什么是采购战略和采购战略管理？
2. 采购战略规划的主要内容包括哪些?
3. 采购与供应战略的构成要素都有哪些？
4. 供应细分分析方法与 ABC 分析法相比有什么优势？

第 3 章　采购与供应管理流程

【学习目标】

1．理解采购作业的流程
2．理解采购计划及预算管理
3．了解采购货物的验货与收货
4．掌握采购流程的优化

3.1　采购作业流程概述

对于企业采购来说，各个企业之间的采购策略也许会有不同，但是，总的来讲都有一个共同的模式，一个完整的采购作业流程大致可以分为以下几个过程。

3.1.1　确定需求和制订采购计划

任何采购都是由于企业中某个部门的确切的需求而产生的。需求的确定是采购流程的初始环节。负责具体业务活动的人应该清楚地知道各部门独特的需求：需求什么、需求多少、何时需求。这样，采购部门就会收到各个部门发出的物料需求单。虽然说这类需求也可以由其他部门的富余物料来加以满足。但是，或早或晚公司都要进行新的物料采购。不管是生产或使用部门，销售或广告部门，办公室的负责人或公司主管都可以对于各种各样办公设备的采购需求提出采购申请。

通常情况下，采购部门不同使用的请购单也不相同（见表 3.1、表 3.2）。

表 3.1　企业请购单

<table>
<tr><td colspan="2">编 号</td><td colspan="3">年 月 日</td><td colspan="2" rowspan="2">第 页
共 页</td></tr>
<tr><td colspan="2">FXJ0101</td><td colspan="3"></td></tr>
<tr><td>项 次</td><td>编 号</td><td>品名规格</td><td>单 位</td><td>单 价</td><td>金 额</td><td>备 注</td></tr>
<tr><td></td><td></td><td></td><td></td><td></td><td></td><td></td></tr>
<tr><td></td><td></td><td></td><td></td><td></td><td></td><td></td></tr>
<tr><td></td><td></td><td></td><td></td><td></td><td></td><td></td></tr>
</table>

表 3.2 企业成批请购单

制造号码　　　　　　　　　　　请购单号

产品名称			生产数量			开工日期		
项次	请购材料	单位用量	标准用量	库存量	供应本批数量	请购数量	核准数量	备注

详细地说，需求的确认过程就是采购部门收到采购申请、制订采购计划的过程。有采购需求的部门发出采购请求，计划的制订者审查通过，汇总所要采购的物资，授权采购部门制订和签发订单，采购部门分配到各个采购员，给他们下达采购任务。通常，采购请求包括的信息有：申请者名称、主管审查同意的意见、应计入的成本项目、物料说明书、需求数量和计量单位、要求送货的时间和地点以及其他应当包括的信息。

3.1.2 搜寻并分析供应源

这是采购作业的第二步。对潜在供应商的评价从确定采购需求的那一刻就决定了，并随着物料计划书的发展而发展。

选择、确认供应商的过程，简单的方式就可以打开通讯本，查找客户联系方式，发送采购意向。而复杂的方式则会涉及很多方面。采购部门在进行采购计划前必须先组织采购调查，掌握采购信息。采购调查和市场调查有相似之处，都是对市场信息的搜索和分析。所以，有时采购部门的调研员可以和企业中的信息部门合作进行调查和计划。

采购来源的分析流程首先要列出供应商的名单，这份名单可能来自多个渠道，如市场代表同供应商打交道的经验、相关数据库以及贸易杂志等。对某些项目，公司可能已经有了一个“优先考虑的供应商”名单，新业务首先考虑这个名单上的供应商。这些供应商过去已经证明了他们的能力，依靠这个名单可以节省分析和选择供应商的时间和资源。

买方可以用不同的绩效标准来评价潜在的供应商。这些标准包括供应商的实力、以往在产品设计上的表现、质量承诺、管理水平、技术能力、成本控制、送货服务、优化流程和开发产品的技术能力等。这些因素在不同厂商心中有着不同的权重。而且最终的评价往往需要实地考察供应商的工厂和设备，由于这种考察会导致成本的增加，采购人员确定考察对象时必须十分慎重。

3.1.3 确定价格

确定价格的方法有很多种，其中最为常见的有竞争性报价和谈判两种。

竞争性报价是买方向意愿合作的供应商发出询问。询价单格式见表 3.3。

表 3.3 产品询价单格式示例

产品询价单

编号

____单位____先生

1．本公司有业务需要拟向贵公司洽购下列物品（见附件），请速予报价以作进一步联系。

2．来函或来电请洽本公司采购部电话，并请惠示贵公司联络人员与电话。

3．附件（含物品名称、数量及产品检验说明）。

××公司采购部

年 月 日

采购人员经常评价基于价格的投标书，如果最低报价者没有得到采购合同，买方有义务通知他并给出解释。竞争性报价适用于下列特定情况：采购量足够大，值得进行竞争性报价；供应商很清楚细节和要求，有可能准确估计生产所需的成本；竞争性的市场环境，即有足够的合格竞争者；买方只向技术合格的供应商发出竞标，而愿意合作的供应商则进行报价；买方没有优先考虑的供应商。

如果价格是最重要的标准，而且对采购项目有明确的说明，买方就可以使用竞争性报价。如果存在重要的非价格标准，买卖双方通常会直接谈判，竞争性报价则可在进行直接谈判之前缩小潜在的供应商范围。

当选择供应商不适合使用竞争性报价时，就应进行谈判，下列情况适合选择谈判：当前述任何竞争性报价的标准都不存在时；当采购要求诸多绩效因素（如价格、质量、交货、风险分摊以及产品支持等方面）必须达成一致时；当买方要求供应商的早期参与时；当供应商不能确定风险和成本时；当供应商需要很长时间来开发和生产采购方采购的物品时（这通常会使预测供应商的采购成本变得很难）。

谈判是价格确定中最复杂也是成本最高的一种方法。谈判需要双方坐下来通过商谈来就一项采购/销售合同的主要条款达成共识，如运输、价格、包装、规格及条件等。

3.1.4 拟定并发出订单

选定供应商之后，就要同供应商签订正式的采购订单。订单是采购方向供应方发出的有关货物的详细的信息和指令。采购订单根据采购商的要求、供应商的情况、企业本身的管理要求、采购方针等要求的不同而各不相同。总的来说，订单包括的要素有：订单编号、产品的名称、规格、品质简介、单价、需求数量、交易条件、运输方式、交货期限、交货地址、发票单位等。采购方将订货单寄送给厂商，厂商确认后留存一联作为交货时的凭证，回执联寄回采购方作为验收及物料管理的参考。

3.1.5 订单跟踪和跟催

向供应商发出采购订单之后，并不是可以高枕无忧地等供应商把所订购的货物按质按量按时送到企业的仓库，采购部门应对订单进行跟踪和催货。企业在采购订单发出时，同时会确定相应的跟踪接触日期。在一些企业中，甚至会设有一些专职的跟踪和催货人员。

跟踪是对订单所作的例行跟踪，以便确保供应商能够履行其货物发运的承诺。如果产生了问题，例如质量或发运方面的问题，采购方就需要对此尽早了解，以便及时采取相应的行动。跟踪需要经常询问供应商的进度，有时甚至有必要到供应商那里去走访。不过这一措施一般只用于关键的、大额的和提前期较早的采购事项。通常，为了及时获得信息并知道结果，跟踪是通过电话进行的。现在，一些公司也使用由计算机生成的简单表格，以查询有关发运日期和在某一时点采购计划完成的百分比。

催货只是采购订单跟踪过程中的一小部分，是对供应商施加压力，以便按期履行最初所做出的发运承诺、提前发运货物或是加快已经延误的订单涉及的货物发运。如果供应商不能履行发运的承诺，采购部门会以取消订单或是以后可能进行罚款进行威胁。如果采购部门对供应商能力已经做过全面分析的话，那被选中的供应商就应该是那些能遵守采购合约的可靠的供应商。而且，如果公司对其物料需求已经作了充分的计划工作，如果不是特殊情况，就不必要求供应商提前发运货物。

3.1.6　货物的检验和接收

有关货物的检验和接收工作将在 3.4 节给大家做详细讲解，这里只做粗略介绍。

采购方在接受采购货物之前要对货物进行检验。包括确定检验的时间和地点、确定检验的部门和人员、进行货物检验和对不合格品的处理措施以及采购完毕后填写检验报告几个环节。

检验完毕后要对符合条件的货物进行接收，其中包括与供应商协商送货事宜、协调仓储部门做好货物接收入库工作以及货物接收过程中的问题处理等环节。

3.1.7　开票和支付货款

一般在采购货物检验和接收入库后要对国内供应商进行付款。采购部门应向财务部门提供采购货物检验合格及已入库证明，连同发票一起向财务部门申领支票用于付款。对于长期合作的供应商，可以在签订合作协议时就规定一个付款结算的周期，周期以内该供应商的发票、汇票以及验收入库的证明都将收集在一起，以便周期末进行结算。

付款操作的具体过程如下。

首先，查询物料入库信息。其次，准备付款申请单据。其中值得注意的是五份单据（付款申请单据、合同、物料检验单据、物料入库单据、发票）中的合同编号、物料名称、数量、单价、总价、供应商必须一致。第三，付款审批。审批由财务部门专职人员进行。审核内容包括以下三个方面：单据的匹配性，即以上五份单据在六个方面的一致性及正确性；

单据的规范性；单据的真实性。第四，向供应商付款。企业在付款后应向供应商发出收款提醒。第五，供应商收款。

3.1.8 记录维护

采购的最后一项工作就是记录的维护。这一工作是把采购部门与订单有关的文件副本进行汇集归档，并把想保存的信息转化为相关的记录。

不同公司对不同单据和记录的重要性的认识都各不相同。例如，一张可以作为和外界所签合同的证据的采购订单一般要保存七年，它自然应该比作为内部备忘录的采购申请单的保存期限要长。

无论是手工处理还是借助于计算机，一些必须要保存的记录有以下几种：

（1）采购订单目录。目录中所有的订单都被编号并指明每个订单是未结的还是已结。

（2）采购订单卷宗。所有的采购订单副本都被顺序编号后保存在里面。

（3）商品文件。记录所有主要商品或项目的采购情况（日期、供应商、数量、价格和采购订单编号）。

（4）供应商历史文件。列出了与交易金额巨大的主要供应商进行的所有采购事项。

除此之外，其他的记录文件还有下述几种：

（1）劳务合约。指明所有主要供应商与工会所签合约的状况（合约到期日）。

（2）工具和寿命记录。指名采购的工具、使用寿命（或生产数量）、使用历史和存放位置。这些信息可以避免对同一批工具支付两次以上款项。

（3）少数的小额采购指明从这些供应商处采购付出的金额

（4）投标历史文件。指明主要物料项目所邀请的投标商、投标额、不投标的次数、成功的中标者等信息。这一信息可以清楚表明供应商的投标习惯和供应商之间可能存在的私下串通。

3.2 采购计划及预算管理

3.2.1 采购计划的概念

计划，是管理人员对未来应采取的行动所作的谋划和安排。

采购计划，是指企业管理人员在了解市场供求情况，认识企业生产经营活动过程和掌握物料消耗规律的基础上对计划期内物料采购管理活动所做的预见性安排和部署。它包括两部分内容：一是采购计划的制订；二是采购订单的制定。这两部分内容需要综合平衡，以保证物料的正常供应，并降低库存和成本。

采购计划有广义和狭义之分，广义的采购计划是指为了保证供应各项生产经营活动的物料需要量而编制的各种采购计划的总称；狭义的采购计划是指每个年度的采购计划，即对企业计划年度内生产经营活动所需采购的物料的数量和采购的时间等所做的安排和部署。采购计划是企业生产计划的一部分，也是企业年度计划和目标的组成部分。

采购计划可以从不同的角度进行分类。

（1）按计划期的长短分。可以把采购计划分为年度物料采购计划、季度物料采购计划、月度物料采购计划等。

（2）按物料的使用方向分。可以把采购计划分为生产产品用物料采购计划、维修用物料采购计划、基本建设用物料采购计划、技术改造措施用物料采购计划、科研用物料采购计划、企业管理用物料采购计划等。

（3）按物料自然属性分。可以把采购计划分为金属物料采购计划、机电产品物料采购计划、非金属物料采购计划等。

3.2.2　物料采购订单容量的确定

计算物料采购订单容量是采购计划的重要组成部分。只有准确地计算订单容量，才能对比需求和容量，经过综合平衡，最后制订出正确的订单计划。计算订单容量主要有以下四个方面的内容。

（1）分析采购项目供应资料。在物料采购过程中，物资和项目都是整个采购工作的操作对象。对于采购工作来讲，在目前的采购环境中，所要采购物料的供应商信息是非常重要的一项信息资料。如果没有供应商供应物料，那么无论是生产需求还是紧急的市场需求，一切都无从谈起。可见，有供应商的物料供应是满足生产需求和满足紧急市场需求的必要条件。例如，某企业需设计一家音乐厅的隔音系统，隔音玻璃棉是完成该系统的关键材料。经过项目认证人员的考察，该种材料被垄断在少数供应商手里。在这种情况下，企业的计划人员就应充分利用这些情报，在下达订单计划时就会有的放矢了。

（2）计算总体订单容量。总体订单容量一般包括两方面内容：一是可供应的物料数量，二是可共给物料的交货时间。举一个例子来说明这两方面的结合情况：供应商嘉兴公司在 9 月 30 日之前可供应 6 万个特种轴承（其中 A 型 4 万个，B 型 2 万个），供应商宏远公司在 9 月 30 日之前可供应 8 万个特种轴承（其中 A 型 4 万个，B 型 4 万个），那么 9 月 30 日之前 A 和 B 两种轴承的总体订单容量为 14 万个，其中：A 型轴承的订单容量 8 万个，B 型轴承的订单容量为 6 万个。

（3）计算承接订单容量。承接订单量是指某供应商在指定的时间内已经签下的订单量。但是，承接订单容量的计算过程较为复杂。例如，供应商嘉兴公司在本月 27 日之前可以提供 4 万个特种轴承（其中 A 型 3 万个，B 型 1 万个），若是已经承接 A 型 2 万个，B 型 1 万个，那么对 A 和 B 两种轴承已经承接的订单量就比较清楚（其中 A 型 2 万个+B 型 1 万个=3 万个）。有时供应商各种物料容量之间可以借用，并且存在多个供应商的情况下，其计算比较复杂。

（4）确定剩余订单容量。剩余订单容量是指某物料所有供应商群体的剩余订单容量的总和。用下面的公式表示就是：

物料剩余订单容量=物料供应商群体总体订单容量－已承接订单容量

例如，供应商嘉兴公司的总体订单容量为 6 万个，已经承接订单容量为 4 万个，供应商宏远公司的总体订单容量为 8 万个，已经承接订单容量为 5 万个 ，那么供应商群体的总体订单容量为 6+8=14 万个，已承接订单容量为 4+5=9 万个，则物料剩余订单容量为 14－9=5 万个。

3.2.3 制订订单计划

制定订单计划是采购计划的最后一个环节，也是最重要的环节它主要包括以下四个方面的内容。

（1）对比采购需求与供应容量。这是制订订单计划的首要环节，只有比较物料需求与供应容量的关系才能有针对性地制订订单计划。如果经过对比发现物料需求小于供应容量，即无论需求多大，供应容量总能满足需求，则企业要根据物料需求来制订订单计划；如果供应商的容量小于企业的物料需求，则要求企业根据容量制定合适的物料需求计划，这样就产生了剩余物料需求，需要对剩余物料需求重新制订认证计划。

（2）综合平衡。综合平衡是指综合考虑市场、生产、订单容量等要素，分析物料订单需求的可行性，必要时调整订单计划，计算容量不能满足的剩余订单需求。

（3）确定余量认证计划。在对比物料需求与供应容量的时候，如果供应容量小于物料需求就会产生剩余需求。对于剩余需求，要提交认证计划制订者处理，并确定能否按照物料需求规定的时间及数量交货。为了保证物料及时供应，此时可以通过简化认证程序，并由具有丰富经验的认证计划人员进行操作。

（4）制订订单计划。制订订单计划是采购计划的最后一个环节，订单计划做好之后就可以按照计划进行采购工作了。一份订单包含的内容有下单数量和下单时间两个方面。

下单数量=生产需求量－计划入库量－现有库存量+安全库存量

下单时间=要求到货时间－认证周期－订单周期－缓冲时间

某企业采购计划作业程序如下：

首先，营业部于每年年度开始时，提供主管单位有关各机型的每季度、每月的销售预测。销售预测须在经营会议通过，并配合实际库存量、生产需求量、现实状况，由生产管理单位编制每月的采购计划。

其次，生产管理单位编制的采购计划副本送至采购中心，据以编制采购预算，经经营会议审核通过后，再将副本送交管理部财务单位编制每月的资金预算。

第三，营业部门变更“销售计划”或有临时的销售决策（例如紧急订单），应与生产单位、采购中心协商，以排定生产日程，并修改采购计划及采购预算。

一般的采购计划表如表 3.4 所示。

表 3.4　采购计划表

制表日期

料号	品名规格	适用产品	上旬		中旬		下旬		库存量	订购量
			生产单号	用量	生产单号	用量	生产单号	用量		

3.2.4　采购预算的概念

所谓预算就是一种用数量来表示的计划，是将企业未来一定时期内经营决策的目标通过有关数据系统地反映出来，是经营决策具体化、数量化的表现。

传统的采购预算的编制是将本期应购数量（订购数量）乘以各该物料的购入单价，或者按照物料需求计划（MRP）有效地分配有限的资源来提高效率以获得最大的收益。一个良好的企业不仅要赚取合理的利润，还要保证企业有良好的资金流，良好的预算既要注意实际，又要强调财务业绩。下面通过举例来说明预算是如何影响资源在组织内部分配的。

某企业的每个部门都提交了它的年度预算，涉及部门一年内所要开展的种种活动和所需资金、人员等情况，高层管理人员和会计部门会根据部门年度财务计划来核定业务费用，使人员、资金、设备等与预测的需求相匹配。

由于预算会影响资源的分配，事实上它正是一种在相互竞争的需求中分配资源的工具，因此，它通常使部门的预算失真。一方面，某些部门为了提高其在企业的地位、获得更多的资源和人员，会夸大其词、将预算做大，从而掌握更多的人力、财力、物力，而这些在一定程度上也代表了权力和地位；另一个方面由于预算考虑的是不确定的未来，每一个部门主管都很明白哪些不在其控制之内的外在因素（如：环境变化、消费者偏好的改变等），常常会影响甚至决定预算的最终成败，而管理者很有可能会根据预算与实际数据的比较来评定部门或者是个人的业绩。在这种情况下，保守或悲观的部门主管很有可能会提交一个保守的、收缩了的预算，而不是一份充满挑战性又切实可行的预算报告，从而使预算做小，最终应该得到相应的人力、物力支持的部门反而没有取得与之相匹配的资源。预算本来就是一个协调和综合的过程，它要求企业各个部门，各个层次的管理者根据自己的专业知识以及以往的实践经验，由下到上、层层叠加，共同制定出一个总预算，如果由于内在竞争或者是心理上的保守而使预算失真，那么层层失真的叠加将会使总预算与真实预算发生明显的偏离，严重影响资源的合理分配，进而影响企业总的业绩。

为了确保预算能够规划出与企业战略目标相一致的可实现的最佳实践，必须寻找一种科学的行为方法来缓和这种竞争和悲观的倾向，管理者应当与部门主管就目标积极展开沟通，调查要求和期望，考虑假设条件和参数的变动，制订劳动力的资金需求计划并要求部门提供反馈。管理者应当引导部门主管将精力放到应付不确定情况的出现上，而不是开展所谓的“战备竞争”。

另一方面，为了使预算更具灵活性和适应性，以应对意料之外的可能发生的不可控事件，企业在预算过程中应当尽量做到：采取合理的预算形式；建立趋势模型；用滚动预算的方法，以减少预算的失误以及由此带来的损失。

3.2.5 预算编制的方法与流程

1. 编制预算的方法

编制预算的方法有很多，主要的有滚动预算、弹性预算、概率预算和零基预算等，下面分别对这四种方法进行介绍。

（1）概率预算。在编制预算过程中，涉及的变量较多，如业务量、价格、成本等。企业管理者不可能在编制预算时就十分精确地预见到这些因素在将来会发生何种变化，以及变化到何种程度，而只能大体上估计出它们发生变化的可能性（即概率），从而近似地判断出各种因素的变化趋势、范围和结果，然后，对各种变量进行调整，计算其可能值的大小。这种利用概率（即可能性的大小）来编制的预算，即为概率预算。概率预算必须根据不同的情况来编制，大体上可分为以下两种情况。

① 销售量的变动与成本的变动没有直接联系

这时，只要利用各自的概率分别计算销售收入、变动成本、固定成本的期望值，然后即可直接计算利润的期望值。

② 销售量的变动与成本的变动有直接联系

这时，需要用计算联合概率的方法来计算利润的期望值。

（2）零基预算。零基预算是指在编制预算时，对于所有的预算项目均不考虑以往的情况，一切以零为起点，从实际出发研究、分析未来一定期间生产经营活动的需要和每项业务的轻重缓急，如实确定每项预算是否有支出的必要和支出数额大小的一种预算编制方法。

传统的调整预算编制的方法，是在上期预算执行结果的基础上，根据预算与实际的差异，分析产生差异的各种原因和考虑计划期的实际情况，加以适当调整，确定出计划期内有关项目的预算数。这种预算的浪费或是预算的不足。零基预算的编制方法与传统的预算编制方法截然不同。它在确定任何一项预算时，完全不考虑前期的实际水平，只考虑该项目本身在计划期内的轻重缓急，以零为起点确定预算支出的具体数字。零基预算的编制方法，大致上可以分为以下三步。

① 组织员工拟订预算目标

在编制零基预算时，要动员全体员工投入到拟订预算的工作中去，要求所有员工根据本企业的目标和本部门的具体任务，对可能发生的费用项目逐一考证其支出的必要性和需要额，对各项费用项目写出方案来。

② 对每一费用项目进行成本—效益分析

组成由企业的主要负责人、总会计师等人员参加的预算委员会，负责对各部门提出的费用项目进行成本—效益分析。这里所说的成本—效益分析，主要是指对所提出来的每一个预算项目所需要的经费的和所能获得的收益，进行计算、对比，以其计算对比的结果来衡量和评价各项目的经济效益，然后权衡其轻重缓急，分层次排出其先后顺序。

③ 分配资金、实施预算

将预算期可运用的资金在各费用项目之间进行分配。分配资金应首先满足那些必须支出的费用项目，然后，再将剩余资金在可以增减费用额的费用项目之间按成本效益率进行分配，实施预算方案。

零基预算的特点是不受基期实际数的束缚，一切费用预算额以零为起点，从工作内容需要出发，发挥企业各级管理人员的主观能动性，重新考虑每项预算支出的必要性及规模，并对资源进行有序分配，使预算更符合实际，充分调动企业各级管理人员的积极性和创造性，促进各级管理工作人员精打细算、量力而行，把有限的资金切实用到最需要的地方，以保证整个企业的良性循环，提高整体的经济效益。但该项预算编制方法一切支出均以零为起点来进行分析、研究，因而工作量太大。而且，一个企业，如何把许许多多不同性质的业务按照其重要性排出一张次序表来，也决非易事，其中不可避免地也会带有某些主观随意性。因此，在实际预算工作中，可以隔若干年进行一次零基预算，以后几年内则略作适当调整。这样，既可简化预算编制的工作量，以能适当控制费用的发生。目前，我国大多数企业的费用开支浪费很大，因此，在做预算时，可以考虑使用这些方法。

（3）弹性预算。弹性预算是在编制预算时，考虑到计划期间的各种可能变动因素的影响，编制出一套能适应多种业务量的预算。由于不定期预算需要随着业务量的变化而作相应调整，具有伸缩性，因此称作弹性预算，又称变动预算。

弹性预算是以多种业务量水平为基础而编制的一种预算，因此，它比只以一种业务量水平为基础编制的预算（一般称之为固定预算或静态预算），具有更大的适应性和实用性。即使企业在计划期内的实际业务量发生了一定的波动，也能找出与实际业务量相适应的预算数，是预算与实际工作业绩可以进行比较，从而有利于对有关费用的支出进行有效的控制。

编制弹性预算，首先要确定在计划期内业务量的可能变化范围。在具体编制工作中，对一般企业，其变化范围可以确定在企业正常成产能力的70%～110%之间，其间隔取为5%或10%，也可取计划期内预计的最低业务量和最高业务量为其下限和上限。其次，要根据成本形态，将计划期内的费用划分为变动费用和固定费用。在编制弹性预算时，固定费用在相关范围内不随业务量的变动而变动，因而不需要按业务量的变动来进行调整。而对变动费用，则要按不同的业务量水平分别进行计算。

弹性预算一般用于编制弹性成本预算和弹性利润预算。弹性利润预算是对计划期内各种可能的销售收入所能实现的利润所作的预算，它以弹性成本预算为基础，在这里，采购管理者只需要了解一下即可，无需深入。

（4）滚动预算。滚动预算又称为连续预算，其主要特点是预算期随着时间的推移而自行延伸，始终保持一定的期限（通常为一年）。当年度预算中某一季度（或月份）预算执行完毕后，就根据新的情况进行调整和修改后几个季度（或月份）的预算，如此往复，不断滚动，使年度预算一直含有四个季度（或 12 个月份）的预算，其基本特征如图 3.5 所示。

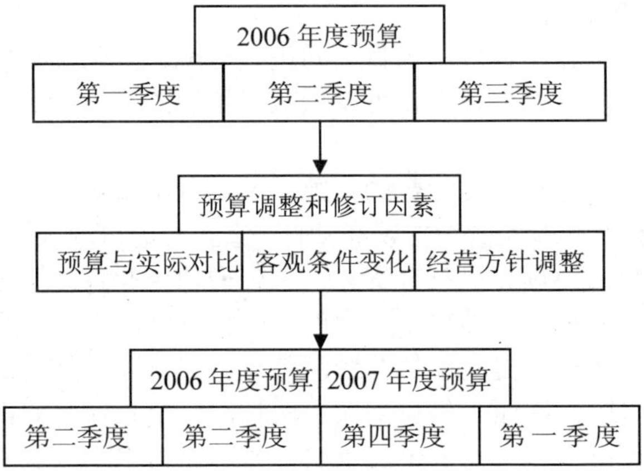

图 3.5 滚动预算的基本特征

滚动预算的理论根据是：企业的生产经营活动是延续不断的，因此，预算也应该全面地反映这一延续不断的过程。另外，人们对未来客观事物的认识也是由表及里、由粗到细的过程，预算要适应人们对客观事物的认识。滚动预算的优点是：

① 能保持预算的完整性和连续性，可从动态预算中把握企业的未来。

② 预算在执行过程中可以结合客观情况，对预算不断调整与修订，使预算与实际情况能更好地适应，有利于充分发挥预算的指导与控制作用。

③ 预算期始终保持四个季度或 12 个月，使得企业经营管理人员能经常保持一种整体的、全盘的经营思想，保证企业各项工作有条不紊地进行。

2. 采购预算的编制步骤

采购预算的编制包含以下几个步骤。

（1）审查企业以及部门的战略目标。预算的最终目的是为了保证企业目标的实现，企业在编制部门预算前首先要审视本部门和企业的目标，确保它们之间的相互协调。

(2) 制订明确的工作计划。管理者必须了解本部门的业务活动，明确它的特征和范围，制定出详细的工作计划表，从而确定部门实施这些活动所带来的产出。

(3) 确定所需要的资源。有了详细的工作计划表，管理者可以对支出做出切合实际的估计，从而确定为了实现目标所需要的人力、物力和财力资源。

(4) 提出准确的预算数字。管理者提出的数字应当保证其最大可能性。可以通过以往的经验做准确判断，也可以借助数学工具和统计资料通过科学分析提出准确方案。

(5) 汇总。汇总各部门、各分单位的预算。最初的预算总是来自每个分单元，而后层层提交、汇总，最后形成预算。

(6) 提交预算。预算是关于预计收入和可能支出的动态模型，它反映的是未来的事情，由于外在的环境总是处于不断变化之中，因此，必须根据实际情况的变化不断进行修订以确保预算最大限度地接近现实，反映实际的支出。采购预算也不例外。由于预算总是或多或少地与实际有所差异，因此，我们有必要选定一个偏差范围，范围的确定可以根据行业平均水平，也可以根据企业的已经给的数据，它的主观性很强，同管理者的偏好有很大关系。例如悲观的管理者同乐观的管理者所能容许的差异范围就相差很大。选定了偏差范围以后，管理工作应当比较实际支出和预算的差距以便控制业务的进展。如果与估计值的差异达到或超过了容许的范围，就有必要对具体的预算做出建议或必要的修订。采购部门常常有责任密切监控其他部门的预算以确保它们不超过整个组织购买产品和服务的预算限制。

3.3　采购合同管理

3.3.1　采购合同的概念

采购合同是经济合同的一种，是供需双方为执行供销任务，明确双方权利和义务而签订的具有法律效力的书面协议。采购合同是采购关系的法律形式，对于确立规范有效的采购活动、明确采购方与出让（卖）方的权利和义务关系、保护当事人的合法权益具有重大意义。

采购合同是买受人通过市场购买自己所需的物品，出卖人将物品的所有权转移给买受人，买受人支付价款的合同。采购合同是买卖合同的一种，是在社会经济生活中经常出现的一种合同之一，它是明确平等主题的自然人、法人、其他组织之间设立、变更、终止在采购物料过程中的权利义务关系的协议，是确定物料采购关系的法律形式。

采购合同除了一般的合同所具有的特征外，还显现出以下一些特点。

(1) 采购合同是一种典型的双务合同。采购合同是一种买卖合同，出卖人和买卖人的权利和义务在法律上是对等的，双方当事人都享有一定的权利，又负有相应义务，通常一方的义务正是另一方的权利，双务合同的特征极为典型。

（2）采购合同约定转移的仅限于标的物的所有权。采购合同是当事人关于一方转移标的物所有权给另一方的协议，买方通过支付价款、接受卖方支付的标的物后，即取得了该标的物的所有权。通过这种等价有偿的方式转移标的物所有权，是商品交换的典型法律形式，是采购合同的基本特征和法律后果。采购合同的标的物主要是实物和劳务，一般不包括权利等无形财产的买卖，如土地使用权的转让，专利权、商标权等知识产权的转让及债权转让等，因其转移的并不是标的物的所有权。

（3）采购合同的买方须向卖方支付一定价款。采购合同的买方取得标的物的所有权是有偿的，其需要向卖方支付一定价款，这是取得标的物所有权的代价。当事人之间关于不以支付价款为代价取得另一方标的物所有权的协议，不属于采购合同。如以赠与方式取得标的物的所有权，或以易货贸易方式取得标的物所有权的协议，都不是严格意义上的采购合同。

3.3.2 采购合同的种类

按照不同的分类标准，可以把采购合同分为不同的种类。

1. 按照有效性分类

按照合同的有效性可以把采购合同分为四种形式，即有效的采购合同、效力待定的采购合同、无效的采购合同和可撤销的采购合同。

（1）有效的采购合同。有效的采购合同是指采购方与出卖方订立的合同是符合国家法律的要求，具有法律效力，受国家法律保护的采购合同。采购合同有效的条件有三个：一是合同的当事人符合法律的要求，即签订合同的主体具有相应的民事行为能力；二是意思表示真实，即合同表达的是当事人内心的真实想法；三是合同的内容不能违反法律和社会公共利益，否则不会受到法律保护。有效的采购合同的成立时间与生效时间是一致的。

（2）效力待定的采购合同。效力待定的采购合同是指合同已经成立，但因其不完全符合合同生效的条件，其效力能否发生尚未确定的合同。《合同法》主要规定以下三种效力待定的采购合同：

① 限制行为能力人订立的合同。限制行为能力人是指年满 10 周岁但未成年的人，以及不能完全辨认自己行为的精神病人。限制行为能力人订立的合同，经法定代理人追认后有效。有效追认期限为一个月，一个月内有表示或拒绝追认的均视为无效的合同。

② 无代理权人以他人的名义订立的合同。这是一种无权代理行为。这种行为包括行为人没有代理权、行为人超出代理权和代理权被终止后以被代理人名义签订合同的三种情况。《合同法》规定：无代理权人以他人名义订立的合同，未经被代理人追认的，对被代理人不发生效力，一切责任由行为人承担。同时规定：无代理权人签订合同的人可以催告法定

代理人在一个月内予以追认，催告的法律与限制行为能力人订立的合同相同。

③ 无处分权人处分他人财产的采购合同。财产处分包括财产的赠与、转让、设定抵押等，财产只能由享有处分权的人处分。

（3）无效的采购合同。无效的采购合同是指当事人虽然协商订立，但因为违反法律，国家不承认其法律效力，不受法律保护的合同。无效采购合同包括五种情况：

① 一方以欺诈、胁迫手段订立合同，损害国家利益的合同；

② 恶意串通，损害国家、集体或者第三人利益的合同；

③ 以合法形式掩盖非法目的的合同；

④ 损害社会公共利益的合同；

⑤ 违反法律、行政法规强制性规定的合同。

（4）可撤销的采购合同。可撤销的采购合同是指在订立合同时，当事人的意思不真实，或一方当事人使对方在违背真实意思表示的情况下签订的合同。这是一种相对无效的合同，主要有三种情况：

① 重大误解的采购合同；

② 显然不公平的采购合同；

③ 欺诈、胁迫的采购合同。

2. 几种特殊的合同

《合同法》还规定了以下几种特殊的采购合同。

（1）分期付款的采购合同。即在合同订立后，出卖人把标的物转移给买受人占有、适用，买受人按合同约定，分期向出卖人支付价款的合同。它的特殊性在于买受人不是一次性付清全部货款，而是按照约定的期限分期付款，这就增加了出卖人的风险。因此这类合同往往约定：如果买受人不及时支付到期货款，出卖人享有保留标的物所有权并要求支付全部货款等权利。

（2）凭样品采购的采购合同。即以样品表示标的物质量，并以样品作为交货依据的采购关系。在样品采购中，采购方应当封存样品以备日后对照，必要时应在公证处封存样品。同时，当事人可以用语言、文字对样品的质量等状况加以说明，卖方交付的标的物应与样品及其说明的质量相一致，否则即构成违约行为。

（3）试用的采购合同。卖方将标的物交给采购方，有采购方在一定时期内试用，并在试用期内有权选择购买或退回的一种采购合同。试用的采购合同是一种附加停止条件的合同。《合同法》第 170 条规定，卖方有权确定试用期限，在试用期限内，试用人享有购买或拒绝购买的选择权。如果买方在试用期满后，对是否购买试用物没有做明确表示，则推定其同意购买，卖方有权请求支付货款。

（4）招、投标的采购合同。招标是订立合同的一方当事人采取招标通知或招标广告的形式，向不特定主体发出的要约，邀请其参与投标。投标是投标人按照招标人提出的要求，在规定时间内向招标人发出的以订立合同为目的的意思表示。招、投标的采购合同，具有公开、公平、公正的特点，能够提高采购的透明度。

3.3.3 采购合同的内容

一份完整的采购合同包含很多内容，从大的方面可以分为三个部分：开头、正文、结尾。

1. 开头的主要内容

（1）合同的名称；
（2）合同编号；
（3）采供双方的企业名称，如果是自然人就应写明其姓名和住所；
（4）签订时间；
（5）签订地点。

2. 合同正文的主要内容

（1）货物的名称与规格；
（2）货物数量条款；
（3）货物质量条款；
（4）价格条款；
（5）运输方式；
（6）交付条款，包括支付期限、支付工具等；
（7）交货地点；
（8）检验条款；
（9）保险；
（10）违约责任；
（11）仲裁；
（12）不可抗力，包括不可抗力事故的范围、不可抗力事故的法律后果、出具事故证明的机构和事故发生后通知对方的期限等。

3. 合同结尾的主要内容

（1）合同份数及生效日期；
（2）签订人的签名；
（3）采供双方的公司公章。

一般国内采购合同不包括保险条款、仲裁条款、不可抗力条款。

3.3.4 采购合同纠纷的解决

1. 采购合同纠纷的概念

采购合同的纠纷是指采购合同当事人之间由于违反采购合同的责任，即违约责任引起的，违约责任是指当事人一方不履行合同义务或者履行合同义务不符合约定，应当承担继续履行、采取补救措施、或者赔偿损失等责任。违约责任必须是由于当事人的过错，致使合同规定的义务不能得到履行或者不能完全履行，违约方应承担以民事责任为主的违约责任。

2. 违约责任的承担方式

违约责任是指当事人违反合同约定应承担的民事责任。

承担违约责任的方式主要有以下几种：

（1）继续履行。指当事人一方不履行合同义务或履行合同义务不符合约定，不论是否已经承担赔偿金或者违约金责任，都必须根据对方的请求，在自己能够履行的条件下，继续履行的条件下，继续履行合同义务。

（2）采取补救措施。主要适用于质量不符合约定的情况。受损方根据标的物的性质以及损失的大小，可以合理选择要求对方承担修理、变更、重做、退货、减少价款或者报酬等违约责任。

（3）赔偿损失。赔偿损失的范围，可以由当事人双方自行约定，也可以由法律直接规定。在法律没有特别规定和当事人没有另行约定的情况下，应按完全赔偿原则，赔偿全部损失。

（4）违约金。是指当事人通过协商预先确定的，在违约发生后作出的独立于履行行为以外的给付。违约金具有惩罚的特质，即当事人违约，不论其是否给对方造成经济损失，都必须支付违约金。《合同法》规定：受害方要求的损失赔偿额，不得超过违反合同一方订立合同时预见或应当预见的因违反合同可能造成的损失。也就是说赔偿的损失是合理预见到的损失，而不是没有限度的。《合同法》规定，当事人可以在合同中约定，如果一方违约应当向另一方支付一定数额的违约金。如果当事人对违约金做出了约定，那么这种违约金称为约定违约金。《合同法》规定：约定违约金低于实际造成的损失，当事人可以请求人民法院或者仲裁机构予以适当增加。同时支付违约金并不免除继续履行的义务，守约方要求继续履行合同的，只要违约方有继续履约的能力，必须继续履行。

（5）定金。如前所述，当事人设立了违约金的情况下，任何一方不履行合同都将承担定金责任。

另外，如果当事人在合同中既约定违约金，又约定定金的，一方违约时，对方可以选择适用违约金或者定金条款。也就是说，当事人只能使用违约金和定金条款中的一种作为违约责任的承担方式，而不能将两者同时并用。

3. 合同纠纷解决的途径

根据《合同法》的规定，采购合同纠纷的解决途径有三种：和解或者调解、仲裁和诉讼。

（1）和解或者调解。所谓和解，简单地说就是买卖合同双方当事人之间的协商解决，是指发生买卖合同争议以后，合同各方当事人直接进行磋商，在互相谅解的基础上解决争议的一种方式。协商解决争议是不能随心所欲的，必须遵循自愿、依法和平等的规则。

所谓调解，是指买卖合同当事人之间发生争议后，由第三方对争议各方依理依法进行劝说，并使争议双方在互相谅解的基础上自愿达成和解协议的一种解决争议的方式。同协商解决一样，调解解决也需要按照自愿、依法和平等的规则来进行。

（2）仲裁。所谓仲裁，又称公断，是指买卖合同的当事人通过协议将其争议提交给仲裁机构，由仲裁机构依照仲裁程序对其争议做出裁决从而解决争议的一种具体方式。仲裁结果具有法律效力。

（3）诉讼。所谓诉讼，是指买卖合同当事人之间产生纠纷以后在没有有效仲裁协议的情形下，其中的一方向人民法院提起民事诉讼，请求人民法院予以解决争议的一种具体方式。采用这种方式需要遵循《中华人民共和国民事诉讼法》的有关规定。

3.4 采购货物的验收与收货

采购货物的验收与收货具有重要意义。地域上较分散的大公司对货物的验收与收货由具体的使用部门来执行，除此之外，企业采用将所有货物接收活动集中于一个部门的做法。由于收货部门与采购部门的关系非常密切，所以许多公司收货部门直接或间接地向采购部门负责。在实施了 JIT（准时化采购）库存管理系统的公司中，对于已经获得认证的供应商的物料可以完全免除验收与收货这两项程序，并被直接送往使用地。对于小额采购而言也可以免除这一程序。

3.4.1 验收与收货的具体意义

验收与收货的具体意义如下：确保订单所采购的货物已经实际到达；检查到达货物的完好性；检查所订购的货物数量；货物送往应该到达的下一个目的地，进行存储、验收或使用；确保与接收手续有关的文件都已登记并送交有关人员。

3.4.2 货物短缺的原因及处理

验收货物时，有时会发现短缺现象。有时是由于运输过程中丢失了一些物料，有时则是发运时就数量不足，也不排除在物料运输过程中损毁的可能。所有的情况都要写出详细的报告交运输部门和采购部门。

3.4.3 货物验收的一般程序

通常，货物接收部门所使用的采购订单副本的数量栏是不填的，是为了让接收部门填写实际所收货物数。然后，物料接收信息传递到采购部门以结清订单；送到库存控制部门以更新库存信息；送达应付账款处理部门以结清票据进行支付。

采用可传递收货单的公司，货物接收部门记录收货日期、供应商名称、物料描述以及实际收到的货物数量。在使用管理信息系统的公司，收货数量直接输入计算机的数据库中。

3.4.4 货物接收要点

（1）确认 P/O 编号（Purchase Order No.）与待收货的 P/O 编号的一致性，当供货商会漏写或写错时，在使用管理信息系统的企业货物将无法接收。

（2）确认供应商、物流名称、物料编号与 P/O 单的一致性。使用管理信息系统的企业是按物料编号收货而不是物料名称。

（3）清点货物数量。收货人员要清点货物实际数量，记录实际数据。

（4）外包装是否损坏。

（5）单据是否齐全。

3.4.5 货物接收单据

（1）送货单。供应商应在送货单中记录供应商名称、物料名称、物料数量、P/O 编号、送货单号、送货日期等信息。送货单一式三联，收货人员确认所送货物无误后在每联上加盖企业收货章，供应商保存一联，收货部保存一联，另一联由财务部保存以作为付款的依据之一。

（2）包装清单。记录了每批货物每个包装单位中的数量。一共有多少包装单位，净重多少、毛重多少、P/O 号等信息。它十分便于收货人员清点数量，还是进口货物报关时的重要单据之一。

（3）发票。有些供应商会把发票随货物一起送去收货部，也有的会过一段时间再将发票直接送往财务部或采购部。

3.4.6 货物接收中常见的问题及其对策

货物接收过程中常见的问题及其对策见表 3.6。

表 3.6 货物接收中常见的问题及其对策

问题类型	对策或措施
单据不全	（1）拒收 （2）暂收，要求供应商补齐所缺单据 （3）向供应商强调以后出货时必须配齐所需单据
数量过多或不够	（1）拒收 （2）退回过多数量的物料，按 P/O 数量收货，要求供应商重新提供相关单据 （3）如果是小包装数量不够，则要求供应商改用计量更准确的方式 （4）警告供应商
包装损坏	（1）拒收 （2）如果仅是包装损坏，即未损坏到物料本身的话，可暂收 （3）如果是远距离供应商，可将照片用邮件发给供应商 （4）要求供应商改用更坚固的包装材料或改用别的运输方式

3.5 采 购 结 算

3.5.1 结清发票和付款

不同企业结清发票的程序不同。有些企业发票的审核和批准工作由财务部门负责，有些由采购部门负责。前者认为财务部门的审核可以为发票提供再次的核查机会，而且可以平衡采购工作和供应商的款项支付工作。后者认为采购部门是交易的最初发生部门，如果有什么差错，采购部门可以立即采取行动。

1. 会计部门处理发票的典型程序

（1）发票复印件由供应商直接邮递给负责应付账款的部门，工作人员收到后立即加盖时间戳。除了采购订单与发票不符的以外，所有的发票在核查后被批准支付。

（2）在价格、条款或其他要点上与采购订单有出入的发票会被送交到采购部门审核，采购部门用于解决较小的差异所需要的时间与有争议的金额相比对企业可能更重要，所以许多公司使用这样的决策规则：只要差异在预先确定的范围内，如正负相差不超过 5%，提交的发票就可以支付。当然，应付账款管理部门应该对那些由供应商造成的差异进行记录，以便发现哪些供应商在发货时是有意少发的。

如果发票上没有包括必要的信息或是发票上的信息与采购订单上的不一致，发票就会被退给供应商。通常，采购方坚持在计算折扣时有效期间的开始点是收到更正后的发票时，而不是最初收到发票的时候。

2. 采购部门处理发票的典型程序

（1）进行完审核和必要的更正后，将原始发票递交给财务部门保管，直到采购部门授权支付款项。

（2）发票的附件由采购部门保管，直至收货部门通知物料已经收到为止。

（3）采购部门收到收货报告，按照发票检查收货报告，如果收货报告和发票相符，采购部门同时保管这两份文件，直到检查部门发来通知，指出这批货物可以接收。

（4）采购部门把保管的发票副本和收货部门的报告递交财务部门，财务部门据此结清货款。

3.5.2　现金折扣的支付处理

有时供应商会要求在货物收到之前就按照发票支付货款。如果发票涉及现金折扣的问题，是在现金折扣期内支付货款，还是实际收到货物后支付就要具体问题具体分析。

1. 支持直到货物实际收到之后才支付货款的理由

（1）发票直到折扣期快终止的时候才到，有时甚至折扣期结束后才到。这是由供应商方面的失误造成的：一是未能及时发出票据，而且遇到周六、周日和其他假日，折扣到期日也不能相应的顺延；二是邮递票据也需要好几天的时间。

（2）如果货物没有验收，对任何货物进行货款支付都是不理智的。实际上，任何交易在货物被真正接收之前都没有结束。从法律的角度来看，货物的所有权在接收之前还没有移交到采购方手中。

通常所采用的把货物装运日作为开票日的做法应该改变，折扣期的起始日应该是发票或货物的接收日中较晚的一个。

2. 支持不必等待货物到达、验收和接收物料，就应该对发票进行支付的理由

（1）财务上的收益可能会很大；

（2）不能享受现金折扣，会影响采购方信用状况；

（3）假如供应商声誉良好，即使货款已付，物料出现了问题，双方也可以圆满解决。

3.6 采购流程优化

大多数公司都在订货管理上浪费了太多的时间和资源，尤其在低附加值的商品上面。有些采购部门用 80%的时间来管理占采购总额 20%的货物。特伦德和科尔钦（Trent and Kolchin）的一份研究认为可以通过缩减在低价值的产品和服务上所花费的时间和精力来提高采购流程的效率。这一项研究涉及 169 家随机选择的公司，其中 77 家为工业企业，92 家为非工业企业或组织。表 3.7 表明了企业为改进其低价值的采购流程，而在未来几年中将重点使用的方法。

表 3.7 公司为改进其低价值的采购流程，在未来几年中将着重使用的方法

方式	总样本（%）	工业（%）	非工业（%）
从使用者到采购部门的在线查询系统	66.3*	64.9	67.4
面对使用者的采购卡	65.1	59.7	69.6
通过互联网的电子采购商务	60.9	68.8	54.3
综合采购订单合同	57.4	63.7	52.2
长期采购合同	54.4	58.4	51.1
面对供应商的采购在线订货系统	53.3	61.0	46.7
采购流程重新设计	53.3	50.7	55.4
电子数据交换系统（EDI）	52.7	58.4	47.8
通过电子目录的在线订货系统	51.5	49.4	53.3
允许客户向供应商直接订货	49.7	54.5	45.7
面对供应商的使用者在线订货系统	49.1	51.9	46.7
	N=169	N=77	N=92

*代表预期强调一种方法的总回应百分比

资料来源：Trent and Kochin, “Reducing the Transaction Cost of Purchasing Low Goods and Services,” Center for Advanced Purchasing Studies, Tempe, AZ, 1999.

3.6.1 从客户到采购部门的在线通知系统

在线通知系统是指通过高效和迅速的信息传递来节约时间的一种内部系统。客户在需要通过采购部门来满足物料和服务需求的时候使用该系统。

客户会通过内部的电子系统来发送采购请求。采购部门通过在线通知系统快速获取采购请求，执行采购任务。对于低价值的物料采购应该再开发一种新的系统或流程，使客户直接从供应商那里获取而不需要采购部门参与。

3.6.2　向客户发放采购卡

采购卡是大多数企业都认可的一种改进采购流程的工具或系统。它是一种面向内部客户的信用卡。当客户要采购低价值项目时，可完全跨过采购部门，自己联系供应商并使用采购卡即可。面向采购卡的商品项目的价值相对而言比较低，如要通过采购部门进行大范围的供应商搜索，成本可能会超过商品本身的价值。

特伦德和科尔钦的研究表明用采购卡来进行交易可以有效地降低平均成本，更迅速地响应需求，节省交易时间。在大多数企业里采购部门负责采购卡的引进和管理工作。

资料快照：迪斯尼发挥采购卡的魅力来简化采购流程

在 20 世纪 90 年代，迪斯尼公司发展极快，公司意识到有必要将采购流程简化。迅速地扩大使公司的采购能力难以满足客户的需求。公司想把采购重点从采购交易转到供应商管理方面。为实现这一转变，公司决定推行采购卡。迪斯尼通过税收信息及内部审核选择可以列在卡片上的供应商，他们必须满足迪斯尼的报告和税收信息需求。选定供应商后，采购部门进行具体的分析以确定早期的大额客户和具体的供应商。采购部门直接与供应商联络以取得他们的支持。这一项目主要为采购和会计部门节约了费用，还节省了处理小额订单的时间。

资料来源：摘自 M.Cohen ," Making Procurement Cards Work for You," Purchasing Today（October 1998）：37-39

3.6.3　基于互联网的电子采购商务

基于互联网的电子采购商务包括了一系列广泛而多样的活动。虽然在未来的几年里买方对于互联网的使用会急剧增加，但目前通过互联网进行采购业务还并不广泛。电子采购商务潜在增长率最高的领域包括：向供应商传递采购订单；向供应商下订单；追踪订单状态；向供应商询盘；电子支付；电子数据交换。

3.6.4　长期采购合同

长期采购合同期限通常为 1～5 年，并可在供应商绩效达到要求的情况下续约。合同不用每年更新，从而节省了与低价值项目和采购相联系的交易成本。而且，只要采购部门和供应商达成协议，物料管理的责任就归于客户。比较理想的情况是即使是低价值的项目，物料管理也通过电子而不是人工进行采购。

在开发管理低价值项目采购所需的特定方法时，企业通常以长期合同为基础。例如：与分销商订立了一个包括数百种甚至是千种商品的合同时，通常会有一个长期的合同来强调常规或标准的采购订单没有明确说明的问题，包括售后服务水平，供应商的定点支持人员，过期存货收回条款，持续的成本缩减要求以及取代书面作业的条形码技术及电子链接的使用等。

3.6.5 在线订购系统

在线系统中，买方与卖方通过网络工具来建立直接的电子联系。这一系统的主要特征是需要一个软件做支撑。一旦企业同供应商订立了长期合同，在线订购就成为常规的采购方式。在线订购系统使采购部门或客户直接进入供应商的订购系统。在线订购系统的优点包括：立即可知延迟交货项目；更短的订单输入时间，从而缩短了订单周期时间；减少误差；订单的跟踪能力增强；较快地得到供应商发出的附装运说明的订单通知；可在一个在线系统中满足多个客户的不同需求；供应商建立在线订购系统可方便客户登录其订货系统；有助于在供应商与公司间建立紧密的联系。

3.6.6 采购流程的重新设计

采购流程的再设计通常能推进低价值采购系统的发展。采购系统的发展通常是再设计努力的成果。适当地进行再设计可以加快周转次数，简化交易流程，从而节约交易成本。

采购流程由许多子流程组成，它可以通过流程图和再设计得到改进。低价值采购流程会影响成百上千位员工，同时这一流程还会影响到供应商。

3.6.7 电子数据交换

电子数据交换（EDI）系统包括一套信息交流标准，可支持企业间长远的商业单证和信息的电子交换。EDI 通过简化信息交流过程使买卖双方的联系更有效率。当买卖双方都使用 EDI 时，它可消除传统信息流中的一些环节，节省时间和节约成本。

20 世纪 90 年代通过 EDI 进行交易的公司数量在不断增长，但实际 EDI 交易量与预测的交易量并不相符。如 1993 年采购专业人员预计 60%的供应商、70%的采购总量以及 65%的采购交易都将通过 EDI 进行。实际上 1997 年的上述比例分别为 28%，38%和 32%。造成这种下降的部分原因是自动传真系统的引进和互联网的普及。对于许多企业，尤其是略小的企业，自动传真系统是一种更迅捷和更廉价地与供应商传递信息的方式。自动传真系统在买方获知采购需求后，会自动向供应商传真该需求。

3.6.8 通过电子目录在线订购

很多买方将这种方法与其他低价值采购系统联合起来使用。例如：一家企业可允许其客户通过互联网上提供的电子目录来确认供应源，然后通过采购卡订货。使用电子目录的主要好处是其搜索成本很低，而且，如果客户越过采购部门直接订货，采用这种方式就能节省整个周期时间和订货成本。在线订货的最大障碍是只有有限的供应商提供电子采购目录以及电子订货的安全和控制问题。

3.6.9 允许客户向供应商直接订货

这也是一种常用的方法，包括许多种类的低价值系统。采购卡允许客户与其供应商直接建立联系。在线订购系统也可以做到这一点。允许客户与供应商直接建立联系是将交易责任从采购方转移至客户。只要采购需求未达到预先确定的金额，即使是尚没有供应商的商品，采购部门仍然可以有限介入或者不介入。

【本章小结】

采购流程的管理是采购的基础，良好的采购流程管理有利于实现优质采购，即实现低价格高品质合乎要求的产品采购。本章主要介绍了采购的作业流程及流程优化，并对采购计划和预算、合同管理、货物验收和采购结算做了进一步的描述。

【案例分析】

案例一　惠普公司的采购流程变革

惠普公司在采购方面一贯是放权给下面的。50 多个制造单位在采购上完全自主，因为他们最清楚自己需要什么。这种安排具有较强的灵活性，对于变化着的需求有较快的市场反应速度，但是对于总公司来说，这样可能损失采购时的数量折扣优惠。现在运用信息技术，惠普公司重建其采购流程，总公司与各制造商单位使用一个共同的采购软件系统，各部门依然是自己订货，但必须使用标准采购系统。总部据此掌握全公司的需求状况，并派出采购部门与供应商谈判，签订总合同。在执行合同时，各单位根据数据库，向供应商发出各自订单。这一流程重建的结果是惊人的，公司的发货及时率提高了 150%，交货期缩短了 50%，潜在顾客丢失率降低 75%，并且由于折扣，使所购产品的成本也大为降低。

案例评价：

惠普公司通过重建采购流程，实行“扁平化”管理，在提高采购效率的同时也降低了采购成本。

案例二　诺基亚集团参加采购链

根据国际媒体报道，诺基亚、摩托罗拉和爱立信等其他大电信公司加入由国际商用机器公司发起的采购链，通过在互联网上建立的电子元件市场共同采购大宗元件和相关的服务。这些大公司购买的电子元件和生产服务总额为 2000 亿美元。就共同采购进行合作是集团面临的迫切选择。利用这种方式采购可以获得价格方面的优惠，从而提高产品的竞争能力。

为诺基亚集团提供元件的芬兰企业对酝酿中的联合采购计划并不感到担心，这些企业认为国际大集团共同采购的主要是大宗电子元件，对他们生产的批量小和特殊元件将不会产生重大的影响。

案例评价：

诺基亚集团参与采购链的做法，实际上是采购流程机制的改变。这种由某跨国公司发起的规模采购效应，将会使其参与人员在采购渠道、采购成本、长期伙伴关系等方面享受到“战略联盟”的好处。

【思考题】

1．简述采购的一般流程。
2．采购预算的方法有哪些？
3．采购合同的种类有哪些？
4．采购合同纠纷解决的途径有哪些？
5．简述货物接收要点。
6．简述货物接收中常见的问题及其对策。
7．简述现金折扣的处理方法及原因。
8．论述采购流程的改善方式。

第 4 章　采购管理组织

【学习目标】

1．理解采购管理部门的设置
2．理解采购管理部门的职责
3．了解采购人员的基本素质以及采购人员招聘、培训的基本知识
4．掌握优秀采购团队的组建

4.1　采购管理部门的设置

采购部门是企业中重要的组织结构构成部分，是企业为了能够有效地实施采购活动以保证生产或者服务顺利进行而设置的一个职能部门。采购部门的工作状况直接影响整个企业的运作流程与竞争优势。然而在各个不同的企业中，采购部门的地位是不一样的，和其他部门之间的关系也各不相同，连采购部门的职责也会因为行业的差异产生区别。

4.1.1　采购部门的建立方式

所谓的采购部门的建立，被称之为采购内部组织的部门化，也就是将采购部门应该负责的各项功能整合起来，并用分工的方式建立不同的部门来执行这些功能。在规模较大的采购组织中是按照其职能来建立部门的。建立采购部门，需要根据企业的具体情况，深入地分析采购管理的职能、任务和内容，根据采购部门的组建原则，设置采购部门相应的职责、岗位、责任和权利，选择配置相应合适的人员，组建起责、权、利明晰的采购管理部门。组建采购部门的具体步骤如下。

1．确定采购部门的组织结构

采购部门的组织结构随着企业的经济类型、经营模式的不同而有所区别。以采购为主要功能的采购部门可以有以下五种组织结构形式。

（1）产品结构式。是指将企业所需采购的产品分为若干类别，每一个或者几个采购人员分成一组，负责采购其中的一种或者几种商品的组织形式。按照产品结构（如按照原料、

一般物料、机器设备、零部件、维护和保养等类别）将采购工作分给不同的采购人员处理。运用这种结构形式可以使采购人员对其经办的采购项目产品非常的专业和精通，能够发挥“熟能生巧”以及“触类旁通”的效果，在采购作业过程中能够提高采购效率和采购质量。这种形式是最常使用的采购部门的建立方式，适合于所需采购的商品较多、专业性较强、商品间关联较少的企业。

（2）区域结构式。这是指企业采购的目标市场划分为若干个区域，每一个采购人员负责一个区域的全部采购业务。一般是依照物品采购来源进行区域的划分，主要是基于国内、国际采购的手续及交易对象有显著的差异，因而对于采购人员的工作条件也会产生不同的要求。由于国内、国外采购作业方式的不同，因此分别设立采购部门有利于管理。不过，上级主管必须就所采购的物品去比较国内、国外采购的优劣，判定采购事务应该交给哪一个部门处理。这种组织形式便于明确工作的任务和绩效考核，有利于调动员工的积极性并与供应商建立良好的人际关系，也适合于交易对象及工作环境差异性大的企业。

（3）顾客结构式。是指将企业的采购目标市场按顾客的属性进行分类，每一个采购人员负责同一类的顾客，能够通过采购环节增强对顾客的个性化服务从而提高服务质量。这种组织形式可使员工较为深入地了解顾客的供应情况及存在的问题，适合于同类顾客较为集中的企业。

（4）按照采购过程设置的结构形式。是指按照采购过程，把询价、比价、议价、决定等工作分别交给不同的人员来进行操作，产生内部牵制作用。内购科分别设置访价级别负责招标，议价级别负责定约，结报级别负责付款；外购科的访价与议价功能委托驻外单位负责，其自身只负责定约、履约及综合业务（包括外购法令的修订、申诉处理、进度管理等）。这种按照采购过程进行分工并建立部门的方式，适合采购量价值巨大、事务繁杂，而且作业过程复杂，交货期长以及采购人员众多的企业和机构。

（5）综合结构式。这种组织结构形式综合考虑了产品、区域和顾客三种因素的重要程度和关联状况。具有一定规模的企业在采购量较大，而且作业过程复杂、交货期长的情况下可以采用这种结构形式。

此外，还可以按照采购价值或重要性等来建立采购部门的组织结构，我们应该根据采购作业的具体要求和企业的实际状况来决定所采用的组织形式。

2. 为采购组织设立岗位，配置适当的人员

在根据企业具体特点选定了部门结构形式后，根据采购具体的管理职能和组织结构，设定各个岗位，并进行部门人员的选择。设置岗位包括每一个岗位责任和权力的设置。一般情况下采购部门主要包括以下岗位。

（1）总经理。这是采购部门的最高领导，主要向运营副总裁负责，承担从提供服务到行政管理的各个阶段的工作安排任务，并统管整个采购部门的运作。总经理必须在最大限度地运用资产的同时，努力降低采购部门的成本，保证满足企业供应的需要。

（2）采购科长（采购经理）。受总经理的直接领导，主要负责安排本科室的具体工作，并制订本科室的中、短期计划，帮助办事人员协调部门内部的工作，对内部人员实行控制和管理。

（3）助理。是科长的助手，辅助科长开展日常工作，协助科长根据具体需要制订长期计划，协助科长进行具体工作的安排、下属人员的监督和管理，并就与科室相关的档案资料进行整理和管理。

（4）采购人员。是在科长领导下的日常工作的具体执行者，主要是按照部门和各科室制订的计划来进行工作。

3. 确定采购部门人员数量

在确定采购人员职能之后，就需要确定采购部门的人员数量。采购部门在确定一个采购经理之后，其余的部门成员数量应该视具体情况而定。如果涉及的工作量大，并且作业难度较大时，成员的数量应该相对多一些；如果涉及的工作量不大，且任务较轻时，成员的数量可相对少一些。通常情况下，采购部门的成员数量以能够满足工作的需要为标准，太多就会增加成本，造成浪费；太少又会造成工作的延误，难以满足工作要求和工作任务。

4. 明确采购部门的职责

采购部门的职责包括一些与采购工作直接或间接相关的活动。主要包括：

（1）物料来源的开发与价格调查

（2）请购单内容的审查

（3）交货的跟催与协调

（4）物料的退货与索赔

（5）采购计划与预算的编制

（6）采购制度、流程、表单等的设计与改善

（7）对供应商的选择、评价和管理

（8）国外采购的处理

明确采购部门的构成，然后根据要求选定采购组织人员，确定人员数量，明确其职责，采购部门就算是设置完毕了，可以开展具体的工作了。

4.1.2　采购部门组织方式的优劣比较

采购部门的组织形式根据不同的标准我们可以进行相应的分类，其中分别按照产品、区域、顾客等为基础来建立部门，并承担一切责任，这是一贯作业的组织方式。而第四种按照采购过程为基础即以功能编组的方式来建立部门的方式为分段作业的组织方式，每位采购人员只负责一个采购事务的部分过程，并承担局部责任。

1. 一贯作业

（1）优点。一位采购人员可以综合管理全部采购过程，权责比较分明；符合规模经济的原则；与供应商的关系良好；对于供应商有取舍的权力，因此可以增强及时交货及改善品质的管理效能。

（2）缺点。一位采购人员负责全过程的各项作业，工作量大且复杂，无法做到非常专业、精通；采购事务从头到尾，由一个采购人员全权负责，使得采购人员权力过大，容易发生徇私舞弊、贪污受贿事件；采购人员常常因为正在进行某一采购事务而无法顾及其他采购事务，致使采购事务完成的效率比较低下。

2. 分段作业

（1）优点。每位采购人员只负责采购过程中的一部分事务，因此能够做到熟练、精通，相应减少了错误发生的频率，提高了采购工作的效率与质量；一方面是分工合作，另一方面是内部牵制，除非全体采购人员勾结，否则不容易发生串通舞弊行为；采购过程的每一阶段均由专业人员负责，可以大大提高采购作业的品质。

（2）缺点。采购过程由不同人员分段处理，收发转移手续较大，延误时效；各自为政，无人负责；采购与使用之间接手人员太多，会大量增多联系上的难题；因为对任何采购事务均无完整的决定权，因此采购人员的工作满足感比较低。

4.1.3 采购部门的设置原则

采购部门的设置组建同企业的性质和规模相适应。采购部门的设置组建同采购的性质、产品规模等有直接的关系。有些企业的原材料需要一些专业人员采购，并往往直接向最高领导者汇报；而一些小企业可能仅仅设置一个简单的供应部门负责原材料的采购，而大型企业或者跨国公司则设有集团采购部或者中央采购中心负责采购工作。

采购部门的设置同企业采购目标、方针相适应。如果影响产品质量的因素主要是原材料，那么改进供应商原材料质量的主要责任在采购部门，采购部门就应该配备相应的品质工程师，或者赋予采购以相应的职责，从而使其指挥相关部门的人员参与原材料质量的改进。

采购的设置同企业的管理水平相适应。如果企业导入了 MRP 或 JIT 等管理系统，那么采购的需要计划、订单开立、收货跟单需通过计算机按 MRP 或 JIT 系统操作控制，其采购机构的设置显然有别于手工作坊式的企业。

4.2　采购管理部门的职责

4.2.1　采购管理部门的功能

采购管理部门的主要功能包括以下几个方面。

1. 凝聚功能

凝聚功能是指采购部门凝聚力的表现。凝聚力来自于目标的科学性与可行性。采购部门要发挥其凝聚功能，就必须做到以下几点：

（1）明确采购目标及任务；

（2）建立良好的人际关系与群体意识；

（3）发挥采购部门中领导的导向作用。

2. 协调功能

协调功能是指正确处理采购部门中复杂的分工协作关系。这种协作功能主要包括以下两个方面：

（1）部门内部的纵向、横向关系得协调，使之密切协作，和谐一致；

（2）组织与环境关系的协调，采购组织能够依据采购环境的变化，调整采购策略，以提高对市场环境变化的适应能力和应变能力。

3. 制约功能

制约功能主要表现在：采购部门是由一定的采购人员构成的，每一位成员承担着相应的职能，同时，也有相应的权利、义务和责任。通过这种权利、义务和责任组成的结构系统，对部门的每一位成员起到制约作用。

4. 激励功能

激励功能是指在一个有效的采购部门中，应该创造一种良好的环境，充分激励每一个采购人员的积极性、创造性和主动性。采购部门应该高度重视采购人员在采购中的作用，通过物质和精神的激励，使其潜能得到最大限度的发挥，以提高采购部门的工作效率，确保采购任务的完成。

4.2.2　采购管理部门在企业中的隶属关系

采购部门的企业中隶属关系，即指采购部门究竟隶属于企业中的哪个层次，要视具体的情况而定。

（1）采购部门隶属于生产副总经理（如图 4.1 所示），其主要职责是协助生产工作顺利运行。因此，采购工作的重点是提供足够数量的物料以满足生产上的需求，至于议价功能则退居次要地位。图中所示生产管制、仓储工作等另归其他平行单位负责，并未归入采购部门的职能中。总之，将采购部门隶属于生产副总经理，比较适合“生产导向”的企业，其采购功能比较单纯，而且物料价格比较稳定。

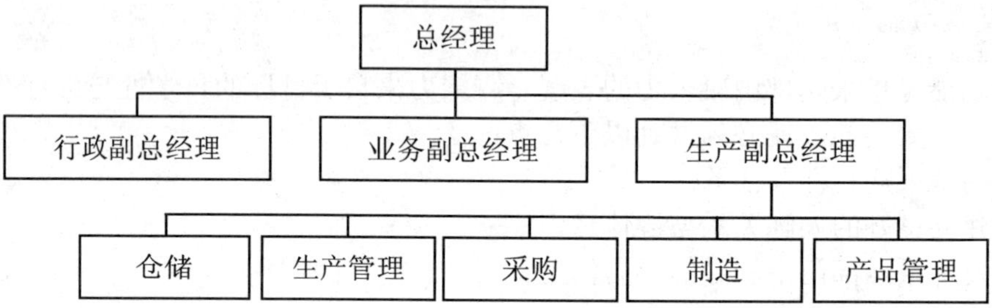

图 4.1 采购部门隶属于生产副总经理

（2）采购部门隶属于行政副总经理（如图 4.2 所示），采购部门的主要职责是获得较佳的价格和付款方式，以达到财务上的目标。虽然有时候采购部门为了取得较好的交易条件，难免会产生延误生产部门用料时间，或者购入品质不够理想的物料等问题，但是采购部门独立于生产部门之外，能产生单位之间相互制衡的作用，并发挥议价的功能。因此，当生产规模庞大、物料种类繁多、价格需要经常调整、采购工作必须兼顾整体企业产销利益均衡时，将采购部门隶属于行政副总经理比较合适。

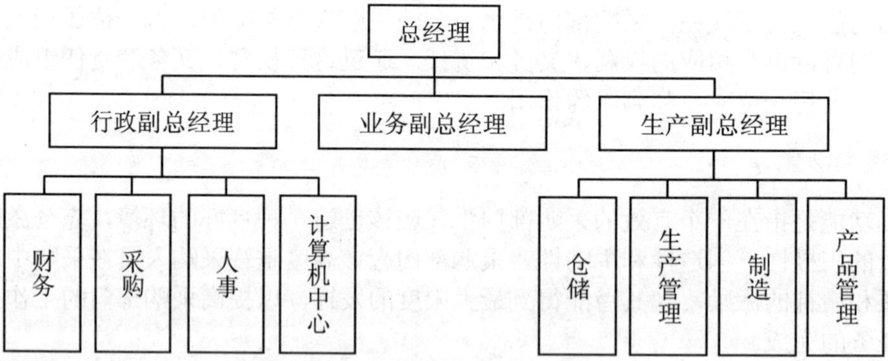

图 4.2 采购部门隶属于行政副总经理

（3）采购部门直接隶属于总经理（如图 4.3 所示），提升了采购部的地位于执行能力。此时，采购部门的主要功能，在于发挥降低成本的作用，使得采购部门成为企业创造利润的另一种来源。这种类型的采购部门，比较适合于生产规模不大，但是物料或商品在制造成本或销货成本中所占的比率比较高的企业。采购部门隶属于高级管理层，使得其成为企业决策中重要的构成部分而不是辅助部分，扮演直线功能而不是参谋功能。

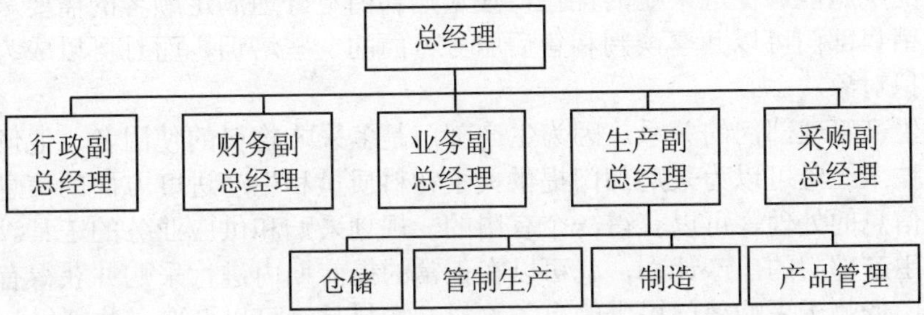

图 4.3　采购部门隶属于总经理

（4）采购部门隶属于资材部（或物料管理部）副总经理（如图 4.4 所示），其主要功能在于配合生产制造与仓储部门，达成物料整体的补给作业。无法特别凸显采购的角色与职责，甚至可能降为附属地位。因此，隶属于资材部副总经理的采购部门，比较适合物料需求不容易管制，需要采购部门经常与其他部门沟通、协调的企业。

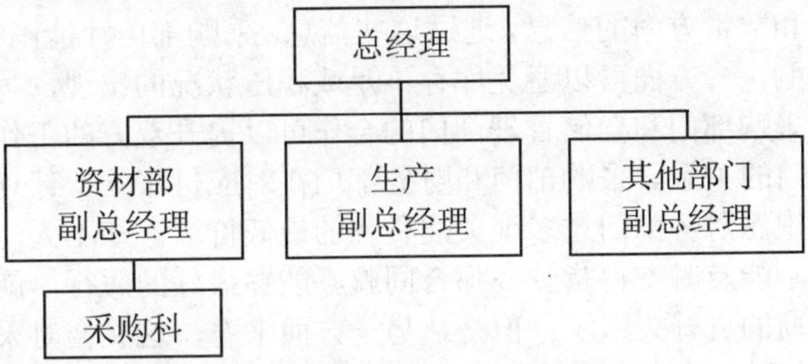

图 4.4　采购部门隶属于资材部副总经理

4.2.3　采购部门与其他部门的关系

采购部门必须要和企业中的其他部门建立起密切的工作关系，只有这样，企业中其他部门对物料和信息的需求才能得到及时满足，同时，采购部门也能从对方那里获得相应的信息，进行有效的采购作业。事实上，采购部门与其他部门的关系正随着现代企业管理理念的更新和信息技术的发展越来越紧密的联系在一起了。

（1）采购部门与销售部门的关系。采购与销售部门从供给角度来看是一种相互反映关系。在这种情况下，对这两种职能的整合可以为企业带来巨大的利润。采购部门要依靠从销售部门获得的长期市场销售计划来制定具有现实意义的物料供应战略并制订相应的具体采购计划，销售部门也要依靠采购部门及时地获得高质量的物料来保证销售目标的实现。

采购部门是许多产业中不同供应商销售和营业推广计划的对象，敏感的采购部门的员工能够提供当前和未来的市场形势方面的信息和谈判技巧。另一方面，销售部门通过销售策略和售后服务的实施能够促进采购的优化，使采购部门更好地满足顾客的需要。在很多情况下，采购和销售部门可以共享谈判和售后服务方面的一些培训，而且可以成为对方一个理想的谈判模拟对象。

（2）与生产管理部门的关系。因为生产部门是多采购物料的使用者，他们在使用过程中的实践和技术经验可以为采购部门提供关于物料质量和生产进度方面的信息，采购部门通过对这些信息的处理，可以获得一个有用的、规划采购和供应业务的工具。例如，采购部门知道了生产部门的出产计划，就可以在正常的提前期内进行采购并获得有利的最终价格。生产部门依赖于采购部门提供的有关物料、物料是否可以获取、物料发运提前期、物料替代品、生产设备供应商等方面的信息来制订生产计划并组织生产。采购部门提供的有关新的维护、修理和辅助物料方面的信息对生产部门也有帮助。总之，采购部门与生产部门是一个信息互动、互为协作的关系。

（3）与仓储管理部门的关系。仓储管理部门库存政策的形成需要许多方面的信息，例如提前期、物料是否能到、价格趋势以及替代材料等方面的信息，而采购部门是这些信息的最合适的提供者。同时，采购部门需要库存管理部门提供的关于在给定时间内需要采购或订购的商品名称和数量方面的信息，通过这些信息，采购部门才能围绕采购物料的种类、时间和数量实施采购，一方面可以避免库存不足或积压状况的出现，另一方面有可以节省采购费用。因此，采购部门和仓储管理部门的合作可以提升双方的工作绩效。

（4）与财务部门的关系。采购部门和财务部门在对应付账款、计划和预算方面相互作用。采购经理经常抱怨财务部门过多地关注货物的最低价款，却不太注重合同中的支付条款。显然企业如果不能及时支付货款，那合同就不能够很好的履行，就更不要说获得现金折扣和保持与供应商的良好关系了。但是从另一方面来看，这又会对采购部门的运营费用产生一定的约束，有利于采购费用的节约。这就需要加强两个部门的沟通来缓和这些冲突。采购部门提供给财务部门的信息是其进行公司发展、管理预算以及确定现金需要量的基础。采购部门提供的有助于财务部门尽心计划的信息还有：物料、运输成本及其发展趋势，为了应付需求突然变大造成的供应短缺或其他可以预测的原因造成供应中断而进行远期采购的计划。同时，采购部门运作的有效性也可以作为衡量财务工作好坏的依据，会计体系不够精细，就不能发现由于采购决策失误造成的效率低下。

4.2.4 采购部门的职责

采购部门的职责是指采购部门的人员为了做好采购工作必须要做的工作，下面将分别从作业层和不同管理层级来分别介绍采购部门的职责。

（1）作业层的职责（见表 4.1）

表 4.1　作业层的职责

品质	交货	价格	其他
①能够明确说明规格 ②提供客观的验收标准给供应商 ③参与品质问题的解决 ④协助供应商建立品质管理制度 ⑤尊重供应商的专业技术	①给供应商正确而又能够达到的交货期 ②提供长期的需求计划给供应商 ③使供应商同意包装及运输方式 ④协助供应商处理交货问题	①给供应商公平的价格 ②让供应商分享共同推行价值分析的成果 ③尽快付款	①对供应商的问题及抱怨尽快回应 ②提供技术及测试仪器，使供应商生产更佳的产品 ③使供应商尽早参与产品的设计

（2）不同的管理层级的职责（见表 4.2）

表 4.2　采购部门不同层级的职责

采购经理	采购科长	采购员	助理
①拟定采购部门的工作方针与目标 ②负责主要原料与物料的采购 ③编制年度采购计划与预算 ④签订、审核订购单与合约 ⑤采购制度的建立与改善 ⑥撰写部门周报与阅报 ⑦主持采购人员的教育训练 ⑧建立与供应商良好的伙伴关系 ⑨主持或参与采购相关的业务会议，并做好部门间的协调工作	①分派采购人员及助理的日常工作 ②负责次要的原料或物料的采购 ③协助采购人员与供应商谈判价格、付款方式、交货日期等 ④采购进度的跟踪 ⑤保险、公证、索赔的监督 ⑥审核一般物料采购案 ⑦市场调查 ⑧供应商的考核	①经办一般性物料的采购 ②查访厂商 ③与供应商谈判价格、付款方式、交货日期等 ④要求供应商执行价值工程的工作 ⑤确认交货日期 ⑥一般索赔案件的处理 ⑦处理退货 ⑧收集价格情报及替代品资料	①请购单、验收单的登记 ②验货记录及稽催 ③访客的安排与接待 ④采购费用的申请与报支 ⑤进出口文件及手续的申请 ⑥电脑作业与档案管理 ⑦承办保险、公证事宜

总之，采购部门的职责已经渐渐从传统的作业性工作，提升为策略性工作，表明采购部门已经参与企业长期发展的策略，这也表明了采购部门在企业里的地位正在不断提高。

4.3　采 购 人 员

4.3.1　采购人员的基本素质要求

采购人员必须具备与工作复杂性相适应的素质和能力，要通过专业化的工作和能力培训达到甚至超过与企业和市场要求相适应的水平。高素质的采购团队能使供应管理工作具有更高的效率，并能在追求成本降低的同时，科学地判断和预防采购风险。采购人员必须具备一定的基本素质，主要包括职业素质和职业道德。

1. 职业素质

采购人员的职业素质主要包括采购专业知识、采购理论知识、采购业务知识和其他一些相关的知识。

（1）采购专业知识。不同的采购项目，涉及的专业知识范围较广，采购人员必须熟悉相关的专业知识，如现代物流管理知识、仓储管理知识等，掌握相关方面的专业技能，要善于开动脑筋，有针对性地学习国内外先进的政府或是企业采购工作经验，以弥补自身专业技能的不足。此外还要能够掌握关于采购物料的一些基本的专业知识，这样才能够提高相应的采购作业的效率，在采购过程中对供应商进行一些有效的先期筛选和对供应市场的有效了解。

（2）采购理论知识。采购涵盖的内容较多，采购人员要有一定的理论素养，对采购的基本理论要有所了解，如对供应商的选择、评估、管理和考核，物料供应市场调查，物料计划、库存控制等，掌握一套经过实践验证的、行之有效的理论体系。这样才能够在采购过程中是工作具有科学性。

（3）采购业务知识。采购的业务知识主要是指采购的操作知识，采购计划和预算的制定、采购的过程、订单的处理等一套完备的方式和程序，采购人员只有掌握了采购的方式和程序，才能够熟悉采购的工作方法和工作技能，不断提高工作水平。

（4）其他相关知识。采购还会涉及一些其他的知识，例如商贸、法律、财经、建筑工程、机电设备、网络等方面，采购人员不仅要了解而且要熟练掌握预算管理、招投标、采购合同、商务谈判、市场调查以及货物、工程和服务采购领域等方面的相关知识和技能，有较高的文化知识，还要有系统的管理知识和现代科技知识，对日新月异的知识经济、飞速发展的信息技术等应能够做到心中有数。同时，还应该掌握经济知识、财务会计知识、商品知识、计算机及网络知识、外语知识、世界贸易知识等。

2. 职业道德

采购人员所处理的订单实际上就是金钱，而采购人员本身对供应商而言就是财务的代表。拥有采购权的业务人员经常会受到各种各样的供应商的包围，因而采购人员的职业道德是极其重要的。

（1）爱岗敬业。爱岗敬业是从业人员做好任何一项工作的出发点，也是采购人员首先应当具备的最基本的职业道德。采购人员只有热爱本职工作，并在本职工作岗位上尽心尽力、尽职尽责才能够全身心的投入采购工作，同时采购人员也只有吃苦耐劳、兢兢业业、认真钻研采购业务才能够干好所从事的采购工作。

（2）诚实守信。诚实守信是采购工作人员做好采购工作的根本前提，是他们做人、处事、干工作的基本准则。具体来说，采购从业人员只有具备了言行一致，诚恳待人，不弄虚作假，不瞒上欺下，严格遵守和兑现自己所做出的承诺，才能够在具体的采购工作中，严格履行自己的权利和义务；才能够自觉地排除各种虚假信息的散布；也才能够自觉避免各种欺诈、串通、隐瞒等不法行为的产生，切实保障各有关方面的正当利益。

（3）廉洁自律。采购从业人员廉洁自律，自觉构筑思想防线，是遏制和抵制各种违法乱纪行为的重要前提。采购从业人员一旦跨越了廉洁自律的思想防线，就必然经受不住来自各个方面的腐蚀和侵扰，从而做出收受贿赂、贪污、挪用、假公济私等错误行为。其结果不仅仅是使自己一步一步走上违法犯罪的道路，同时也会严重影响采购工作的顺利进行，侵犯甚至是践踏了他人的正当权益，使社会、国家和企业的财产遭受严重损失。因此，必须要求采购从业人员自我约束、自我规范、自我控制，努力提高自己的思想觉悟，树立高尚的道德情操，自觉增强抵制不正风气的能力。在不义之财面前不动心，在政策面前不变通，敢于同一切违法犯罪行为进行斗争，才能够保证采购工作的顺利有序进行。

（4）客观公正。客观公正要求的是采购人员必须公平正直，没有偏袒。采购工作过程中既不得掺杂个人的主观意愿，也不被他人的意见所左右。表现在具体的工作中要求采购从业人员严格按照规定的条件和程序实施操作，对所有的供应商都一视同仁，不得有任何歧视性的条件和行为。在具体的评标过程中，更是要严格按照统一的评标规则和标准来确定中标或是成交的供应商，不得有任何主观倾向，以切实维护各供应商的切身利益等，这是每位采购工作人员应当具备的从业工作态度，应当达到的一种思想境界。

（5）坚持原则。坚持原则要求采购从业人员在其采购活动中。严格按照规定的操作程序和法定依据操作，依法办事，不以自己的主观意志或是他人施加的影响所转移。采购从业人员一旦丧失了应有的原则立场，必定会产生各种暗箱操作、徇私舞弊、收受贿赂等不法行为，其结果必定会严重侵犯他人的正当权益，牺牲国家、社会和企业的利益。因此，坚持原则是每位采购工作人员必须具备的基本素质要求。不坚持原则，就不能保障采购当事人的正当权益，就不能够干好采购工作。

（6）优质服务。为供应商营造一个宽松、和谐的服务环境，缓解他们的竞争压力，并与供应商建立起良好的关系，这是采购工作人员做好采购工作，完成采购任务的基本条件。采购工作人员对供应商应该一视同仁，做到态度温和、语言文明、尊重事实、谦虚谨慎、团结协作。在实际工作中，必须以理服人，不以貌取人，不以势压人；在矛盾面前，尊重事实，心平气和地解释和沟通，只有这样才能圆满地完成采购任务。

4.3.2　采购人员的招聘

采购人员招聘原则同整个企业员工招聘原则相同，通常来说采购部门招聘都是由企业的人力资源部门统一进行的，但是在一些企业中，总经理也常常授权给企业的部门主管，由其负责进行部门内部人员的招聘。

1. 招聘原则

由于员工招聘成功与否对企业生存和发展非常重要，所以在采购部门员工招聘过程中应该体现以下几个原则：

（1）高素质和多样性的原则

（2）效率优先的原则

（3）公平竞争、择优录取的原则

（4）内部优先的原则

2. 招聘方法和渠道

为了避免录用不合格的候选人，企业必须寻找和利用各种应聘者来源。企业可以通过刊登广告或是求助于职业介绍所，但是要招聘到最优秀的人才，可能富有挑战性，必须更加别具匠心。有时为了找到最有价值的人才，不得不进行深层次的挖掘。我们常见的招聘渠道有：内部征召、外部征召和不同征召渠道选择。其中内部征召主要是通过内部提升和职位转换来实现，这是最简单的一种方式。外部征召主要通过刊登广告、员工推荐、顾客推荐、大学校园招聘、在线招聘、就业机构推荐以及专职猎头推荐来完成。大多数企业通常愿意针对所需员工的层次、知识结构和能力的差别采用不同渠道进行选择。

3. 甄选

企业要把合适的人选派到工作的职务空缺中去，为此，不但要求招聘过程按照一定的程序来进行，而且要求企业借助于科学可行的选拔方式。现代企业员工甄选的方式非常的多，主要的方式包括：

（1）对申请者的背景进行调查。主要根据求职者的求职申请表对申请求职者进行必要的背景调查，是企业了解申请者的教育经历、工作履历、个人品质、人际交往能力、工作能力以及申请者原来所在单位录用其理由的重要渠道。

（2）心理测试。在甄选员工时，为了能够准确的判断应聘者的气质、思维敏捷性、特殊才干等，经常采用心理测验的方法。从内容上分，心理测试又可以分为智力测验、个性测验和能力倾向测验三种。能力倾向测验具体又包括特殊能力测验和心理运动机能测试这两种主要类型。

（3）情景模拟。情景模拟是指根据被试者可能担任的职务，编制一套与该职务实际情况相似的测试题目，让被试者处理可能出现的各种问题，以此来测评应聘者的心理素质、潜在能力的一系列方法。情景模拟可以为企业选择到最佳人选，可以为企业节省培训费用，也使被试者得到一次实际的锻炼。情景模拟的内容主要包括：公文处理、与人谈话、无领导小组讨论、角色扮演和即席发言等。这种方式不能大规模使用，如果使用一般主要针对高层次的管理人员和特殊的专门人员的甄选上，因为招聘成本相对较高。

（4）笔试和面试。笔试是通过纸笔的形式了解被测试者的知识广度和深度一种方式。在我国企业的员工招聘中，这种方式被广泛采用。虽然能够做到公平、低费用、迅速、便捷，但是过分强调记忆力，不能全面考察应试者的工作态度、品德修养、管理能力、口头表达能力及操作能力，所以一般使用在初次甄选中，作为第一轮选拔的主要方式。

员工甄选一般情况下最有一轮都会进行面试，有时候随着主考官的不断变化会安排好几轮面试。通过面试的方式进行交流和观察，以了解应聘者的个性特点、态度、随机应变能力、形象和气质等方面的综合因素。但是面试这种方式的缺点也是明显的，甄选之间较长，费用偏高，尤其是主观偏见难以避免。

4.3.3 人员的培训开发

企业进行相应的员工招聘或是征召结束以后，需要对其进行一定的培训才能够使采购人员进入工作状态，因此人员的培训和开发也使企业用人的重要环节。

（1）企业应该通过人力资源部门做出的员工培训需要分析，这是有效实施培训的前提条件。只有培训需求分析正确，才能够保证制定出符合实际情况的培训方案，选择出适当的培训方法，做出有针对性地培训。这种需求分析包括了企业的培训需求分析、工作任务的描述和需求分析以及个人需求分析。通过这种分析来寻找企业、工作任务和个人能力结合最佳切入点，达到高效、快捷、低成本的目的。

（2）企业应该确定出员工培训计划，根据企业发展的实际情况和个人的能力情况，合理的确定培训对象。确定培训对象时要考虑的几个重要原则为：第一，急需原则。即企业迫切需要部分员工改进目前的工作或掌握新的知识和技术，以提高组织的效率，对这部分员工应该予以优先培养。第二，关键性原则。企业对于关键技术人员和管理人员应该优先予以培训。第三，长远原则。根据企业中、长期人力资源的情况分析，对企业在未来发展中需要的合适人才，可先期进行培训，以使他们能够掌握一些新的技能和知识。

（3）确定员工的培训内容。员工培训的内容涉及面较广泛，应该根据培训对象的不同确定培训内容，具体而言主要包括这样一些内容：有关企业文化方面的内容；企业、行业及有关岗位所需要的知识和技能方面的内容；有关一般文化知识的普及和提高方面的内容；有关协调人际关系方面的内容，如冲突处理、团队工作等；有关知识更新、本行业最新科学技术方面的内容；有关管理知识和技能方面的内容；有关采购部门内部的基本情况和供应商基本情况的内容；企业本身采购作业流程方面的内容等等（对于采购人员的一些专业性培训在 4.4 节中会具体叙述）。

（4）还需要确定培训的类型和方式。其培训开发的类型会根据各类人员性质的不同有所差别，主要的有新员工入职培训和岗前培训、员工上岗后的适应性培训、专业技术人员培训、管理人员培训等，方式主要有在职培训和离职培训两种，不管采用哪种培训方式，企业都应该重视将技术培训和管理培训相结合；将工作技能培训和工作态度培训相结合；将当前工作需要与未来工作需要相结合；将企业目标与员工个人目标相结合。

4.4 优秀采购团队的组建

随着社会分工的进一步细化，个人已经无法单独完成一个具体的项目，而团队的力量越来越超过团队成员力量的简单相加，所以在愈演愈烈的市场竞争中，越来越多的企业认识到团队建设对企业发展壮大所产生的深远影响，并开始着手实施企业的团队建设。

4.4.1 采购组织的团队概念

（1）采购组织的团队概念。采购组织要成功地完成采购任务就需要建设一个高效采购团队，依靠全体职能部门的员工相互配合，共同努力来完成采购任务。所谓采购组织的团队就是让员工适当打破原有的部门界限，直接面对供应商和企业采购战略目标并对公司的总体目标负责，以群体和协作优势赢得竞争主导地位的组织形式。一个采购团队是由可相互补充知识和技能的人组成的，以团队任务为向导，为实现共同的绩效目标，具有相对独立的决策权和执行权的联合体或叫做工作单元。团队是由一些具有共同信念的人为了达到共同目的而组织起来的，各成员通过沟通交流保持目标、方法、手段的高度一致，从而能够充分发挥各成员的主观能动性，运用集体智慧将整个团队的人力、物力、财力集中于某一个方向，创造出惊人的业绩，采购组织的团队建设要目标明确、责任清楚、畅所欲言、共同决策、全体参与、自觉协作、团队成功至上，有意识地在采购组织中开发有效的工作小组，相互信任、相互支持、目标一致、技能互补，共同完成某一采购任务，这也是采购组织获得成功的切实保障。

（2）采购组织的团队分类。采购组织的团队一般可以分为两类：一类是“项目采购团队”，成员主要是来自公司各单位的专业人员，为了完成某一特定采购项目组织在一起，他们要解决的采购项目可能是某一产品的小项目，也可能是提升企业综合竞争力的工程、产品或服务的大项目，通常项目完成后，团队即宣告解散；另一类是“采购工作团队”，如采购部或者采购科。这些团队通常是长期性的，主要从事日常经营工作。

（3）采购团队的特征。第一，共同明确采购目标。共同的目标是采购团队存在的基础。每一个团队都有一个非常清楚的目标。如为采购一个新产品，采购一项新工程等。第二，职能部分共享。采购团队组织可能由不同部门、不同技能的员工构成，员工一旦进入采购团队后，这些成员就不再受原职能部门左右，而是有权在现场做出决定，直接面对相关群体。第三，角色适当分工。团队的成员必须有清晰的角色定位和分工。团队成员用清楚的了解自己的定位与责任。第四，信息沟通顺畅。团队成员通过深入、密切的沟通与交流，在确定目标、制定和执行工作计划以及培训计划等方面取得一致意见。第五，成员知识互补。团队成员总体专业知识和技能全面，规模适中，素质与技能互补性强。

4.4.2　采购组织团队建设主要措施

采购组织目标的完成通常需要靠团队整体的配合与协作。正如比尔·盖茨所说的：“团队合作是企业成功的保证，不重视团队合作的企业是无法取得成功的。”为此，企业的采购组织必须考虑建立一种机制，能够把完成任务所需的各种人才聚集在一起的机制，把每一个成员的知识结构、技术技能、工作经验和年龄性别按比例地配置，达到合理地互补，这些决定了团队的基本要素。企业采购组织的团队建设的主要措施如下。

1. 明晰的共同目标

在采购团队中，不同职位的成员目标也是不一样的。不同角色由于地位和看问题的角度不同，对企业的目标和期望值会有很大的区别。因为目标的不一致，会导致其动力也产生差异。如何在采购团队内部建立起明确的共同目标，有效激发从业人员的工作动力，关键是管理者如何理解一般员工的需求，帮助他们树立共同的奋斗目标，使得组织的努力形成合力。加强对员工的教育、合理设计员工的职业生涯、增加员工的未来收益等方法都是可以使员工的个人利益与企业整体利益紧密联系在一起的。

2. 明晰的人员分工和角色认知

员工有了共同目标，通过正确的分工，在工作过程中加强沟通和协调，就能形成一个团队，发挥最大的力量。每一个属于团队的成员都要在团队中扮演某种角色，并按照角色的规范和要求去行动。任何一个进入团队的成员首先是建立和适应团队的角色意识，尽快掌握角色规范。莎士比亚说：“世界是一个大舞台，所有男人和女人不过是舞台上的演员。”我们可以这样说，所有的团队成员都是演员，每一个人都扮演一种角色。如果成员对角色和分工都不能认同，必然无法产生积极性。公司的采购部门提供采购服务会由于某一个人的失职而无法完成预定的目标，进而影响公司的全面工作。所以，每一位成员必须清楚自己的角色并掌握企业组织流程。员工工作程序和流程必须明确，并得到正确的执行。流程是为了产生最高的效率，高效率的团队需要每一位成员的才能都能与角色相匹配。

（1）采取职位说明来对角色分工进行细致的说明。职位说明不仅使工作效率能够提升，也使员工本身和周围的同事能明白他的工作性质，更重要的是，员工能学会在自己的职位范围内找事情做，而不会等着上级指派工作给他。如：提供一些工作指引，员工可以此来设定个人工作目标和安排。管理者应制定相应的规章制度，规范员工的行为。事实上，现有的许多国有企业的规章制度很多，但是制度的适用性、规范性存在较大的问题，工作中不能够很好地执行制度和管理者不能够以身作则这是一个通病，一个好的管理者首先是一个规章制度的实践者。有了好的制度，关键在于执行。对于违反规章制度的行为，应该及时的制止，否则发展下去就会使规章制度形同虚设。管理者是规章制度的制定者和监督者，更应该成为遵守规章制度的表率。

（2）建立员工的归属感。在员工清楚自己的角色基础上，为了企业的未来，从长远角度来看，应尽力吸引住员工，留住员工的心，增强员工的归属感。积极帮助员工进行职业生涯规划，让员工更好的规划自己发展方向，这也是在帮助企业规划自己的人才。只有员工能更好地开发自己的潜能，实现自己的价值，才能够为采购队伍带来更多的价值。此外，为了防止员工达到了职业高原——“高原缺氧死亡症”，应举办职工职业培训班，提高职工的技能。并注意加强员工的素质教育以及实施岗位轮换制等，这对于员工更好地扮演自己的角色以及留住员工的心会起到一定的作用，为企业留住人才，尤其要充分运用绩效管理。

4.4.3 提高采购团队素质的途径

1. 进行采购人员的绩效考核

绩效管理在企业管理中有着举足轻重的作用，它是企业人事管理的主要内容，更是企业管理强有力的手段之一。企业可通过绩效管理提高每一个个体的效率，最终实现企业的目标。采购人员的绩效管理是为了达到采购组织的目标，通过持续开放的沟通过程，形成采购组织目标所预期的利益和结果，并推动采购团队和个人做出有利于目标达成的行为。采购人员绩效管理的最根本目的是保证企业在一定时期经营目标的实现和员工个人工作能力的不断提高，取得“双赢”的结果。

采购人员在其工作中，必须遵守适时、适量、适质、适价以及适地——“5R”原则。绩效评估中应以“5R”为中心，并以量化的指标作为衡量的尺度。

（1）质量绩效。这是指供应商的质量水平以及供应商所提供的产品或服务的质量表现，它包括了供应商质量体系、物料质量水平等方面，可通过验收记录及生产记录来判断。

（2）数量绩效。这包括储存费用指标：现有存货利息及保管费用与正常存货水准利息及保管费用的差额。呆料、废料处理损失指标：处理呆料、废料的收入与其取得成本的差额。存货积压越多，利息及保管的费用越高，呆料、废料处理的损失越大，显示采购人员的数量绩效越差。

（3）时间绩效。这是衡量采购人员处理订单的效率。延迟交货，固然可能形成缺货现象，但是提早交货，也可能导致买方负担不必要的存货成本或提前付款的利息费用。

（4）价格绩效。这是企业最重视最常见的衡量标准。通过价格指标可以衡量采购人员的议价能力。

（5）采购效率。这主要是用来衡量采购人员的工作效果的指标，具体有：采购金额、采购金额与销货收入的百分比、采购完成率、错误采购次数、订单处理的时间等。企业通常在年末利用这些指标考核采购人员的采购效率。

2. 通过培训提高采购人员的工作效率

重视优秀采购团队对成员的要求也是极其重要的一个环节，企业应该通过我们前面提到有效员工培训与开发手段加强对采购人员的培训，尤其是要重视专业技能的培训，重视采购人员综合素质的提高，这样才能够打造出一支高素质的优秀采购团队。采购人员的培训与职责有关主要内容包括：

（1）采购的专业课程

① 供应商管理。包括供应商管理过程、供应商考察与审核、合同与协议、供应商绩效考核与改进、供应市场的调研与分析等内容。通过学习了解供应商管理的基本概念、流程、工具，学会供应商审核、考评及绩效指标衡量的基本方法。

② 原材料的采购。包括所需材料的市场与品牌，收集、组织、分析市场信息，询价与谈判，供应风险分析等内容。通过培训了解原材料的基本分类、市场分布、谈判及采购技巧等知识与技能。

③ 采购与环境。包括了环境管理体系、相关环保法规与标准、环保管理体系与采购和供应商的关系等内容。通过学习来了解环保的基本要求、环保管理体系、环保管理体系与采购和供应商的关系等。

（2）与采购相关的一些重要个人素质和技能

① 沟通协调能力。具备超强的沟通能力，是现代社会中，个人取得成功的关键。对于采购人员来说更加重要。掌握较强的沟通协调能力，采购人员才能够更加有效地和企业的相关部门、供应商进行沟通，提升采购工作的效率和业绩。

② 解决问题能力。培训采购人员善于独立思考，不断提出问题，解决问题的能力是培训的重要内容，因为采购人员面对的是充满变动和陷阱的市场。采购人员要善于总结和研究自己的思维方法，善于抓住问题的本质，才能够在采购过程中获得有利条件。

3. 为各个采购团队中的岗位配置合适的人

选择人也是关键的一个环节，特别是对采购团队中的领导者选择。选择人可以使用不用的方法，高级主管人员一般采用任命制或是公开招聘制。任命制适合于对特定任务的录用。一般是对有多年实际经验、公认为有显著管理才能的人，可以由公司董事会或总经理或上一级主管直接任命。但是任命制的不足就是容易犯主观主义错误。要做到“公认”不容易，做到“公平”也是不容易的。相对而言公开招聘比较公平、公开、客观，容易招到具有真才实学、有实际才干的人。对于一般管理人员和采购人员，一般采用考试录取的方式。在人员配备完成以后，把所配备的人和所规定的岗位职责、管理职能结合起来，就可以组建一个优秀的采购团队。

【本章小结】

本章主要介绍了理解采购管理部门的设置、采购管理部门的职责、采购人员的基本素质以及采购人员招聘、培训、优秀采购团队的组建的基本知识，分析了几种采购组织形式的优劣和采购部门的不同分类的职责，并对采购人员的基本素质和知识体系以及组建一个采购团队要注意问题做了一个阐述。主要目的是通过对本章的学习，能够对采购组织和部门有一个较为清晰的认识,在理解的基础上能够对采购部门和采购团队形成一个总体印象，学会组建采购部门和打造采购团队的方法。

【案例分析】

岭澳核电站是中国广东核电集团在广东省兴建的第二座大型商用核电站（二核），与大亚湾核电站（一核）建设相比，岭澳核电站建设的最大特点是工程管理自主化、部分设备国产化、核岛土建和 BOP 设计采购自主化以及土建施工、设备安装、调试启动和生产准备自主化。

在核岛和常规岛采用议标方式与供货商签订了主设备供货合同的前提下，岭澳核电设计采购工作在大亚湾核电站工程设计采购运作实践的基础上，参照法国电力公司核电工程设计采购管理模式，由业主全面承担起设计采购管理、组织、协调和控制任务，并负责执照申请及总体运行研究等工作。设计采购从主设备供货合同议标协议签订开始，先后经历了主合同谈判、工程前期准备、设计、设备制造及采购高峰、现场施工、安装、调试及移交接产配合等阶段，历时 7 年多。在所有参与和技术支持单位的共同努力下，工程设计采购工作进展顺利，满足了工程各阶段的需要，也为百万千瓦级核电机组建设的自主化和国产化进行了有益的探索，积累了经验。根据岭澳核电工程建设在一核基础上翻版加改进和加快自主化建设核电工程的基本指导原则，在与原一核核岛和常规岛供货商经过议标谈判并签订合同后，业主根据大亚湾核电站的建设经验、业主队伍的状况，结合国内设计供货单位的能力等因素，综合考虑对核岛、常规岛设计供货合同及这些合同以外的设计采购任务进行了划分。为管理和协调设计采购任务，工程部下设设计采购经理部，与其他职能部门（欧洲工程管理队、工程控制处、供应合同处、质量保证部、财务部）一起构成了业主开展工程设计采购管理的组织架构。

设计采购经理部：全面负责工程设计采购的技术工作，包括设计采购工作的实施、跟踪、监督和协调管理等。组建设计采购经理部，下设总体及 BOP 设计处、土建设计处、核岛设计处、常规岛设计处、电气仪表设计处、执照申请处及质量监督处等 7 个专业处，各专业处按照职能划分开展工作。其后设计采购经理部根据各阶段工作特点进行过几次调整，后来与施工经理部合并为设计施工经理部。

欧洲工程管理队：由于岭澳核电站的主要设备供货商为法国和英国，其设计和制造活动主要在欧洲，为此，岭澳核电有限公司专门成立了以设计采购经理部人员为主体的欧洲工程管理队，常驻法国巴黎，对欧洲的设计、制造及其他活动进行管理、协调和监督。

工程控制处：编制和跟踪工程的一、二级进度，参与对设计、供货进度的管理，在进度、接口管理方面为设计采购提供支持，在设计采购立项中，工程控制处也从投资预算的角度对立项申请进行审批。

供应合同处：负责采购合同的招评标及谈判，合同签订后，负责处理商务方面的工作，同时在技术部门协调遇到困难时，从商务角度与供货商进行协调处理。

质量保证部：负责业主质量体系的建立，并对供货商、承包商及设计院的质量体系进行监督和监察。

财务部：处理与设计、供货合同中有关支付、融资等方面的问题，通常不直接参与合同的执行，与工程部供应合同处接口。

岭澳核电工程开始时，业主对当时总体能力的判断是，具备一核的工程实践经验，但在设计技术和工程管理方面掌握的深度和广度都不够，要进行设计采购管理、甚至是参与设计采购具体工作环节，都还需要借助外部力量的支持。为此，在人力组织方面有如下安排：

业主人员：由一核工程建设经验的骨干人员承担设计采购的组织和管理工作，负责设计采购工作的总体筹划、组织协调和管理；培养锻炼新进年轻员工，使其尽快熟悉和掌握设计采购工作的运作流程、技术要求及协调要点。

中方设计院、所的支持和参与：通过"设计服务合同"和"技术服务合同"等，业主分别与国内多家设计院、所建立了技术服务和支持协议，通过设计院派人到业主队伍中工作，提高业主设计采购管理的能力，而与苏州核电研究所则在设备制造监督方面建立了合作关系。

法国电力公司：作为业主的顾问，派员参与业主设计采购队伍，协助业主对工程设计采购工作进行管理，并执行核岛设备制造质量监督任务。

社会招聘人员：为了满足个别工种和专业的需要，业主还从社会上招聘一些短期或长期的技术人员，对业主设计采购力量进行补充。

临聘专家：在工程建设过程中，业主建立了一个专家库，在遇到重大技术问题时，短期聘请国内相关专家参与讨论与决策。

案例分析思考：分析岭澳核电站在设备采购过程进行的采购组织建设的成功经验，以及该采购团队的组织构成部分和人力组织。

【思考题】

1．采购部门的组织结构有哪几种？
2．采购部门的功能有哪些？
3．采购组织建立的原则有哪些？
4．采购部门的职责是如何分类的？
5．采购人员的基本素质包括哪些方面？
6．如何组建优秀的采购团队？

第5章 采 购 分 类

【学习目标】

1．熟悉采购的类型及采购流程

2．全面了解不同采购类型的特点

3．掌握各种采购种类适应的环境

5.1 采购方式的分类

采购方式是采购主体获取资源、物品等所需物资资料的主要途径。当采购计划确定以后，采购的方式就显得格外重要了。它决定着企事业单位能否有效地组织、控制物品资源，以保证其正常的生产和经营以及较大利润空间的实现。采购方式的选择主要取决于企事业单位的资源状况、环境优劣、专业水平、储运水平等。

采购方式不仅仅是单一的、绝对的、静止的概念，它在实施过程中相互交融，实现一个完整的采购活动。在一个寻求发展，追求创新，对资产负责的环境中，采购已不仅仅是一种库存补充，订单安排，它对企业还有创造利润的能量。采购的方式种类很多，可从中选择最方便最有利的方式进行采购，然而采购对象不同，所采用的采购方法也不相同。

5.1.1 现货采购与远期合同采购

从生产企业或其他经济组织对物品的交割时间来划分，采购可划分为现货采购和远期合同采购。

（1）现货采购。现货采购是指采购方与物品或资源持有者协商后，即时交割的采购方式。

现货采购具有责任明确、无信用风险、灵活方便、手续简便、易于组织管理等优点，但现货采购对市场的依赖性大。

对企业生产经营临时需要、企业新产品开发或研制需要、设备维护、保养或修理需要、设备更新改造需要、通用件、标准件、易损件、普通原材料及其他常备资源等适用于现货采购方式。

（2）远期合同采购。远期合同采购是指供需双方为稳定供需关系、实现商品购销而签订远期合同的采购方式。

它通过合同约定，实现商品的供应和资金的结算，并通过法律和供需双方信誉与能力来保证预定交割的实现。远期合同采购具有实效长（一般可以保证一年以内的交割，有的远期合同有效期可达数十年）、价格稳定、交易成本低、交易过程透明化等优点，易于把握，便于民主科学决策和管理。

该方式适用于企业生产和经营长期的需要，以主料和关键件为主，国家战略收购、大宗农副产品收购、国防需要及其储备等。

5.1.2　集中采购与分散采购

在企业内部，按采购权限可将采购方式分为集中采购和分散采购。这是企业从资源、环境和制度角度出发，根据自身管理宽度、成本、效率、采购数量、组织状况等所做出的采购方式决策。

（1）集中采购。集中采购是指企业在核心管理层建立专门的采购机构，统一组织实施企业所需物品的采购进货业务。

集中采购可以通过采购数量上的增加，形成规模采购，从而提高与供应商洽谈的筹码，降低进货成本。同时，由于企业与供货商的良好关系，也有利于在商品紧缺时，降低采购方由于拿不到货，影响生产的风险。

集中采购适合集团范围实施的采购活动、跨国公司的采购、连锁经营、特许经营企业的采购等，但是集中采购采购流程过长，时效性差，难以适应零星采购、地域采购和紧急情况采购。

（2）分散采购。分散采购是将企业或企业集团的采购权限下放到下属各需求单位，各需求单位根据自身生产经营的需要自行组织实施采购的采购方式。它是集中采购的完善和补充，有利于进销结合，增强基层工作人员的责任心，使基层工作富有弹性和成效。

但是分散采购每次进货量较小，难以获取进货上的优惠条件，不利于降低售价和提高企业竞争能力。而且企业内部自设专兼职采购人员，会造成采购人员的浪费，不利于企业内部采购资金的融通，增加了流动资金的占用。因此该方式适用于挑选性较强的商品和大型商业企业。

5.1.3　直接采购与间接采购

按采购主体完成采购任务的途径，采购方式可分为直接采购和间接采购。

（1）直接采购。直接采购是指采购主体自己直接向物品供应单位（一般指生产厂家）进行采购的方式。

一般指企业从物品源头进行采购，以满足生产经营所需。目前，绝大多数企业均使用此类采购方式。直接采购环节少，时间短，手续简便，意图表达明确，信息反馈快，易于供需双方交流、支持、合作及售后服务与改进。一般用于生产性原材料、元器件等主要物品采购及其他辅料、低值易耗品的采购。

（2）间接采购。间接采购是指通过中间商实施采购行为的方式，也称委托采购或中介采购。主要包括委托流通企业采购、调拨采购等。

委托流通企业采购是目前经营活动中最常用的间接采购方式，一般依靠有资源渠道的贸易公司、物资公司等流通企业实施，或依靠专门的采购中介组织执行。

调拨采购是计划经济时代常用的间接采购方式，由上级机关组织完成的采购活动。目前除非物资紧急调拨或执行救灾任务、军事任务，否则一般均不采用。还有一种采购方式叫企业闲置物品串换或资源交换，也可算作间接采购方式。

间接采购适合核心业务规模大，盈利水平高的企业；规模过小，缺乏能力、资格和渠道进行直接采购的企业及没有适合采购需要的机构、人员、仓储设施的企业。

5.1.4 招标采购

招标采购是指通过招标的方式，邀请所有的或一定范围内的潜在供应商参加投标，采购实体通过某种事先确定并公布的标准从所有投标者中评选出中标供应商，并与之签订合同的一种采购方式。

由于招标采购在公开、公正、公平和竞争性方面具有优势，使得招标采购作为一种比较理想的方式，为世界各国及各种经济组织所推荐。应用于政府、企业、军队、事业单位和联合国总部等公共部门。

5.2 JIT 采 购

JIT（Just-in-Time）物流管理于 20 世纪 50 年代首创于日本丰田汽车公司，1972 年后被广泛应用于日本汽车和电子工业。JIT 管理为日本企业生产高质量、低成本的产品提供了保证。准时制物流是伴随制造业准时生产而产生的，随着准时生产的发展与普及，准时制物流得到了迅速发展和广泛应用。

准时生产方式的基本思想可用现在已广为流传的一句话来概括，即“只在需要的时候，按需要的量生产所需的产品”，这也就是 Just in Time（JIT）一词所要表达的本来含义。JIT 系统是指企业在生产自动化、电算化的情况下，合理规划并大大简化采购、生产及销售过程，使原材料进厂到产成品出厂进入市场能够紧密的衔接，尽可能减少库存，从而达到降低产品成本、全面提高产品质量、提高劳动生产率以及综合经济效益目标的一种先进生产系统。

5.2.1　JIT 采购概述

JIT 采购是以订单驱动，通过看板，采用拉动方式，将供、产、销紧密地衔接起来，使物资储备、成本库存和在制品大为减少，从而提高了生产效率。JIT 系统被视为是一种理想的物资采购方式，它的极限目标是原材料和外购件的库存为零、缺陷为零。JIT 采购是企业内部 JIT 系统的延伸，是实施 J1T 生产经营的必然要求和前提条件。在向最终目标努力的过程中，企业不断地降低原材料和外购件的库存，从而不断地暴露物资采购工作中的问题，再采取有效措施来解决这些问题，然后再提出进一步降低库存的目标，进一步发现和解决问题。在不断改进的过程中，实现降低库存的目标。JIT 系统不仅仅是一个企业的内部生产系统，它同样可以被高效地运用于企业的物流系统之中。因此，JIT 采购方式已经发展成为现代物流的一个重要组成部分。

JIT 采购是一种先进的采购模式，是一种管理哲理。它的基本思想是：在恰当的时间、恰当的地点、以恰当的数量和恰当的质量提供恰当的物品。它是从准时化生产发展而来的，是为了消除库存和不必要的浪费而进行持续性改进的采购模式。要进行准时化生产必须有准时的供应，因此 JIT 采购是准时化生产管理模式的必然要求。它和传统的采购方法在质量控制、供需关系、供应商的数目、交货期的管理等方面有许多不同。其中，供应商的选择及质量控制是其核心内容。

5.2.2　JIT 采购的意义

JIT 采购模式增加了供应链的柔性和敏捷性、同步性和集成性，供应链管理需要准时采购来保证供应链的整体同步化运作，因此准时采购对于供应链管理思想的贯彻实施具有重要的意义。

（1）减少原材料和外购件的库存。根据实施 JIT 采购战略的一些企业资料统计，JIT 采购可以使原材料和外购件的库存降低 40%～85%。原材料和外购件库存的降低，有利于加速流动资金的周转，节省原材料和外购件库存占用的空间，从而降低库存成本。

（2）提高原材料和外购件的质量。实施 JIT 采购后，企业的原材料和外购件的库存很少，甚至为零。为了保障企业生产经营的顺利进行，采购物资的质量必须从根源上保障采购质量。为此，供应商有时需要参与制造商的产品设计过程，同时，制造商也应该帮助供应商提高技术能力和管理水平。

（3）降低原材料和外购件的价格。由于供应商和制造商的良好合作以及规模经济效应，再加上消除了采购过程中的一些浪费（如订货手续、装卸环节、检验手续等），就使得原材料和外购件的采购价格得以降低。此外，推行准时采购战略，不仅缩短了交货时间，节省了采购过程中人力财力物力的消耗，而且提高了企业的劳动生产率，增强了企业的适应能力。

（4）保证供应链的协同运作。供应链环境下的采购运作模式是订单驱动。订单驱动使供应与需求双方都围绕订单运作，从而实现了准时化、同步化运作。当采购部门产生一个订单时，供应商就开始着手物资的准备工作。与此同时，采购部门编制详细采购计划，制造部门也进行生产的准备工作。当采购部门将详细的采购单提交给供应商时，供应商就能很快将物资在较短时间内交付给用户。当用户需求发生改变时，制造订单又驱动采购订单发生改变，这是一种快速的改变过程，只有依靠准时的采购方法来适应这种多变的市场需求。因此准时采购提高了供应链的敏捷性和柔性。

5.2.3 JIT 采购与传统采购的比较

准时化采购和传统的采购方式有许多不同之处，其主要表现在如下几个方面：

（1）选择供应商的标准不同。传统的采购模式一般通过价格竞争选择供应商，供应商与用户的关系是短期的合作关系；在 JIT 采购模式中，供应商同用户建立了战略合作伙伴关系，双方基于以前签订的长期协议进行订单的下达和跟踪，不需要进行再次询价报价的过程。因而，选择供应商时，需要对供应商进行综合评价，评价的标准应包括产品质量、交货期、价格、技术能力、应变能力、批量柔性、交货期与价格的均衡、价格与批量的均衡、地理位置等。这种方式可以使供应商获得长期订货和内部规模经济效益，从而降低产品的价格。

（2）对交货准时性的要求。要求准时交货是 JIT 采购的一个重要特点，这是实施精细生产的前提条件。能否准时交货取决于供应商的生产与运输条件。

对供应商来说，要使交货准时，必须从以下两个方面着手：一是要不断改进企业的生产条件，提高生产的可靠性和稳定性；二是要加强运输控制，改善运输系统，尽可能接近客户。

（3）采购批量。传统的采购是为库存而采购的，是大批量采购，采购过程缺乏主动性，采购部门制定的采购计划很难适应制造需求的变化。而 JIT 采购的是小批量采购。由于企业生产对原材料和外购件的需求是不确定的，而 JIT 采购又旨在消除原材料和外购件库存，为了保证准时、按质、按量供应所需要的原材料和外购件，采购也必然是小批量的。由此增加了运输次数和成本，对于供应商来讲是很为难的事情。解决的方式可以通过混合运输、供应商寄售等方式来实现。

（4）信息交流。传统采购方式是非信息对称的博弈过程，供应商不了解的企业生产过程，也不关心企业的生产活动，各企业都无法共享信息，不可避免地会产生需求信息的扭曲现象——“牛鞭效应”。JIT 采购要求供需双方信息高度共享，保证信息的准确性和实时性。只有供需双方进行战略合作关系，才能保证可靠而快速的双向信息交流，以便出现问题时能够及时处理，增强供应商的应变能力。

5.2.4　JIT 采购模式的实施方法

从经验上来看，企业在实施准时采购时，大体可以遵从下面具体步骤。

（1）制订计划，确保准时化采购有计划、有步骤地实施。企业要有针对性地制定采购策略，制定出具体的改进当前采购方式的措施，要明确主要的行动点、行动负责人、完成时间、进度检查方法及时间、进度考核指标等，减少供应商的数量、正确评价供应商、向供应商发放签证等内容。在这个过程中，企业要与供应商一起商定 JIT 采购的目标及有关措施，保持经常性的信息沟通。

（2）创建准时化采购班组。专业化的高素质采购队伍对实施准时化采购至关重要，一流企业的专业采购人员有三项责任：组织货源、商定价格、发展与供应商的协作关系并不断改进。JIT 采购班组的作用，就是全面处理 JIT 有关事宜，制订 JIT 采购的操作规程，协调企业内部各有关部门的运作，协调企业与供应商之间的运作。准时化采购班组除了企业采购供应部门有关人员之外，还要有本企业以及供应商企业的生产管理人员、技术人员、搬运人员等共同组成，为此应成立两个小组：一个是专门处理供应商事务的组织。该组织的任务是认定和评估供应商的信誉、能力，或与供应商谈判签订准时化订货合同，向供应商发放免检签证等，同时要负责供应商的培训与教育。另一个班组是专门从事消除采购过程中的浪费现象的班组。这些班组人员对 JIT 采购的方法应有充分的了解和认识，必要时要进行培训。

（3）精选少数供应商，建立伙伴关系。JIT 采购的重要特点之一就是采用较少的供应商，甚至是单源供应。建立利益一致的战略联盟是供应商管理的主要任务。选择供应商应从这几个方面考虑：产品质量、供货情况、应变能力、地理位置、企业规模、财务状况、技术能力、价格、与其他供应商的可替代性等。

（4）进行试点工作。先从某种产品或某条生产线试点开始，进行零部件或原材料的准时化供应试点。在试点过程中，取得企业各个部门的支持是很重要的，特别是生产部门的支持。通过试点总结经验，为正式实施 JIT 采购打下基础。

（5）搞好供应商的培训，确定共同目标。准时化采购是供需双方共同的业务活动，单靠采购部门的努力是不够的，需要供应商的配合。只有供应商接受 JIT 采购的理念，确认本公司提出的改进目标，主要包括缩短供应时间、增加供应频次、保持合适的原材料和在职品及成品的库存等，才能获得供应商的支持和配合，因此需要对供应商进行教育培训。

（6）向供应商颁发产品免检合格证书。准时化采购和传统的采购方式的不同之处在于买方不需要对采购产品进行比较多的检验手续。在实施 JIT 采购策略时，核发免检证书是非常关键的一步。颁发免检证书的前提是供应商的产品的合格。为此，核发免检证书时，要求供应商提供最新的、正确的、完整的产品质量文件，包括设计蓝图、规格、检验程序以及其他必要的关键内容。经长期检验达到目标后，所有采购的物资就可以从卸货点直接运至生产线使用。

（7）实现配合准时化生产的交货方式。准时化采购的最终目标是实现企业的生产准时化，为此，要实现从预测的交货方式向准时化适时交货方式转变。准时化采购是一个不断完善和改进的过程，需要在实施过程中不断总结经验教训，从降低运输成本、提高交货的准确性和产品的质量、降低供应商库存等各个方面进行改进，不断提高准时化采购的运作绩效。

总之，JIT 采购对企业的采购管理提出了新的挑战，它不但能够最好地满足用户需要，而且可以极大的消除库存、最大限度地消除浪费，从而极大的降低企业的采购成本和经营成本，提高企业的竞争力。

5.3 MRP 采 购

物料需求计划（MRP）是 20 世纪 60 年代初由美国生产管理与计算机专家奥利佛·怀特首先提出的，并在实践运用中取得了显著的经济效益，20 世纪 60 年代中期，MRP 得到了美国会计师协会的肯定，并向全国推荐。此后美国的企业中迅速的推广和使用 MRP。而且很快地传到了日本和西欧的很多的国家，目前已经成为世界上推广运用最为普通的一项现代管理方法。

MRP 的应用需要大量数据进行计算，是手工方式难以实现的，因而其应用受到限制。计算机技术的发展使 MRP 获得了新的生命力，尤其是 20 世纪 70 年代以后，它在制造业中的应用日益广泛，并且在应用中进一步发展，成为制造业全面的生产管理系统——制造资源计划（MRPII）。

5.3.1 MRP 采购的概述

MRP 采购是通过计算机来编制生产计划与实行控制的采购方式，是根据总生产进度计划中规定的最终产品的交货日期，规定必须完成各项作业的时间，计划各种零部件的采购时间与数量。MRP 采购的主要目的是控制企业的库存水平，确定产品的生产优先顺序，满足交货期的要求，使生产运行的效率达到最高。具体可归纳为以下几点：一是采购恰当数量和品种的零部件。选择恰当的时间订货，尽可能维持最低的库存水平。二是及时取得生产所需的各种原材料及零部件，保证按时供应用户所需产品。三是保持计划系统负荷的均衡。四是规则制造活动、采购活动以及产品的交货日期。

5.3.2　MRP 采购的原理

MRP 基本的原理是由主生产进度计划（MPS，Master Production Schodule）和主产品的层次结构逐层逐个地求出主产品所有零部件的出产时间、出产数量。这个计划叫做物料需求计划。其中，如果零部件靠企业内部生产的，需要根据各自的生产时间长短来提前安排投产时间，形成零部件投产计划；如果零部件需要从企业外部采购的，则要根据各自的订货提前期来确定提前发出各自订货的时间、采购的数量，形成采购计划。确定按照这些投产计划进行生产和按照采购计划进行采购，就可以实现所有零部件的出产计划，从而不仅能够保证产品的交货期，而且还能够降低原材料的库存，减少流动资金的占用。MRP 的逻辑原理如图 5.1 所示。

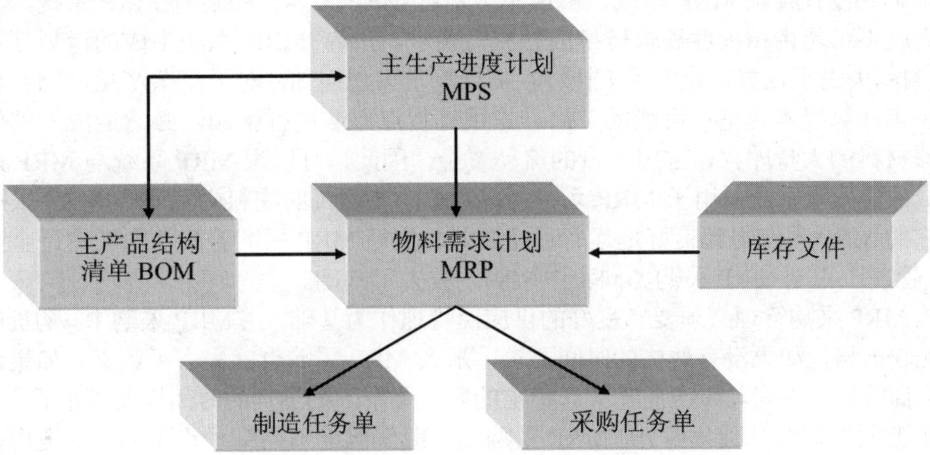

图 5.1　MRP 逻辑原理图

由图可以看出，物料需求计划 MRP 是根据主生产进度计划（MPS）、主产品的结构文件（BOM）和库存文件而形成的。

（1）主产品。主产品就是企业用以供应市场需求的产成品。例如，汽车制造厂生产的汽车，电视机厂生产的电视机，都是各自企业的主产品。

（2）主产品的结构文件（BOM，Bill of Materials）。主产品的结构文件主要反映主产品的层次结构、所有零部件的结构关系和数量组成。根据 BOM，可以确定主产品及其各个零部件的需要数量、需要时间和它们相互间的装配关系。

（3）主生产进度计划。主生产进度计划主要用于描述主产品及 BOM 和工艺规程决定成品出厂时间和各种零部件的制造进度。它决定了产成品与零部件在各个时间段内的生产量，包括产出时间，数量或装配时间和数量等。

（4）产品库存文件。产品库存文件，包括了主产品和其所有的零部件的库存量、已订未到量和已分配但还没有提走的数量。根据物料需求计算结果所需的物料量，首先考虑库存量，不足部分再进行采购。

（5）制造任务单和采购订货单

5.3.3 MRP 采购的注意事项

一般的采购活动都有以下几个步骤：资源调查、供应商认证；询价及洽商；生成请购单；下达采购单；采购单跟踪；验收入库；结算。

实施 MRP 采购除了具有上述这些步骤外，还必须有一定的基础条件，最为重要的基础条件有两点：一是企业实施了 MRP 管理系统，二是企业有良好的供应商管理。

如果企业没有实施 MRP 系统，就谈不上进行 MRP 采购，不运行 MRP 系统，物料的需求计划就不可能由相关性需求转换成独立性需求，没有 MRP 系统生成的计划订货量，MRP 采购就失去了依据，如果手工计算，那计算量可想而知，对于复杂产品的物料相关性需求靠手工计算根本就是不可能的。而若采用订货点方法进行采购，必然造成零部件配不齐或者原材料的大量库存，占用大量的流动资金。因此，可以说 MRP 系统与 MRP 采购是相辅相成的，如果企业采用了 MRP 系统，则它对需要购买的物料必然实行 MRP 采购管理才能使它的 MRP 系统得到良好地运行；而企业若实行 MRP 采购管理，则必然是企业实行了 MRP 管理，否则 MRP 采购如同空中楼阁，失去了基础。

实施 MRP 采购管理必须要有良好的供应商管理作为基础。在 MRP 采购中，购货的时间性要求比较严格，如果没有严格的时间要求，那么 MRP 采购也就失去了意义。如果没有良好的供应商管理，不能与供应商建立起稳定的客户关系，则供货的时间性要求很难保证。

除了上面的这些基础条件外，MRP 采购同一般采购管理还有一点不同，就是物料采购确定或者物料到达后，需要及时更新数据库，这里不仅仅包括库存记录，而且还有在途的物料和已发订货单数量和计划到货量。这些数据都会添加到 MRP 系统中，作为下次运行 MRP 系统的基础数据。

5.3.4 MRP 采购的特点

通过前面对 MRP 采购的介绍，我们不难发现 MRP 采购有以下几个特点：

（1）需求的相关性。在流通企业，各种需求往往是独立的。而在生产系统中，需求具有相关性。例如，根据订单确定了所需产品的数量之后，由新产品结构文件 BOM 即可推算出各种零部件和原材料的数量，这种根据逻辑关系推算出来的物料数量称为相关需求。不但品种数量有相关性，需求时间与生产工艺过程的决定也是相关的。

（2）需求的确定性。MRP 的需求都是根据主产进度计划、产品结构文件和库存文件和各种零部件的生产时间或订货、进货时间精确计算出来的，品种、数量和需求时间都有严格要求，不可改变。

（3）计划的精细性。MRP 计划有充分的根据，从主产品到零部件，从需求数量到需求时间，从出厂先后到装配关系都作了明确的规定，无一遗漏或偏差。计划还全面规定和安排了所有的生产活动和采购活动。不折不扣地按照这个计划进行，能够保证主产品出厂计划的如期实现。

（4）计算的复杂性。MRP 计划根据主产品计划、主产品机构文件、库存文件、生产时间采购时间，把主产品的所有零部件的需要数量、需要时间、先后关系等准确计算出来，其计算量是非常庞大的。特别主产品复杂、零部件数量特别多时，如果用人工计算，简直望尘莫及。所以 MRP 的产生和发展与计算机技术的发展有紧密地联系。

5.4 VMI 采 购

供应商管理库存（Vender Managed Inventory，简称 VMI）作为一种目前国际上前沿的供应链库存管理模式对整个供应链的形成发展都产生了影响。VMI 由供应商等上游企业通过信息手段掌握其下游客户的生产和库存信息，并对下游客户的库存调节做出快速反应，降低供需双方的库存成本。目前许多跨国巨头和国内的知名制造企业都在使用 VMI 来提高库存周转率，降低库存成本，实现供应链的整体优化。

5.4.1 VMI 概述

供应链管理库存系统是一种在销售商与供应商之间的合作性策略，它以系统的、集成的管理思想进行库存管理，使供应链系统能够同步优化运行。在这种库存控制策略下， 生产厂家等上游企业对零售商等下游企业的流通库存进行管理和控制。具体地说，生产厂家基于零售商的销售、库存等信息，判断零售商的库存是否需要补充，若需要，则自动向本企业的物流中心发出发货指令，补充零售商的库存，并按市场需求安排生产计划。

供应商管理库存的主要思想是供应商在零售商的允许下设立库存，确定库存水平和补给策略，拥有库存控制权。生产制造商与零售商的紧密合作大大改善了整个流程，减少了库存占用资金，共同着眼于最终消费者的需求，制造不再依赖零售商的订货而组织生产和供货，从而降低了整个供应链的库存。

VMI 是一种供应链集成化运作的决策代理模式，以双方都获得最低成本为目标，在一个共同的框架协议下把用户的库存决策权代理给供应商，由供应商代理分销商或批发商行使库存决策的权力，并通过对该框架协议经常性的监督和修正使库存管理得到持续的改进。VMI 的管理模式见图 5.2。

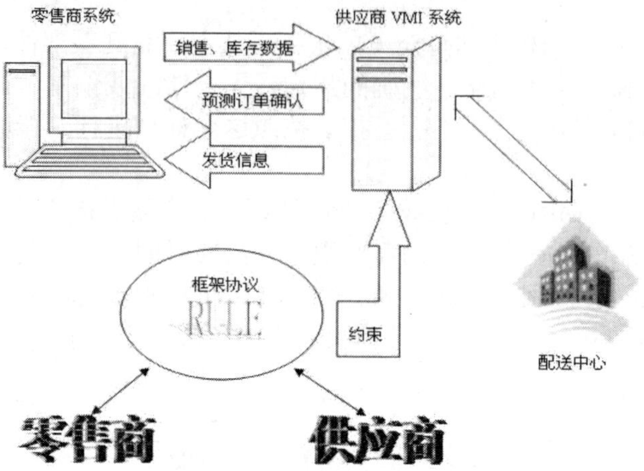

图 5.2 VMI 管理模式

VMI 主要应用在制造商与其分销商或代理商之间。制造商为了准确地掌握实际需求信息，将分销商的库存纳入自己的管理范围，通过库存信息间接地了解需求信息。在 VMI 中，由制造商确定产品的销售价格，并根据库存信息决定分销商的订货点及订货量，以此为主要依据，指导并安排自己的生产活动。

5.4.2 VMI 基本思想

VMI 是一种在用户和供应商之间的合作性策略，对双方来说都是以最低的成本优化产品的可获性，在一个相互统一的目标框架下由供应商管理库存，这样的目标框架被经常性监督和修正，以产生一种连续改进的环境。

影响实施该策略的关键方面主要体现在如下几个原则中：

（1）合作性原则

（2）双赢互惠原则

（3）目标一致性原则

（4）连续改进原则

VMI 的主要思想是供应商在用户允许下设计库存，确定库存水平和补给策略，拥有库存控制权。

5.4.3 VMI 采购的优缺点

VMI 集中体现了供应链集成管理的重要思想，将企业与其供应链上游企业在企业级采购行为中紧密的捆绑在一起，打破了过去企业与供方之间松散且不信任的合作关系，建立起一种面向协作的采购模式。VMI 的精神是协作、互惠、保持稳定长久的供需关系，并共同改进相关流程。实施 VMI，可以达到供应商和零售商的“双赢”，不仅客户可以降低库存成本，供应商也有很多好处，具体有以下几点：

（1）由供应商管理库存，可以把销售商从库存的陷阱中摆脱出来，可以减少资金占用，不用增加采购、进货、检验、进库、出库等环节，可以将精力集中在提高企业的核心竞争力和开拓市场上，使整个供应链效益最高。

（2）由供应商管理库存，增加了库存管理的主动性和灵活性，供应商可以根据最终的消费市场及时地调整生产和供应计划，既不会出现资金积压，又可以灵活应对市场变化。

VMI 也存在着一些不足，主要有以下几方面：

（1）供应商管理库存建立在双方高度信任的基础上，因为整个过程中的销售情况和库存情况都是透明的，所以存在着信息的滥用和泄露的问题。

（2）虽然协议框架是供应商与销售商共同协商的，但供方拥有主动权和决策权，在决策过程中会因为协商不够而造成失误。

（3）供应商管理库存虽然使整个供应链的库存下降了，但增加了供应商的管理成本，库存费用、运输费用、物料损坏等都不是由销售商承担，而是由供应商承担，这无疑增加了供应商的风险。

（4）供应商管理库存要求双方高度的合作，但一般的供应商和销售商都难以做到。

（5）建立供应商管理库存信息系统前期需要较高的投资。

5.4.4　供应商管理库存的实施步骤

实施供应商管理库存，首先要改变订单的处理方法，供应商和分销商一起确定供应商的订单业务处理过程中所需要的信息和库存控制参数，然后建立一种订单的处理标准模式，最后把订货、交货和票据处理各个业务功能集成在供应商处。

对供应商而言，库存状态透明是实施 VMI 的关键。供应商能够随时跟踪和检查到零售商的库存状态，从而快速地响应市场需求变化，对企业的生产和供应状态做出相应调整。

供应商管理库存的实施步骤包括：

（1）建立顾客情报信息系统。要有效地管理销售库存，供应商必须能够获得客户的有关信息。通过建立客户的信息库，供应商能够掌握需求变化的有关情况，把由分销商进行的需求预测与分析功能集成到供应商的系统中来。

（2）建立销售网络管理系统。供应商要很好地管理库存，就必须建立起完善的销售网络管理系统，保证自己的产品需求信息和物流畅通。为此，必须保证自己产品条码的可读性和唯一性，解决产品分类、编码的标准化问题，解决商品存储运输过程中的识别问题。目前，我国大部分的企业都实施 MRPⅡ或 ERP 系统，这些软件系统都集成了销售管理的功能。通过对这些功能的扩展，可以建立完善的销售网络管理系统。

（3）建立法律和市场环境下的合作框架协议。贸易伙伴间要密切合作，共享利益，共担风险，共同确定补充订货点、最低库存水平参数、库存信息传递方式。

（4）建立完备的物流系统。建立完备的物流系统，实现对储存、分销和运输货物进行综合管理，使自动化系统、分销系统、储存系统和运输系统同步实现数字化管理，迅速反馈物流各环节的信息，组织进货，指导仓库，为经营决策提供依据，有效地降低物流成本。

5.5 招标采购

5.5.1 招标采购的概述

招标采购是通过在一定范围内公开购买信息，说明拟采购物品或项目的交易条件，邀请供应商或承包商在规定的期限内提出报价，经过比较分析后，按既定标准确定最优惠条件的投标人并与其签订采购合同的一种高度组织化的采购方式。

与其他传统的采购方法相比，招标采购具有货比多家、优选、提高投资效益、与国际接轨以及有利于廉政建设等特点。通过招标采购，采购方可以在更大范围内选择理想的最佳潜在供应商，以更合理的价格、稳定的质量进行采购；而供应商也可以在公开、公平、公正的条件下参与竞争，不断自律自强、降低成本、提高经营管理的综合质量。通常适用于比较重大的建设工程项目、新企业寻找长期物资供应商、政府采购批量比较大等场合。

目前世界各国和国际组织的有关采购法律、规则都规定了公开招标、邀请招标、议标三种招标方式。

1. 公开招标

（1）公开招标的含义。公开招标又称竞争性招标，即由招标人在报刊、电子网络或其他媒体上发布招标公告，吸引众多企业单位参加投标竞争，招标人从中选择中标单位的招标的方式。公开招标可以是国际性的，也可以只限于国内，两者各有千秋，采购企业应按照各自的实际情况来定夺。公开招标的最大优势是大海捞鱼，资源丰富、利于采购方能在更大范围内择优录用理想的最佳潜在供应商。其特点表现为“三公原则”，即公开、公平、公正，对供应商一视同仁，所有有潜力的供应商、承包商和服务提供商都能一律平等地投标，标准统一，不偏不袒。

（2）公开招标的种类。按照竞争程度，公开招标方式又可以分为国际竞争性招标和国内竞争性招标，其中国际竞争性招标是采用最多、占采购金额最大的一种方式。

① 国际竞争性招标。这是在世界范围内进行的招标，国内外合格的投标商均可以投标。它要求制作完整的英文标书，在国际上通过各种宣传媒介刊登招标公告。它的特点是高效、

经济、公平，特别是采购合同金额较大、国外投标商感兴趣的货物和工程要求必须采用国际竞争性招标。

② 国内竞争性招标。这类招标方式可用本国语言编写标书，只在国内媒体上登出广告，公开出售标书，公开开标。它通常用于合同金额较小、采购品种比较分散、分批交货时间较长、劳动密集型、商品成本较低而运费较高、当地价格明显低于国际市场价格等类型的商品的采购。

从国内采购货物或工程建筑可以大大节约时间，而且这种便利将对项目的实施具有重要意义。在国内竞争性招标的情况下，如果外国公司愿意参加，则应该允许它们按照国内竞争性招标参加投标，不应人为设置障碍，妨碍其公平参加竞争。国内竞争性招标的程序大致与国际竞争性投标的程序相同。由于国内竞争性招标限制了竞争范围，通常国外供应商不能得到有关投标的信息，这与招标的原则不符，所以有关国际组织对国内竞争性招标都加以限制。

（3）公开招标的条件

① 招标人需向不特定的法人或者其他组织（有的科研项目的招标还可包括个人）发出投标邀请。招标人应通过公共媒体公布其招标项目、拟采购的具体设备或工程内容等信息，向不特定的人提出邀请。任何认为自己符合招标人要求的法人或其他组织、个人都有权向招标人索取招标文件并届时投标。采用公开招标的招标人不得以任何借口拒绝向符合条件的投标人出售招标文件；依法必须进行招标的项目，招标人不得以地区或者部门不同等借口违法限制任何潜在投标人参加投标。

② 公开招标须采取公告的方式，向社会公众明示其招标要求，使尽量多的潜在投标商获取招标信息，前来投标，从而保证招标的公开性。

实际生活中，人们经常在报纸上看到“×××招标通告”，此种方式即公告招标方式。采取其他方式如向个别供应商或承包商寄信等方式招标的都不是公告方式，不应为公开招标人所采纳。

2. 邀请招标

（1）邀请招标的含义。邀请招标也称为有限竞争性招标或选择性招标，是一种由招标人选择若干供应商或承包商，向其发出投标邀请，由被邀请的供应商、承包商投标竞争，从中选定中标者的招标方式。一般选择 3～10 个企业参加较为适宜，当然也要视具体招标项目的规模大小而定。

公开招标在其公开程度、竞争的广泛性等方面具有较大的优势，但公开招标也有一定的缺陷，比如，由于投标人众多，一般耗时较长，需花费的成本也较大，对于采购标的较小的招标来说，采用公开招标的方式往往得不偿失；另外，有些项目专业性较强，有资格承接的潜在投标人较少，或者需要在较短时间内完成采购任务等，也不宜采用公开招标的方式。邀请招标的方式则在一定程度上弥补了这些缺陷，同时又能够相对较充分地发挥招标的优势。邀请招标的最大优势是可以缩小范围、锁定目标、速战速决，这样不仅节省了招标人的招标费用，还有效地提高了投标人的中标机会。但由于限制了充分竞争，应对选择的投标人提出更高的要求。尽量避免由邀请招标再转入公开招标，以免太过费时、费力、费钱了。

（2）邀请招标的特点

① 招标人在一定范围内邀请特定的法人或其他组织(有的科研项目的招标还可包括个人）投标。与公开招标不同，邀请招标无须向不特定的人发出邀请，但为了保证招标的竞争性，邀请招标的特定对象也应当有一定的范围，根据招标投标法规定，招标人应当向三个以上的潜在投标人发出邀请。

② 邀请招标不需发布公告，招标人只要向特定的潜在投标人发出投标邀请书即可，因此，邀请招标可以节约招标投标费用、提高效率。接受邀请的投标人才有资格参加投标，其他法人或组织无权索要招标文件，且不得参加投标。邀请招标虽然在潜在投标人的选择和通知形式上与公开招标有所不同，但其所适用的程序和原则与公开招标是相同的，其在开标、评标标准等方面都是公开的，因此，邀请招标仍不失其公开性。

邀请招标可以分两个阶段进行。当招标人对新建项目缺乏足够的经验，对其技术指标尚无把握时，可以通过技术交流会等方式广泛了解，博采众议，在收集了大量的技术信息并进行评价后，再向选中的特定法人或组织发出投标邀请书，邀请被选中的投标商提出详细的报价。

（3）邀请招标的基本要求。采用邀请招标方式的前提条件，是对市场供给情况比较了解，对供应商或承包商的情况比较了解。在此基础上，还要考虑招标项目的具体情况。

① 招标项目的技术新而且复杂或专业性很强，只能从有限范围的供应商或承包商中选择；

② 招标项目本身的价值低，招标人只能通过限制投标人数来达到节约和提高效率的目的。因此，邀请招标是允许采用的，而且在实际中有其较大的适用性。

③ 对邀请招标的对象所具备的条件做出限定，防止出现搞假招标。一般其发出投标邀请书的法人或其他组织应不少于三家，而且该法人或其他组织资信良好，具备承担招标项目的能力。前者是对邀请投标范围的最低限度要求，以保证适当程度的竞争性；后者是对投标人资格和能力的要求，招标人要对此进行资格审查，以确定投标人是否能达到这方面的要求。

④ 投标邀请书与公共招标一样，是向作为供应商或承包商发出的载明必要招标信息的基本文件，使供应商或承包商能够确定所招标的条件是否为他们接受，并了解如何参与投标的程序。

3. 议标

议标也称为谈判招标或限制性招标，即通过谈判来确定中标者的招标方式。议标采购主要有以下三种议标方式：

（1）直接邀请。直接邀请某一供应商进行单独协商，达成协议后签订采购合同。如果一家不成，再邀他家，直到成功。

（2）比价议标。将投标邀请函送给几家供应商，邀请他们在约定的时间内报价，然后择优录用。

（3）方案竞争。方案竞争是企业进行工程规划设计任务招标时常用的一种议标方式。由招标人提出工程规划设计的基本要求和投资控制的数额、可行性研究报告或设计任务书、场地平面图、有关场地的条件和环境要求等各方面的详细内容，以及规划设计部门的其他有关规定。参加竞标的单位据此提出自己的规划或设计的初步方案，并阐述方案的优点、人员配置、完成时间和进度安排、总投资估算等，一并报送招标人。最后由招标人邀请有关专家组成评审委员会来选出优胜单位，招标人与优胜者签订合同，补偿未中标单位。

5.5.2　招标采购的作业流程

一般来说，招标投标活动需经过招标、投标、开标、评标与定标等程序，完整的招标投标活动还应包括招标前的准备工作。因此，可以把招标投标活动分成两个阶段，即招标准备和招标。

1. 准备阶段

在准备阶段，要对招标投标的整个过程做出具体安排，包括制定总体实施方案，项目综合分析、确定招标采购方案、编制招标文件、制定评标办法、组建评标委员会和邀请有关人员等。

（1）制定总体实施方案。对招标工作做出总体安排，包括确定招标项目的实施机构和项目负责人及其相关责任人、具体的时间安排、招标费用预算、采购风险预测以及相应措施等。

（2）项目综合分析。应根据政府采购计划、采购人提出的采购需求（或采购方案），从资金、技术、生产、市场等几个方面对要招标采购的项目进行全方位综合分析，为确定最终的采购方案及其清单提供依据。

（3）确定招标采购方案。这是根据项目的具体要求确定出最佳的采购方案，主要包括项目所涉及产品和服务的技术规格、标准，主要商务条款，以及项目的采购清单等。对有些较大的项目在确定采购方案和清单时有必要对项目进行分包。

（4）编制招标文件。招标文件是潜在供应商进行准备和参加投标、采购方评标和签订合同的共同依据，以便潜在供应商填写招标书上规定的要求他填写的相关内容，准备投标，并把已填写完整的招标文件在规定的时间、地点送达招标人。包括以下内容：招标通知（含招标人和准备内容）、投标须知、合同条款、技术规格、投标书的填写要求、投标保证金、供货一览表、报价表、工程量清单。

（5）组建评标委员会。评标委员会由招标人负责组建，评标委员会由采购人的代表及其技术、经济、法律等有关方面的专家组成，总人数一般为 5 人以上单数，其中专家不得少于 2/3。与投标人有利害关系的人员不得进入评标委员会，在招标结果确定之前，评标委员会成员名单应相对保密。

2. 招标阶段

在招标阶段，应按照招标、投标、开标、评标、定标和签订合同等步骤组织实施。

（1）招标

① 发布招标公告（或投标邀请函）。公开招标应当发布招标公告（邀请招标发布投标邀请函）。招标公告必须在财政部门制定的报刊或者媒体上发布。

② 资格审查。招标人可以对有兴趣投标的供应商进行资格审查。资格审查的办法和程序可以在招标公告（或投标邀请函）中载明，或者通过指定报刊、媒体发布资格预审公告，由潜在的投标人向招标人提交资格证明文件，招标人根据资格预审文件的规定对潜在的投标人进行资格审查。

③ 发售招标文件。在招标公告（或投标邀请函）规定的时间、地点向有兴趣投标且经过审查符合资格要求的供应商发售招标文件。

④ 招标文件的澄清、修改。对已售出的招标文件需要进行澄清或非实质性修改的，招标人一般应当在提交投标文件截止日期 15 天前以书面形式通知所有招标文件的购买者，以澄清或修改内容为招标文件的组成部分。这里应该特别注意的是，必须是在提交投标文件截止日期前 15 天发出招标文件的澄清或修改部分。

（2）投标。投标人应该按照招标文件的规定编制投标文件，投标文件应载明的事项有：投标函；投标人资格、资信证明文件；投标项目方案及说明；投标价格；投标保证金或者其他形成的担保；招标文件要求具备的其他内容。投标文件应在规定的截止时间前密封送达投标地点。这里特别要注意的是，招标公告发布或投标邀请函发出日到提交投标文件截止日，一般不得少于 20 天，即等标期最少为 20 天。

（3）开标。检查投标文件的密封情况后，按招标通知书中规定的时间、地点，邀请投标方代表参加开标会，当众宣读供应商名单、有无撤标情况、提交投标保证金的方式是否符合要求、投标项目的内容、价格等内容，并合理地解释投标文件中还不甚明确的地方。以电传、电报等方式来投标的，不予开标。开标时应做好开标记录，内容包括：项目名称、招标号、刊登招标通告的日期、购买招标书的单位及其报价、收到其招标书的日期及其处理情况。

开标仪式由招标人主持，邀请采购人、投标人代表和监督机关（或公证机关）及有关单位代表参加。评标委员会成员不参加开标仪式。开标仪式的主要程序如下：

① 主持人简要介绍招标项目的基本情况，宣布开标仪式开始；

② 介绍参加开标仪式的领导和来宾；

③ 介绍参加投标的投标人单位名称及投标人代表；

④ 宣布监督方代表；

⑤ 宣布开标人、唱标人、监标人、记标人及有关注意事项；

⑥ 宣布评标标准及评标办法；

⑦ 检查投标文件的密封和标记情况；

⑧ 按递交投标文件的逆顺序开标；

⑨ 工作人员按照开标顺序唱标；

⑩ 监督方代表、领导和来宾讲话。

（4）评标。开标仪式结束后，由招标人召集评标委员会，向评标委员会移交投标人递交的投标文件。评标应当按照招标文件的规定进行，由评标委员会独立进行评标。评标的基本内容和程序如下：

① 审查投标文件的有效性。

② 对投标文件的技术方案和商务方案进行审查。

③ 询标。评标委员会可以要求投标人对投标文件中含义不明确的地方进行必要的澄清，但澄清不得超过投标文件记载的范围或改变投标文件的实质性内容。

④ 综合评审。评标委员会依据招标文件的规定和评标结论。评标结论中应具体说明询标时所了解的情况，对投标文件进行综合评审和比较。

⑤ 评标委员会根据综合评审和比较情况，得出评标结论。评标结论中应具体说明收到的投标文件数、符合要求的投标文件数、无效的投标文件数及其无效的原因、评标过程的有关情况、最终的评审结论等，并向招标人推荐 1～3 个中标候选人（应注明排列顺序，并说明按这种顺序排列的原因以及最终方案的优劣比较等）。

（5）定标。招标人对评标委员会提交的评标结论进行审查，按照招标文件规定的定标原则，在规定时间内从评标委员会推荐的中标候选人中确定中标人，在确定中标后应将中标结果书面通知所有投标人。

（6）签订合同。中标人应当按照中标通知书的规定，并依据招标文件的规定与采购人签订合同。中标通知书、招标文件及其修改和澄清部分、中标人的投标文件及其补充部分是签订合同的重要依据。

5.5.3 评标方法与程序

评标的目的是根据招标文件中确定的标准和方法，对每个投标商的标书进行评价和比较，以评出最低投标价的投标商。评标必须以招标文件为依据，不得采用招标文件规定以外的标准和方法进行评标，凡是评标中需要考虑的因素都必须写入招标文件之中。

1. 评标方法

评标方法很多，具体评标方法取决于采购单位对采购对象的要求，货物采购和工程采购的评标方法有所不同。

货物采购常用的评标方法有 4 种：以最低评标价为基础的评标方法、综合评标法、以寿命周期基础的评标、打分法。

（1）以最低评标价为基础的评标。把评标价格（不是供应商报价）看做是评标的唯一因素，即合理的利润加上以下两种成本中的其中一种：

① 进口货物的到岸价，即成本＋保险＋运费；

② 国产货物的出厂价，即原材料及零部件采购成本＋生产成本＋税款（不包含销售税）。

若原材料、零部件已从国外进口并已放在境内的，应报仓库交货价，含进口关税，但不包含销售税。

（2）综合评标。综合评标是一种以价格加其他因素为基础的评标方法，尤其在采购耐用物品，如车辆、发动机及其他设备时特别适用。

综合评标主要考虑以下六大要素：

① 内陆运费和保险费

② 交货期（提早不优惠，推迟要罚款）

③ 付款条件（多项选择，淘汰不符合者）

④ 零配件供应和售后服务情况（采购方服务加费）

⑤ 招标货物的性能、生产能力、配套性、兼容性

⑥ 设备安装、调试的技术服务和培训费（加在报价上）

（3）以寿命周期为基础的评标。以寿命周期为基础的评标方法特别适用于整套厂房、生产线、设备和车辆等运行期内的各项后续费用（如零配件、油料、燃料、维修等费用）很高的设备采购。

评标时在标书报价的基础上，加上一定的运行期内的各项费用，再减去一定年限后设备的残值，即扣除这几年折旧费用后的设备残余值，并按投标书中规定的贴现率来折算成净现值。

（4）打分法。要打分的要素有：投标价格、内陆运费、保险费、交货期、偏离合同条款规定的付款条件、备件价格及售后服务、设备性能、质量、生产能力、技术服务和培训费用。

各要素比值分配如下：投标价 60～70 分，零配件 10 分，技术性能、维修、运行等 3 种费用共 10 分，售后服务 5 分，标准备件 5 分，以上各项合计共 100 分。

考虑的要素、分值的分配、打分标准均应在招标书中做出明确规定。

2. 评标程序

（1）初步评标。初步评标的内容包括供应商资格是否符合要求，投标文件是否完整，是否按规定方式提交投标保证金，投标文件是否基本上符合招标文件的要求，有无计算上的错误等。如果供应商资格不符合规定，或投标文件未做出实质性的反应，都应作为无效投标处理，不得允许投标供应商通过修改投标文件或撤销不合要求的部分而使其投标具有响应性。

经初步评标，凡是确定为基本上符合要求的投标，下一步要核定投标中有没有计算和累计方面的错误。

（2）详细评标。只有在初评中确定为基本合格的投标，才有资格进入详细评定和比较阶段。具体的评标方法取决于招标文件中的规定，并按评标价的高低，由低到高，评定出各投标的排列次序。

在评标时，当出现最低评标价远远高于标底或缺乏竞争性等情况时，应废除全部投标。

5.6 电子采购

电子采购最先兴起于美国，它的最初形式是一对一的电子数据交换系统（EDI），该电子商务系统大幅度地提高了采购效率，但早期的解决方式价格昂贵、耗费庞大，且由于其封闭性仅能为一家买家服务，尤令中小供应商和买家却步。为此，联合国制定了商业 EDI 标准，但在具体实施过程中，关于标准问题在行业内及行业间的协调工作举步维艰，因此，真正商业伙伴间 EDI 并未广泛开展。20 世纪 90 年代中期，电子采购目录开始兴起，这是供应商通过将其产品上网，来提高供应商的信息透明度、市场涵盖面。近年来，全方位综合电子采购平台出现且通过广泛连接买卖双方来进行电子采购服务。

5.6.1 电子采购的概念

电子采购就是通过互联网络，借助计算机管理企业的采购业务。它是由采购方发起的一种采购行为，是一种不见面的网上交易，如网上招标，网上竞标，网上谈判等。人们把企业之间在网络上进行的这种招标、竞价、谈判等活动定义为 B2B 电子商务，事实上，这也只是电子采购的一个组成部分。电子采购比一般的电子商务和一般性的采购在本质上有了更多的概念延伸，它不仅仅完成采购行为，而且利用信息和网络技术对采购全程的各个环节进行管理，有效地整合了企业的资源，帮助供求双方降低了成本，提高了企业的核心竞争力。可以说，企业采购电子化是企业运营信息化不可或缺的重要组成部分。

5.6.2 电子采购的流程

在电子采购过程中，从招标方发布招标信息到最后的双方签约，主要包括以下步骤：提交、分析并确定采购需求；选择供应商；确定合适的价格；签署采购合同；跟踪交货过程，确保交货；货物入库；付款。

（1）提交采购需求。最终用户通过填写在线表格提出采购物料的要求，对于经常采购的商品，可以建立一个特别的目录供用户选择，以方便最终用户提出采购申请。

（2）确定采购需求。根据企业预先规定的采购流程，采购申请被一次自动地传送给各个负责人请求批准。

（3）选择供应商。一旦采购申请最终得到认可，采购人员按不同情况采取两种方式。若所需采购的物料已有了合同供应商，则该申请转化成订单自动发送给供应商。若所需采购的物料没有固定的供应商，采购人员需通过该企业的采购网站或在互联网上寻找供应商，这种方法比从行业杂志、推销员上门推销等方法快捷、高效。采购人员不仅能从网上得到供应商的价格和数量信息，还可以通过与 CAD 软件集成的电子采购系统浏览图纸，这样就获得了进行采购决策所需的数量、价格和功能要求，并且可以在采购系统生成的供应商比较报告的辅助下进行决策。

（4）下订单。在确定了供应商后，订单会通过电子邮件等方式传送给供应商。

（5）订单跟踪。有些信息系统较为完善的供应商会反馈给采购方一个订单号，采购人员可以通过订单号追踪订单的执行情况直至交货。

（6）电子支付。如果连接了银行系统，则可进行电子支付，完成采购全过程。

5.6.3 电子采购的优势

电子采购是一种在 Internet 上创建专业供应商网络的基于 Web 的方式。它能够使企业通过网络，寻找管理合格的供货商和物品，随时了解市场行情和库存情况，编制销售计划，在线采购所需的物品，并对采购订单和采购的物品进行在途管理、台账管理和库存管理，实现采购的自动统计分析。实施电子采购，不仅方便、快捷，而且交易成本低，信息公开程度透明，的确是一种很有发展前途的采购方式。在现代全新的商业模式下，随着买主和卖主通过电子网络而联结，商业交易开始变得具有无缝性，其自身的优势是十分显著的。

（1）提高采购效率，缩短了采购周期。采购方企业通过电子采购交易平台进行竞价采购，可以根据采购方企业的要求自由设定交易时间和交易方式，大大地缩短了采购周期。自采购方企业竞价采购项目正式开始至竞价结束，一般只需要 1～2 周，较传统招标采购节省 30%～60%的采购时间。

（2）节约大量的采购成本。据美国全国采购管理协会称，使用电子采购系统可以为采购企业节省大量成本。采用传统方式生成一份订单所需要的平均费用为 150 美元，使用基于 Web 的电子采购解决方案则可以将这一费用减少到 30 美元。企业通过竞价采购商品的价格平均降幅为 10%左右，最高时可达到 40%多。通用电气公司估计通过电子采购将每年节约 100 亿美元。

（3）优化采购流程。采购流程的电子化不是用计算机和网络技术简单替换原有的方式方法，而是要依据更科学的方法重新设计采购流程，这个过程中，摒弃了传统采购模式中不适应社会生产发展的落后因素。

（4）减少过量的安全库存。世界著名的家电行业跨国企业海尔集团在实施电子采购后，采购成本大幅降低，仓储面积减少一半，降低库存资金约 7 亿元，库存资金周转日期从 30 天降低到了 12 天以下。

（5）电子采购的另外一个优势是信息共享。不同企业，包括各个供应商都可以共享信息，不但可以了解当时采购、竞标的详细信息，还可以查询以往交易活动的记录，这些记录包括中标、交货、履约等情况，帮助买方全面了解供应商，帮助卖方更清楚地把握市场需求及企业本身在交易活动中的成败得失，积累经验。这使供求双方之间的信息更加透明。

（6）电子采购能帮助采购方改善客户服务和客户满意度，促进供应链绩效，以及改善与供应商关系。

（7）电子采购不仅使采购企业大大获益，而且让供应商获益。对于供应商，电子采购可以更及时地掌握市场需求，降低销售成本，增进与采购商之间的关系，获得更多的贸易机会。

国内外无数企业实施电子采购的成功经验证明，电子采购在降低成本、提高商业效率方面，比在线零售、企业资源计划（ERP）更具潜力。电子采购的投资收益远远高于过去 10 年内已经在企业中占主导地位的任何商业革命，包括企业流程再造、策略性采购等。

5.7 国际采购

国际采购又称为国外采购或全球采购，是指利用全球的资源，在全世界范围内去寻找供应商，寻找质量最好，价格合理的产品（货物与服务）。经济的全球化，使企业在一个快速变化的新世界和新经济秩序中生存与发展，采购行为已成为企业的重大战略。国际采购的特点是，货品需要满足跨国集团分布在全球各地的销售点的不同地域特点以及不同客户基础的需要。因此国内的供应商也在尽可能与国际采购的程式和方法接轨，以便达到国际采购集团的要求。

5.7.1 国际采购的过程

国际采购的具体操作过程比较复杂，为了便于管理，公司在进行国际采购时，通常遵循着一定的步骤。

（1）选择首先进行全球采购的物品。国外购买的最初目标可以影响到整个全球采购过程的成功与否。几乎所有能在当地采购到的产品都能通过全球采购来获得，尤其是基本的日用品。公司应该选择质量好、成本低、便于装运且无风险的商品进行国外采购。

（2）获取有关全球采购的信息。在确定需要进行全球采购的物品之后，接下来公司就要收集和评价潜在供应商的信息或者识别能够承担该任务的中介。如果公司缺乏全球采购的经验、与外界联系较为有限或获得的信息有限，那么获取有关全球采购的信息对于这些公司而言可能就比较困难。

（3）评价供应商。无论是买方公司还是外国代理机构进行全球采购，公司评价国外供应商的标准都应该与评价国内供应商的标准相同（甚至更加严格）。国外供应商不会主动达到买方的绩效要求或期望。

（4）签订合同。确定了合格的供应商之后，买方就要征求供应商的建议书。如果国外供应商并不具备竞争力（通过评价建议书来确定），那么采购员则会选择国内供应商。如果国外供应商能够满足买方的评价标准，那么买方就可以与供应商磋商合同条款了。无论与哪个供应商合作，买方都要在合同的整个有效期内对供应商进行持续的绩效考察。

5.7.2 国际采购应注意的问题

（1）供应商的实力。跨国公司在选择供应商时，往往会建立一整套综合评价指标体系，主要包括企业业绩、业务结构和生产能力、质量系统、企业环境以及技术创新能力等方面。供应商本身的素质符合跨国采购的要求，另外供应商的规模也会影响跨国公司采购的效率。如果规模庞大，产品种类齐全，就可以产出集聚效应。

（2）采购地区出色的供应链。供应链管理是跨国采购的主流管理思想，它的应用可以提高投资回报率、降低成本、缩短订单履行时间。供应链管理的核心是把企业资源的范畴从过去的企业内部扩展至全社会、乃至全球范围，核心企业通过与供应链中上下游企业之间建立战略联盟，使每一个企业都能发挥各自的优势，从而在价值增值链上达到“共赢”的效果。因此跨国公司采购对象一般设立在供应链管理理念比较普及的城市，这样跨国公司就能够与当地及周边供应商建立长期的战略合作伙伴关系，共同为供应链的价值增值努力。

（3）知名展览会。展览会属于服务贸易范畴，对跨国公司的采购而言，国际知名、规模庞大、服务体系健全的专业展览会不仅有利于跨国公司发现新的、优秀的供应商，还有利于其扩大在上下游供应商中的影响，有利于其了解最新的市场动态。无论是在直接采购模式还是在间接采购模式下，参加展览会都是跨国公司寻找供应商的一个重要途径。

5.7.3 国际采购的风险

在进行国际化采购时，会涉及许多存在问题的区域，称之为全球采购风险。随着公司供应从国内采购转向国际化采购，采购人员在制定采购战略时必须同时考虑机会和风险。

忽视与国际化采购下关的奉献的公司将失去预期利润，而较精明的组织将实施同时降低风险和提高价值的采购策略。应此，必须认识这些风险，从而采购措施将其每一部分的影响最小化。

1. 供应商的选择是否合适

进行有效采购的关键问题应该是选择高效、负责的供应商。由于得到评估所需的数据既昂贵又耗费时间，做到这一点有时比较困难。当供应商远在千里之外时，这一问题就突出地表现出来。获得国际供应商相关信息的方法基本上和获得国内生产厂商信息的方法相同。

这是一个很重要的过程，而且充满风险。采购方在异地他乡，人生地不熟，很容易上当受骗，而且供应商为了自己的利益会使出各种方法诱惑前去调查的采购人员，使其在不知不觉中落入供应商的圈套。

2. 交货时间是否准时

运输和通信的发展是全球性采购中的交货时按缩短，但是，以下几方面会使交货时间延长，必须引起采购者注意。

（1）采购者首次进行全球采购时通常需要开立信用证，这一般需要几个星期的时间。

（2）虽然交通运输有了很大发展，采购者在运输过程中还是难免会延误几天，尤其是货物还在国外的时候。

（3）货物在港口存放的时间取决于在港口等待卸载的船只的数量，而且，船只的卸载只有在规定工作时间内才可以进行。

3. 不断地催单

因为距离的问题，让海外公司加快生产、运输，以尽快完成订单供货比较困难，这就需要不断地进行催单。为了确保有效性，要求采购企业必须了解供应商的生产情况并确保有所反应。为了实现这一点，可以在合同中约定在供应方安排监督者，或者委派来自其附属公司的员工到供应商处督促其加快完成供货。

4. 政治问题

受供应商所在国政府问题的影响，供应中断的风险可能会很大，例如，供应商所在国发生战乱或者暴动等。采购者必须对风险做出估计，如果风险过高，购买者必须采取一些措施监视事态的发展，以便及时对不利事态做出反应并寻找替代办法。

5. 隐含成本过高

在将国内采购和国外采购做出比较时，往往会忽略国外采购中的某些成本计算，或者有时也会出现一些突发事件使全球性采购的成本增加，这些都是全球性采购的隐含成本。采购者在选择国外供应商之前，必须考虑到其所有可能发生的成本。

6. 汇率波动

在签订采购协议时会就付款采用采购方国家的货币还是供应方国家的货币做出选择。一般来说，如果交款时间较短，就不会出现汇率波动问题，选用哪种货币都无关紧要，但是，如果交款时间为几个月，汇率就会有较大的波动，此时的价格会随着选用货币的不同而产生较大的出入。1973 年后，国际上开始实行自由浮动汇率。由于政治、经济和社会因素的影响，汇率变化相当快，所以在签订合同时，采购者应该预测从当前到付款这段时间内汇率如何变动。

7. 付款方式

国际化采购在付款方式上有着自己的独特性。出于降低风险的考虑，国际供应商往往要求对方在订货时或发货前支付货款。那些和采购者已建立长期合作关系的供应商可能同意在赊账的情况下发货，但供应方不会在货款未支付前就将货物的所有权转让，同国内采购一样，全球性采购也要用到一种称为汇票的支付工具。汇票是供应方对采购房开出的票据，它连同货运单一起汇给供应方所在地的银行，由该银行收回货款。该行将这些单据寄送给采购方所在地的银行，并附上何时由采购方付单的说明书。最保守的供应方会要求对方开立信用证。信用证是采购者所在地的银行应采购者要求开立的，它保证开证银行在供应方完成了所有规定条件后向供应方支付预先商定的款项。

8. 质量

采购方和供应方就质量、规格达成共识非常重要，否则以后双方产生分歧后，一系列后续事件的处理费用是十分昂贵的。随着国际质量标准的建立，这一方面的问题已经变得简单化，但是如果买卖双方没有同时采用国际标准，还是会在解释方面出现问题，在产品质量方面存在隐患。另外，买卖双方就采用什么样的质量控制、验收过程问题达成一致也很重要。否则供应方发出的货物很有可能被采购方以另一种质量标准拒收。由于买卖双方地域上的差距，退货或重新发货都是比较复杂的，也浪费时间。这类问题应在采购之前进行协商，已达成一致。

9. 关税

关税是一个国家对其进口货物征收的税金，虽然从理论上讲世界各国都在通过世界贸易组织来努力消减关税，但是出于保护本国利益的角度，关税仍然存在。购买者必须了解有关关税的各项条款和税金如何计算。另外，合同应注明由哪一方——买方还是卖支付税金方。

10. 文本工作的费用

美国国际贸易文献委员会与美国运输部合作，进行了一次世界范围内的调查研究，以确定国际合同中涉及的文本工作的数量。调查结果表明文本费用已变得十分庞大，公司平均拥有 46 份不同的文本。例如，申请书、发票、运费单、原产地证明、进口许可证、提单，另外，还有这些文件的 360 份副本。按照现在国际贸易的交易速度，每年的文本共计要在 70 亿份以上，可想而知，全世界每年因为全球性采购而用在文本上的支出是多么庞大了。

11. 法律问题

如果说在进行采购时潜在的法律问题可以成为风险，那么在许多情况下进行全球采购时的风险要比国内采购大得多，如果采购方对运输时间要求严格，那么就应该设有防止延期运送而设置的罚金或辅助消除延期奉献的条款。相应的违约处罚条款也是必要的，或者干脆由银行行为指定的违约项目提供担保。由于起诉费用昂贵且浪费时间，越来越多的采购方由国际仲裁机构来解决贸易争端引发的各种问题。

12. 语言

相同的词在不同的文化背景下会有不同的含义，同一个英语单词在美国、英国或者南非的意思会大相径庭。拥有相同语言的人交流起来都存在这些困难，那么可以想象，不同语种之间的人交流起来困难有多大。正是因为语言方面的问题，一些公司坚持让经常和非本语种国家的供应商打交道的采购管理人员进行短期语言培训，以便和国外供应商进行交流。虽然还是少不了翻译，但这时采购者在商谈中就会适应多了。

13. 文化和社会习惯

每个地方的商业习惯会因地区不同而有所变化。国家之间的某些商业习惯变化更大，所以采购者若要和供应商更有效地进行商谈，就要使自己尽可能地组了解和适应那些习惯。

【本章小结】

随着信息技术的发展和世界经济全球化的形势下，采购的理念发生了一系列深刻的变化，新的采购模式不断出现。总的来说，目前主要的采购模式有：JIT 采购、MRP 采购、VMI 采购、招标采购、电子采购和国际采购。

JIT 采购是一种理想的物资采购方式，它的极限目标是原材料和外购件的库存为零、缺陷为零；MRP 采购主要目标是控制企业的库存水平，确定产品的生产优先顺序，满足交货期的要求，使生产运行的效率达到最高；VMI 采购是一种供应链环境下的新的库存管理方式，它能够对改善整个供应链库存状况、降低系统库存总成本起到积极的作用；招标采购可以使采购方在更大范围内选择理想的最佳潜在供应商，以更合理的价格、稳定的质量进行采购；电子采购可以将大量买方和卖方聚集在一起，形成公平的市场交易价，供求双方必须在公平价格的基础上，加强双方的业务联系，以保证双方共同的利益；国际采购可以利用全球的资源，在全世界范围内去寻找供应商，寻找质量最好，价格合理的产品 。可以说每一种类型的采购方式都有其适合的领域，到底应该采取哪种的采购方式要根据实际情况来判定。

【案例分析】

供应链环境下的采购模式对供应和采购双方是典型的“双赢”，对于采购方来说，可以降低采购成本，在获得稳定且具有竞争力的价格的同时，提高产品质量和降低库存水平，通过与供应商的合作，还能取得更好的产品设计和对产品变化更快的反应速度；对于供应方来说，在保证有稳定的市场需求的同时，由于同采购方的长期合作伙伴关系，能更好地了解采购方的需求，改善产品生产流程，提高运作质量，降低生产成本，获得比传统采购模式下更高的利润。

20 世纪 80 年代，日本汽车工业因为大力改善采购工作，平均每一辆汽车成本节省了近 600 美元，在极大增加了日本汽车公司利润的同时，也极大增强了日本汽车的国际市场竞争力。日本的本田汽车公司的采购管理工作很具有代表性，本田公司每辆车 80%的成本都用于从外部供应商购买零部件，即每年在供应商处的购买额达 60 亿美元，也就是说，公司 13000 名员工所生产的只占每辆车成本的 20%，他们认为：供应商的状况如何对本田公司的赢利至关重要，好的供应商最终会带来低成本、高质量的产品和服务，因此必须与供应商建立长期合作伙伴关系。

本田公司实施采购管理的一项重要举措是“最佳伙伴”项目。首先，本田公司与供应商的关系是一种“永久关系”。一旦与某家供应商签约，就希望这种关系能够保持 25 年至 50 年。其次，本田公司摒弃传统的拼命压价的采购方式，转而采用一种新的方式，他们的信条是“我如何利用供应商的技能来增强自己在最终市场的竞争力?”在充分了解供应商制作零部件的成本（包括所有业务支出和利润）的基础上，本田公司的采购人员为所购货物制定出成本表单，然后据这些表单定出“目标价格”告诉供应商。如果有供应商收到目标价格后，对本田公司的采购人员说：“你们真是疯了”，本田公司马上就会派出工程师到供应商的公司去，检查供应商的生产流程，找出导致供应商价格过高的原因。本田公司不仅在采购价格方面节省不菲，并且，通过同供应商的长期合作，本田公司也极大缩减了新产品的开发成本和时间。各供应商为本田公司提供了许多关于如何改进质量，更有效利用零部件的建议，本田公司对所有建议进行分析和测试，然后采纳最好的建议。

据本田公司的报告，供应商帮助、参与设计雅阁（Accord）轿车，把每辆车的生产成本降低了 21.3%。显然，采购部门不再是单纯地负责购买货物，还能够创造价值并推动企业经营战略的实施。

【思考题】

1．采购管理与库存控制有何关系？
2．如何进行供应商的调查与开发？
3．现代采购管理有哪些方式？
4．根据案例分析本田公司的采购方式的优势。

第 6 章　采购价格与谈判

【学习目标】

1．掌握采购价格的构成、分类和影响因素
2．理解价格折扣对采购价格的影响
3．熟悉市场经济条件下定价的方法
4．理解价格在谈判中的重要性
5．掌握谈判的概念、过程及组织实施等基本内容
6．理解并能熟练应用谈判的策略与技巧

6.1　采购价格概述

价格永远是采购人员关注的焦点之一，许多采购人员可能就是在为了寻找一些价格更便宜但又适用的物料而终日忙碌。公平的价格对采供双方都十分必要，一个公平的价格应是保证物料适当的品质，供应商可持续供应的最低价格。如果企业要求的采购价格低过了供应商所能承受的最低价，供应商将会不得不终止业务关系。世上没有一个企业会亏本为别的企业服务。如果采购人员认为目前供应商的价格太高，而去开发一些价格低但是其他方面难以保证的供应商，最终因品质太差或交货不及时而蒙受的损失可能要远远超过采购单价所省的那点钱。当然，过高的采购价格会让企业的产品丧失竞争力。这就要求采购人员对现行采购价格有一个清楚的认识和定位。

6.1.1　采购价格的构成

采购商品的价格构成是指形成价格的各个因素及其组成情况。在币值一定的条件下，只有对所购商品的价格构成进行分析，才能把握商品价格。当采用直接采购的方式时，用料企业直接向物品生产企业采购，这时生产企业的销售价格即为采购价格。它由所购物品的生产成本、流通费用和生产企业的税金和利润四个部分构成。

（1）生产成本。生产成本主要指在生产过程中使用的机器设备等固定资本折旧、原材料、辅助材料、电力以及其他耗费等费用和生产工人、管理人员等的劳动报酬。

（2）商品流通费用。商品流通费用是指发生在商品流通环节的费用，它参与不同环节商品价格的形成。如果由供应商送货，这一部分费用就构成商品的购进价格；如果不由供应商送货，这一部分费用就不构成商品的购进价格。

（3）税金。税金是指按照《税法》向国家缴纳的一部分企业利润，是国家积累资金的一种重要形式。税率的大小，按照不同商品，根据兼顾国家、集体、个人三者利益的原则，结合国家经济发展的需要，由国家通过法令加以具体规定。任何企业对于应纳税金，无论经营是否盈利，都必须足额上缴。因此，采购价格中应该包括生产企业向国家缴纳的税金。

（4）生产企业利润。企业利润是生产企业创造的纯收入，是国家积累资金的另一种形式，其中一部分留作企业生产基金，作为企业发展的基础；一部分用于福利，以提高企业职工的生活水平。

6.1.2　采购价格的分类

依据不同的交易条件，采购价格会有不同的种类。采购价格可分为：到厂价（送达价）、出厂价、现金价、期票价、毛价、现货价、合约价、定价、实价等。

（1）到厂价。到厂价是指供应商的报价是负责将商品送达买方的工厂或指定地点，期间所发生的各项费用均由供应商承担。以国际而言，即到岸价加上运费（包括在出口厂商所在地至港口的运费）和货物抵达买方之前一切运输保险费，其他有进口关税、银行费用、利息以及报关费等。这种到厂价通常由国内的代理商，以人民币报价方式（形同国内采购），向外国原厂进口货品后，售给买方，一切进口手续皆由代理商办理。

（2）出厂价。出厂价指供应商的报价不包括运送责任，即须由企业雇用运输工具，前往供应商的仓库提货。这种情形通常出现在企业拥有运输工具或供应商加计的运费偏高时，或当卖方市场时，供应商不再提供免费的运送服务。

（3）现金价。现金价指以现金或相等的方式支付货款，但是“一手交钱，一手交货”的方式并不多见。在企业界的习惯，月初送货、月中付款或月底送货、下月中付款，即视同为现金交易，并不加计迟延付款利息。现金价可使供应商免除交易风险，企业亦享受现金折扣。例如，交易条件若为 2/10，n/30，即表示十天内付款可享受 2%的折扣，否则 30 天内必须付款。

（4）期票价。期票价指企业以期票或延期付款的方式来采购商品。通常企业会把延期付款期间的利息加在售价中。如果卖方希望取得现金周转，会将加计的利息超过银行现利率，以使供应商舍期票价取现金价。另外，从现金价加计利息变成期票价，有用贴现的方式计算价格。

（5）净价。净价指供应商实际收到的货款，不再支付任何交易过程中的费用。这点在供应商的报价单条款中通常会写明。

（6）毛价。毛价指供应商的报价，可以因为某些因素加以折让。例如，供应商会因企业采购金额较大，而给予企业某一百分率的折扣。如采购空调设备时，商家的报价已含税，只要买方能提供工业用途的证明，即可减免增值税 50%。

（7）现货价。现货价指每次交易时，由供需双方重新议定价格，若签订有买卖合约，亦以完成交易后即告终止。在企业众多的采购项目中，采用现货交易的方式最频繁；买卖双方按交易当时的行情进行，不必承担预立合约后价格可能发生的巨幅波动的风险或困扰。

（8）合约价。合约价指买卖双方按照事先议定的价格进行交易，合约价格涵盖的期间依契约而定，短的几个月，长的一两年。由于价格议定在先，经常造成与时价或现货价的差异，使买卖时发生利害冲突。因此，合约价必须有客观的计价方式或定期修订，才能维持公平、长久的买卖关系。

（9）定价。定价指物品标示的价格。若商场的习惯是不二价，自然牌价就是实际出售的价格，但有些商场还保持“讨价还价”的习惯。例如某些老式的商场或一般工艺品店等，常使不知内情的外地人吃亏上当。当然，使用牌价在某些行业却有正当的理由。例如钢管、水泥、铝锭等价格容易波动的物品，供应商经常提供一份牌价表给买方，表中价格均偏高且维持不变。当买方叫价时，卖方则以调整折扣率来反映时价，亦无需提供新的报价单给买方。所以牌价只是名目价格，而非真实价格。

（10）实价。实价指企业实际上所支付的价格。特别是供应商为了达到促销的目的经常提供各种优惠的条件给买方，例如数量折扣、免息延期付款，免费运送与安装等，这些优待都会使企业的采购价格降低。

6.1.3 采购价格的影响因素

确定最优的采购价格是采购管理的一项重要工作，采购价格的高低直接关系到企业最终产品或服务价格的高低。因此，在确保满足其他条件的情况下力争最低的采购价格是采购人员的最重要的工作。采购价格的高低受主要受以下各种因素的影响。

（1）供应商成本的高低。这是影响采购价格最根本、最直接的因素。供应商进行生产，其目的是获得一定的利润，否则生产无法继续。因此，采购价格一般在供应商成本之上，两者之差即为供应商的利润，供应商的成本是采购价格的底线。一些采购人员认为，采购价格的高低全凭双方谈判的结果，可以随心所欲地确定，其实这种想法是完全错误的。尽管经过谈判供应商大幅降价的情况时常出现，但这只是因为供应商报价中水分太多的缘故，而不是谈判能随心所欲决定价格。

（2）规格与品质。采购企业对采购品的规格要求越复杂，采购价格就越高。价格的高低与采购品的品质也有很大关系。如果采购品的品质一般或质量低下，供应商就会主动降低价格，以求赶快脱手，有时甚至会贿赂采购人员。采购人员应首先确保采购物品能满足本企业的需要，质量能满足产品的设计要求，千万不要只追求价格最低，而忽略了质量。

（3）采购物品的供需关系。当企业所需物品为紧俏物资时，则供应商处于主动地位，便会趁机抬高价格；当企业所采购的物品供过于求时，则采购企业处于主动地位，可以获得最优价格。

（4）生产季节与采购时机。当企业处于生产的旺季时，对原材料需求紧急，因此不得不承受较高的价格。避免这种情况的最好办法是提前做好生产计划，并根据生产计划制订出相应的采购计划，为生产旺季的到来提前做好准备。

（5）采购数量多少。如果采购数量大，采购企业就会享受供应商的数量折扣，从而降低采购的价格。因此，大批量、集中采购是降低采购价格的有效途径。采购数量不但要考虑采购方的经济批量，亦应考虑卖方的经济生产量，因为采购数量的多寡，往往影响价格的高低。

（6）交货条件和付款条件。交货条件也是影响采购价格的非常重要的因素，交货条件主要包括运输方式、交货期的缓急等。如果货物由采购方来承运，则供应商就会降低价格；反之就会提高价格。有时为了争取提前获得所需货物，采购方会适当提高价格。在付款条件上，供应商一般规定有现金折扣、期限折扣，以刺激采购方能提前用现金付款。

（7）采购方的议价能力与供应者的争价能力。采购方竞争的手法是压低价格，要求较高的产品质量或索取更多的服务项目，并且置竞争者于彼此对立的状态，所有这些都是以利润作为代价的。每个采购方的上述能力的强弱取决于众多市场情况的特点，也与这宗购买相对于买主整个业务的重要性有关。

供应者们可能以提价或降低所购买产品的质量、服务相威胁，向采购方施加压力。供应者施加的压力可以使采购方因成本增加，而产品售价未能同步增加而失去利润。供应商压力的强弱是与采购方压力相互消长的。

此外，采购价格还与市场的类型、经济环境、卖方的定价战略、供应地区的差异以及包装情况有关。

6.1.4　采购价格的四个步骤——询价、报价、议价和定价

1. 询价

询价是指在贸易业务来往中，买方或卖方就所要购买或出售的商品方询问交易条件的行为，一般由买方提出。如果一种物料以前没有向某供应商采购过，就要向该供应商询问，以获得来自该供应商的各种信息。

许多企业有标准的询价表格，这种表格一般包括两方面信息，一方面的信息由采购方向供应商提供；另一方面信息是供应商根据采购方提供的所作出的发盘，也就是供应方向采购人员询价。询价通常有口头与书面形式。在询价的过程中，为使供应商不致发生报价上的错误，采购人员通常附有辅助性的文件，例如商品规格书、商品分期运送的数量明细表等。

2. 报价

（1）价格与供应商选择。采购人员每天可能要收到数份报价单，如何确定供应商报价

是否合理是让采购人员比较头痛但又不得不面对的事。

如果采购人员得到了如下四份报价：A 供应商：1 元/件；B 供应商：0.92 元/件；C 供应商：0.90 元/件；D 供应商：0.80 元/件。D 供应商的价格最便宜。但经过对供应商的全面了解后发现 D 供应商是一家规模小、人员素质差且无品质保证能力的企业，D 供应商为了抢占市场采取了低价格攻势；B 及 C 供应商虽价格较高，但有较高的信誉，在品质及交货方面能有较好的保证；A 供应商虽是一家在各方面都不错的大企业，但因管理费过高而使得价格居高不下。经过这样的调查了解后，正确的做法是首先就要把报价最低的 D 供应商去掉，这种做法的结果与凭表面判断的结果恰恰相反。经采购人员的努力，B 及 C 供应商的单价虽降不到 D 供应商的报价水平，可能也会下降数个百分点。如果 B 及 C 供应商的样品能通过既定的评审，那么 B 及 C 供应商就可能是最为理想的供应商。在实际操作中，采购人员容易犯这样的毛病：就是要求 B 及 C 供应商的报价一定要降到 D 供应商的价格才肯罢休，因为他认为这个市场上既然已经有供应商报出了这个价格，B 和 C 也应该能接受这个价格。殊不知这个低价是忽略了许多其他采购服务才报出来的，换句话说，D 供应商所报的价格是不可信的。

（2）确定供应商价格的合理性。要确定供应商的报价是否合理是一件比较困难的事，特别是所购买的商品被少数供应商垄断时或采购人员对所购物品很陌生时。一般来说，下列方法可用作定性判断：

① 将不同供应商之间的报价进行比较。可以尽量多找几家供应商报价，来自不同供应商的报价可以让采购人员了解所购物料的大致市场价格。最终选定的供应商可能只有一两家，但其他供应商的报价可作为采购人员作出正确选择的参考。找多家供应商报价会增加采购人员的工作量，但是是值得的。

② 与确定的底价进行比较。所谓底价就是打算支付的最高采购价格。底价的制订使采购人员对价格的确定与取舍有据可依，但是底价的制订往往需要企业内部数位很懂行的人士甚至聘请企业外部的专家来完成，许多小企业无法做到。底价制订得太高或太低对企业都不利，若制订得太低，本来可以入围的优秀供应商被拒之门外，这样企业就会丧失很多机会成本；若制订得太高，就失去了制订底价的意义。一个合理底价的制订不仅需要制订人有丰富的与物料相关的知识，还要尽可能地搜集相关材料。

3. 议价

议价无非是采购人员与供应商之间讨价还价的过程，需要多次的谈判和磋商，要讲究方法和技巧。

4. 定价

通常采购的基本要求是品质第一，服务第二，价格列为最后。因此采购价格以能达到适当价格为最高要求。在维持买卖双方利益的良好的关系下，使原料供应持续不断，这才是采购人员的主要责任。定价通常经过如下过程：

（1）采购价格调查。一个企业所需使用的原材料，少的有几十种，多的万种以上。企业要根据“重要少数”的原理来进行采购价格调查，即根据数量上仅占 10%而价值却占 70%～80%来调查。假如企业能掌握住 80%左右价值的“重要少数”，那么，就可以达到控制采购成本的目标，这就是重点管理法。根据一些企业的实际操作经验，可以把下列 6 大项目列为主要的采购调查范围：

① 选定主要原材料 20～30 种，其价值占全部价值的 70%～80%以上。

② 常用材料、器材属于大量采购项目的。

③ 性能比较特殊的材料、器材（包括主要零配件），一旦供应脱节，可能导致生产中断的。

④ 突发事件紧急采购的。

⑤ 波动性物资、器材的采购。

⑥ 计划外资本支出、设备器材的采购，数量巨大，影响经济效益深远的。

上面所列 6 大项目，虽然种类不多，但却是所占数值的比例很大，或影响经济效益甚广的。在一个企业中，为了便于了解占总采购价值 80%的“重要少数”原材料价格的变动行情，就应当随时记录，真正做到了如指掌。

（2）采购价格信息搜集方式。采购价格信息的搜集可分为三类：

① 上游法。即了解拟采购的产品是由哪些零部件或材料组成的，查询制造成本及产量资料。

② 下游法。即了解采购的产品用在哪些地方，查询需求量及售价资料。

③ 水平法。即了解采购的产品有哪些类似产品，查询替代品或新供货商的资料。

（3）采购价格确定方式

① 报价采购方式。所谓报价采购，即采购方根据需采购物品向供应商发出询价或征购函，请其正式报价的一种采购方法。通常供应商寄发报价单，内容包括交易条件及报价有效期等，必要时另寄“样品”及“说明书”。报价经采购方完全同意接受，买卖契约才算成立。

② 招标确定价格的方式是采购企业确定价格的重要方式，其优点在于公平合理。因此，大批量的采购一般采用招标的方式。但采用招标的方式需受几个条件的限制：① 所采购的商品的规格要求必须能表述清楚、明确、易于理解；② 必须有两个以上的供应商参加投标。这是采用招标方式的基本条件。

③ 谈判确定价格是确定价格的常用方式，也是最复杂、成本最高的方式。谈判方式适合各种类型的采购。

6.1.5　折扣对采购价格的影响

采购量与产品的每单位成本与价格有直接关系。把不同运营单位的采购需求结合起来能够在工具、机构组织与运营效率方面产生大量的节约。集中或单一采购的主要好处之一是价格较低，这是采购量较高的结果。对于一个数量较大的采购合同，买方可能得到期望的有利价格，因为供应商会因此而降低每单位的成本。卖方愿意提供数量折扣，也会影响最终卖价。同时交货时间与地位因素也会对产品的价格产生一定程度影响。一般而言，较常见的三种折扣是：数量折扣、即时折扣和地位折扣。

（1）数量折扣。很多供应商使用折扣作为激励，来吸引客户购买更多的产品。这种折扣可能是非常有吸引力的，而且应该值得慎重考虑，因为他们所反映的不仅仅是规模经济。当数量折扣对采购价格有正面作用的时候，买方必须注意折扣对产品总成本的净影响。因为在短期内使用比需要量更多的物资是有风险的，而且会产生浪费。这里的浪费主要是指买入超常大量的商品需要额外的仓储，所以必须以平衡的观点去看待所有的折扣，在大多数企业正在减少甚至取消存货的情况下，必须对照数量折扣的处理，评价由于增加存货而增加的存货持有成本。

（2）即时折扣。如果客户能够即时支付而不让供应商久等的话，许多供应商会愿意提供折扣。这些折扣可以是现金折扣、订单支票折扣，或者是在某一特别时期内的支付折扣。这里我们只介绍现金折扣，它是指对在一定时期内的提前支付提供现金上的折扣。例如卖方对 10 天内收到的货款提供 2%的折扣，30 内则全额支付。与数量折扣不同，现金折扣通常很值得使用。买方几乎不能在 10 天内挣得与现金折扣等值的收入。放弃现金折扣的机会成本总是高于取得现金折扣的机会成本。管理良好的企业能够利用现金折扣，在指定时间内安排支付。

（3）地位折扣。地位折扣就是根据购买组织的状况来给予折扣。比如，如果是卖给零售商、代理商或其他中介组织，那么生产者可能就要以折扣的方式调整价格。这反映了购买方是在帮助生产商销售产品。如果所采购的材料要体现在客户的产品中，那么购买方会认为给予折扣是合理的，这要某种程度上也把购买者看做是分销商。一个机床制造商购买轴承用于其机床生产，它所享受的折扣可能是另一家购买轴承用于维修的购买者所享受不到的。给予折扣的另一个原因是优先的客户地位。给优先客户折扣是因为以下的因素：如互利安排、作为客户的时间长短、同一组公司的成员，或者是因为部分供应商希望在一个特殊的分市场扩展销售。

6.2 采购定价的方法

6.2.1 采购价格的决定方式

一般价格的决定可分为两种。

（1）公开竞争价格。通常非标准物料的采购，以及按照采购方规格制造的物品，由于无现成的市场价格，所以在此情形下大都以公开竞争方式来决定其价格。此种方式是由多家厂商提出报价，然后由采购方选择其中的适当者为供应对象。根据采购的基本原则，如果报价差距过大，过高时当然可以不采用；而过低的报价是否可靠亦须加以考虑，运用采购者的判断力、过去的经验以及市场调查所得的价格料，加以比较。此种公开竞价方式最大的缺点是以价格为唯一标准，而未考虑其他的因素。所以竞争价格的采购方式，并不能说是最适当的价格决定方法。

（2）协议价格。一般而言，此种议价方式比竞争价格较易接近适当的价格，因为决定适当价格的采购因素，在议价过程当中，买卖双方都就其立场提出陈述，为维护自身利益据理力争，双方的意见可以得到充分的表达和交流，容易达成双方都能接受的协议。由于影响价格的因素很多，例如市场供需的变化，价格与成本的关系，竞争价格与不完全竞争价格，固定价格与不固定价格，集中采购与分批采购，大量采购与付款条件的折扣等，这些都能或间接影响到价格的决定，所以采购价格应力求“适当合理”的原则，否则可能会得不偿失。

6.2.2　采购价格预估方法

预估采购价格，一般是依据历史资料、市场行情以及供应商所提供的资料加以分析比较。

（1）采购定制商品，以往有价格记录者，可以最近一次采购价格为预估底价，再适当考虑工资变动情况和物价变动情况，形成预计采购价格，在此基础上与供应商谈判。

（2）采购一般机器设备，厂商有牌号或成品可以供应者，可参照以往采购价格资料或厂商价目表，并参酌市场行情预估。

（3）采购大宗物质时，如系向国外采购者，由于其价格常有涨跌，因此必要时以电报向国外询价，并以最近商情及所得到的报价，作为预估底价的根据。

（4）采购零件或配件时，应查明原厂零件价目表及折扣额，并参考以前采购价格资料预估价格。

（5）采购原料时，参考以往采购价格资料及市场行情预估，或调查三家以上厂商的价目表，以其平均价格作为预估价格。

6.2.3　采购价格的定价方法及计算

在价格学中，定价方法按着重强调什么因素，分为成本导向定价法、需求导向定价法和竞争导向定价法三类。

1. 成本导向定价法

着重考虑成本的企业倾向于采用成本导向定价法，其基本特点是：关心对成本的充分补偿和盈利的可能性；以成本作为价格的最低界限，要求价格只能在成本之上；把外界对价格的影响通过成本类型和盈利率的选择反映出来，例如完全成本定价法、变动成本定价法。

（1）成本加成定价法。最基本的定价方法是以单位产品完全成本为基础，再加上一定的盈利额来计算价格的。这种方法通常称为成本加成定价法。其基本计算公式是：

价格＝平均单位成本＋平均利润

或　　价格＝（总成本＋目标利润额）/总产量

目标利润或平均利润相对于成本，可以是固定的，也可以是变动的，当把目标利润作为与成本同比例增长，或作为销售额中一个固定比率部分时，价格计算公式需要作出修改。

① 目标利润作为与成本同比例增长的部分。这里以成本作为计算的基数，按照利润随成本变动的比例，首先确定成本加成率（或称为成本利润率），然后计算价格。其公式是：

价格＝平均成本×（1＋成本加成率）

【例 6.1】 假设某企业生产单一产品，某型号水泥。1995 年生产了 60000 袋，每袋变动成本为 8 元，全年企业固定成本为 420000 元。不难计算该产品平均成本，

即总成本＝（8×60000）＋420000＝900000（元）

平均成本＝900000 / 60000＝15（元）

假定成本加成率为 30 %，因而价格为

价格＝15×（1＋30 %）＝19.5（元）

② 目标利润作为销售额中固定比率的部分。这时价格的计算公式略有不同。因为目标利润作为销售额中的固定比率（这个比率通常称为销售利润率），意味着价格作折扣后才是平均成本，即

价格×（1－销售利润率）＝平均成本

因此，　　价格=平均成本/（1－销售利润率）

【例 6.2】 假设上例中，企业按销售利润率 25%来计算价格。因每袋水泥平均成本为 15 元，所以

价格=15/（1－25 %）＝20（元）

成本加成定价法不仅谋求补偿成本，而且可取得一定量的利润。只要市场上缺乏竞争力，产品销路很好，或者现处于卖方市场，企业就可以采用这种方法来制定价格决策。如建筑工程公司进行工程投标，就是在估算成本再加上标准加成率的基础上来报价的。

成本加成定价法忽视当前顾客需求特点、忽视市场供求关系和竞争状况，显然是不合理的，不仅在逻辑上不合理，在计算结果上也不能导致获得最佳价格，例如它与按需求曲线制定的价格总是存在一定的差距，与市场通行价格相比也会不同。这些缺陷既可能降低企业销售收入和利润，也可能削弱企业竞争优势。

如果企业生产多种产品，就需要把全部固定成本在各种产品上进行分摊，以便准确计

算每种产品成本。在实践中固定成本分摊可以有多种方式，如按产量的比例平均分摊、按变动成本总额的比例分摊、按制造产品所用时间的比例分摊等，不同方式分摊结果不同，有时差异可达到 35%左右。这些差异说明，成本计算并不是那么简单易行的，如果简单地对待，就会使成本计算不准确，从而使成本加成定价法失去价值。

（2）目标成本定价法。有些产品价格的制定是在缺乏历史成本资料，或者已有的成本资料不能真实反映所销售产品的劳动消耗等条件下进行的。例如，按订货合同组织单件性特种产品生产的场合，价格制定是在订货合同达成时或之前进行的。单件生产特种产品的生产特征决定了历史成本资料的缺乏性或不适用性。另外，一个大批量生产的企业在向市场推出新产品时，即使实行成本导向定价，也不能以新产品推向市场初期的成本为计算依据。在这些场合，企业可采用目标成本定价法。

所谓目标成本定价法是以企业期望可达到的成本目标作为制定价格的基础的定价方法。目标成本不同于制定价格时期的实际成本，它是为实现定价目标、谋求长远利益和整体利益而测定的一种“影子成本”。通常情况下，影子成本所反映的是在企业技术设备日臻完善，内部管理严格有序，整个经营过程处于正常状态下的生产成本。对于新产品来说，影子成本着重反映的是从小批量生产转向大批量生产过程中具有边际递减特征的阶段性成本。计算目标成本，消除了生产中不正常因素的影响，也排除了成本波动因素，因而比较合理。以目标成本为基础来制定的价格，既可容易地为消费者接受、达到可销的水平，又能实现企业的目标利润。其计算公式是：

价格=目标成本＋目标利润＋税金

或　　价格=总目标成本×（1＋成本加成率）/总产量

【例 6.3】 某洗衣机制造公司向市场推出一种全自动滚筒式洗衣机，由于新颖，缺乏充分、准确的成本资料。因此，该公司采用目标成本定价法来测定价格。在分析了固定成本、变动成本因素之后，公司主管部门认为该洗衣机在推出期期的目标成本是 2300 元。公司认为，该产品具有明显新颖性和适用性。顾客购买力会较大，因而成本加成率可定在 30%水平上。于是不难计算该洗衣机的可销价格：

价格＝2 300×（1＋30 %）＝2 990（元）

应当注意，目标成本的科学（合理）性对价格的合理性具有明显影响。换句话说，如果目标成本不合理，目标成本定价法就没有什么意义。制定合理的目标成本，必须明确“正常、有效的生产条件”的内涵，认真分析成本变化规律以及其他企业的成本水平，提出切实可行的控制成本的措施。这样，目标成本就具有科学依据，并具有可实现性和可接受性。按照这样的成本来定价，消费者乐于接受，企业也可实现长足的发展。

（3）收支平衡定价法。收支平衡定价法亦称为保本定价法，顾名思义，这种方法“放弃”了对利润的追求，只要求保本。主要适合于市场销售状况欠佳，谋求市场份额和保证一定销售量的目标占主要地位的场合。例如，在向市场推出新产品时，为使大多数消费者愿意购买，在消费中了解新产品，价格不能太高，但企业又不愿意在亏损状态下经营时，可采用收支平衡定价法。在市场普遍不景气，企业的产品以高价销售存在着明显困难时，为保证企业安全度过不景气时期，也必须考虑采用收支平衡定价法。

在收支平衡定价中，产品价格等于平均成本与单位产品税金之和。通常，首先应当按照保守原则或最大可能原则，估算产品销售量。这一销售量被称为保本销售量。其次，要认真搜集分析各类成本资料，成本资料是否全面准确对于销售价格是否有保本功能具有直接影响。由于，

总成本＝固定成本＋单位变动成本×销售量

因此，保本定价法下的价格按下式计算：

价格=（固定成本/保本销售量）＋单位变动成本＋税金

【例 6.4】 一家企业主要生产规格为 51cm 黑白电视机。由于彩色电视机逐步普及，黑白电视机市场很不景气。该企业预计明年产品销售量只有 30000 台。可是为生产该产品，必须支付的固定成本为 7500000 元，单位变动成本为 1000 元，该产品欲实现保本经营，价格应为多高呢？

按照上述计算公式，不难计算出保本价格：

价格＝[（7500000 / 30000）＋1000］元＝1250 元

很多情况下，收支平衡定价计算公式被用于计算在一定价格水平下的保本销售量。因为上述计算得到的价格实际上有可能背离市场可行价格。如果价格高于市场可行价格，会使商品销售量锐减，降低销售收入，使入不敷出；如果价格过多地低于市场可行价格，事实上会使企业失去取得一定利润的机会。企业主管通常根据市场可行价格，反向推算保本销售量，作为企业销售目标。

计算保本销售量的公式如下：

保本销售量＝固定成本/（市场可行价格－单位变动成本）

收支平衡定价法与前述成本加成定价法的区别仅仅在于利润有无这一点上。

（4）变动成本定价法。在竞争日益激烈、市场份额对于企业日益重要的经营条件下，按照补偿全部成本的原则来制定价格的做法通常会使企业失去竞争优势。尤其是在资本密集型、技术密集型产业，固定资产投资越来越高，技术开发与经营管理领域的固定成本开支越来越大。这样使企业形成很高的固定成本。但是，在市场竞争中，一个企业的商品销售量有很大伸缩性，价格是影响销售量的一个重要因素。如何使价格相对低一些，借以扩大商品销售量，通过大规模生产降低商品成本来使企业盈利呢？在成本导向定价法中，最为有效的办法就是暂时撇开固定成本因素，采用变动成本定价法。

变动成本定价法是指以单位变动成本为最低界限，尽量使价格高于单位变动成本的定价方法。价格形成公式是：

价格=单位变动成本＋单位贡献

由于要求，价格＞单位变动成本

所以　　单位贡献＞0

单位贡献亦称为边际贡献，其经济学含义是边际收益超出边际成本的部分。当企业按照收益等于边际成本原则定价时，边际贡献为 0，利润最大。但这只是一种理想中的状态。由于市场销售量的不确定性，边际收益等于边际成本的状态很难控制。因此企业必须考虑在边际收益高于边际成本的状态下经营。

但是必须考虑的问题是，企业可以容易地计算平均变动成本，而很难得到准确的成本曲线。这实际上是说，用平均收益与平均变动成本来定价具有很强的实用性。不论边际收益是否等于边际成本，平均收益必须大于平均变动成本。这显然是一条适用的定价规则。

为什么不能让价格等于单位变动成本呢？这涉及固定成本补偿问题。固定成本如果得不到充分补偿，企业就会在亏损条件下运行。这对于企业继续生存是不利的，更谈不上求发展了。作为一种定价的规则，不能容许单位贡献等于零。其意义就是把补偿固定成本的任务交给单位贡献。只要单位贡献大于零，且商品销售量足够大，则补偿固定成本就不是不可能的。

2. 需求导向定价法

在价格制定工作中显然不能忽视消费者对价格的接受能力和可能在购买行为上作出的反应。侧重于使价格为消费者能够接受并且能产生良好的反应的定价方法，就是需求导向定价法。实施需求导向定价法的基本前提是充分了解消费者的购买能力和购买欲望，并且能够预计消费者对某种价格水平的反应。换句话说，要弄清楚企业面临的需求曲线。

常见的需求导向定价法有三种形式，即直觉价值定价法、差别定价法和增量分析定价法。

（1）直觉价值定价法。越来越多的企业正把价格的制定转向建立在购买者对产品的“感觉价值”（perceived value）基础上。他们发现，定价的关键是购买者的接受性，不是企业的成本。购买者的接受性表现为消费者对产品价值的主观判断，当消费者觉得产品价值与价格一致或价格较低时，会认为购买是合算的，因而购买动机会强烈。否则，当消费者觉得产品价值低于价格，会有一种“上当”、“吃亏”的逆反心理产生，因而购买动机会大大削弱。根据这个道理，企业经理们设法借助各种非价格的营销因素来影响消费者，或通过市场定位在消费者心目中建立较高大的产品形象，让消费者产生产品价值很高的概念，由此途径来接受企业制定的产品价格。

直觉价值定价法与产品定位策略是一脉相承的。为一定目标市场服务的企业通常需要利用质量与价格两个“坐标”来建立其产品形象。可能有 9 不同的选择（见表 6.1），每种选择实际上是有关质量水平、价格水平及其比例关系的决策或策略。主对角线上的策略 1、5、9 在同一个市场上能够同时存在；但在同一个市场上，每一行上或每一列上的策略是不能同时存在的。例如策略 1、2、3 不能在同一市场上同时出现，因为三种策略下的产品没有差别，仅仅只是价格不同。只要消费者充分了解这种关系，消费者就不会执意偏爱策略 1 或 2 中的产品，不会随意多“送”钱给实施策略 1 或 2 的企业，因为他们有最佳选择，即购买策略 3 下的产品。对于其他每行的策略及每列的策略也可以同样作出分析。这就是说，在同一市场上，商品价格最好与商品的“感觉价值”或质量水平相适应；在有竞争产品存在的情况下，还要考虑顾客感觉价值的变化。

表 6.1　产品质量价格策略

价格		高	中	低
质量	高	1．优质优价策略	2．高价值策略	3．超价值策略
	中	4．撇脂定价策略	5．公平价值策略	6．适度让价策略
	低	7．暴利定价策略	8．“华而不实”策略	9．经济节约策略

杜邦公司一直都在采用直觉价值定价法。它开发了地毯用的新合成纤维后，就极力宣传新纤维的优点，向地毯织造厂证明每磅新纤维付 1.40 美元是很合理的。杜邦称这种做法是“使用价值”定价法。据说，杜邦对某些化学品将采用平均水平的和优越水平的两种价格，当然后者意味着将提供附加价值。例如，某种商品两种价格依据表 6.2 来制定。希望获得“优越”满足水平的顾客可以付 105 美元来达到自己的目的。杜邦测算了每项附加好处的“感觉价值”，它们加起来正好是相对于平均水平价格，顾客多付出的费用 5 美元。这种做法有时也称为项目价值累计定价法。当然，顾客也可以不要求提供全部项目的附加价值而只是其中的一部分。项目价值累计定价法可以让顾客按其需要和愿付的价格来作出选择。

表 6.2　商品的两种价格

特征	平均水平	优越水平	附加价值/美元
品质	杂质含量低于百万分之十	杂质含量低于百万分之一	1.40
送货	两周内	一周内	0.15
商品成套性	仅供化学品	供应化学品包装全套物品	0.80
技术创新	不提供 R & D 服务	高水平的 R & D 服务	2.00
培训	只有初级培训	按对方要求培训	0.40
服务	限于提货时服务	跟踪服务	0.25
价格	$ 100/磅	$ 105/磅	5.00

感觉价值定价法的关键是对每一项商品特征的市场感觉价值的精确计量问题。自以为是的销售者通常高估其产品的价值而过高定价；保守的销售者爱低估其产品的价值而过低定价。因此，为指导企业合理定价，进行一些市场研究，建立市场感觉价值评价体系，是必要的和有意义的。

测算顾客对商品的感觉价值可以有三种方式：

① 主观评估法，即由企业内部有关人员参考市场上同类商品，比质比价，综合考虑市场供求趋势，对商品的市场销售价值进行评估确定。

② 客观评估法，即由企业外部有关部门的人员及消费者代表，对商品的性能、效用、寿命等进行评议、鉴定和估价。

③ 实销评估法，即以一种或几种不同价格，在几个实验市场上进行实地销售，并征得消费者对产品价格的评估，然后通过对试销价格的顾客或反应进行分析，确定适销价格。

直觉价值定价法是以产品的最终用户或消费者的感觉价值为基础来定位的，不适用于流通领域中间环节定价。许多企业把“感觉价值”价格制定下来后，要反过来推算流通领域中间环节的价格以及企业出厂价。这时，直觉价值定价法又被称为“反向定价法”，或“倒剥皮定价法”。

（2）差别定价法。差别定价法就是将同种产品以不同的价格销售给同一市场上的不同顾客。一般来说，这里的价格差异不是由于商品成本因素所引起的，也不是附加价值不同所引起的，而是销售者根据顾客的需求特征实行差别定价引起的。因此又称为歧视性定价法。

① 差别定价法的类型根据消费者需求特征类型，差别定价有四种类型。

- 以顾客本身特征为基础的差别定价。例如，影剧院对大人与小孩规定不同的票价；歌舞厅对男士与女士规定不同的收费标准；航空公司对国内乘客与国外乘客制定不同的机票价格等。通常来说，这种类型的差别定价考虑顾客的支付能力与需求弹性的差异。
- 以产品用途为基础的差别定价。如电力、自来水与煤气等公司对企事业单位用户和居民家庭用户制定不同的收费标准；商店对礼品性的与顾客自用型的同种商品制定不同价格；具有收藏价值的邮票与普通邮票两者在价格上通常有很大差别。
- 以消费或购买地点为基础的差别定价。如同样的罐装“健力宝”饮料，在卡拉 OK 娱乐厅的售价要高于街头杂货店的售价，在装修豪华的饮食店售价也较高；宾馆客房因南北朝向不同，或因楼层不同而收费不同。
- 以消费或购买时间为基础的差别定价。例如同一批制造的衣服，在消费旺季与消费淡季的售价是不同的；电视广告在黄金时间的收费特别高；挂历、贺年卡在元旦后销售价格普遍下降。

② 实行差别定价法的条件。实行差别定价法必须具备一定的条件，以控制顾客的购买。这些条件包括：

- 价格不同的细分市场之间能够被完全隔离，不可能出现高价细分市场的顾客向低价细分市场流动的问题，也不可能出现低价细分市场的顾客把商品再转手卖给高价细分市场的顾客问题。
- 每个细分市场都具有独特的需求性质，细分市场之间需求弹性不同。换句话说，高价细分市场的顾客不会因为价格高而大量减少其需求。只要高价细分市场能够维持存在并且盈利，差别定价法就有意义。

一般来说，高价细分市场能够独立存在，并且能够与低价细分市场相隔离，不是企业主观意志能决定的。许多资料表明，企业自动创造某种条件造成高价细分市场与低价细分市场隔离的做法，往往要么很难成功，要么得不偿失。关键原因在于，细分市场是动态可变的，是企业不可控制的。任何“臆造”市场都是短命的。企业要实行差别定价法，须进行市场调研，论证其可行性，并且要因时、因地、因势制宜。

（3）增量分析定价法。根据顾客的需求弹性或需求曲线来定价，是许多企业常用的定价方法。这种方法以实现最大销售收入或最大利润为目标。分析价格变动与需求变动的相互关系以及它们对利润的影响。由于对价格与需求的变动按增量逐步计算，所以称之为增量分析定价法。

【例 6.5】 设某企业产品的价格与需求量互动关系见表 6.3。

表 6.3 价格与需求量的互动关系

价格/元	8	6	4	3
需求数量/件	100	300	400	500

固定成本为 800 元，平均变动成本为一常数 2 元。

增量分析法可以有两种做法。

第一种做法：分析收入增量与成本增量之间的关系，确定最优定价方法。

当价格由 8 元降至 6 元时，收入增量 R（8→6）与成本增量 C（8→6）分别为：

R（8→6）=6×300－8×100＝1000（元）

C（8→6）=2×（300－100）元＝400（元）

显然此时利润增量（边际贡献）（8→6）为

Л（8→6）=R（8→6）－C（8→6）=1000 元－400 元＝600（元）

Л（8→6）>0，说明价格从 8 元降至 6 元是值得的。继续分析如下：

R（6→4）=4×400－6×300 =－200（元）

C（6→4）=2×（400－300）＝200（元）

Л（6→4）=（－200）－200＝－400（元）

R（4→3）=（3×500－4×400）=－100（元）

C（4→3）=2×（500－400）＝200（元）

Л（4→3）＝－300（元）

由于Л（6→4）、Л（4→3）都为负数，说明价格从 6 元起继续下降于企业是不利的，有利润的损失。因此，企业应将价格定为 6 元。

第二种做法：直接比较每一价格下的利润，择优定价。可以用表 6.4 予以直观说明。

表 6.4　比较每一价格的利润

价格/元	需求量/件	销售收入/元	变动成本/元	固定成本/元	总成本/元	利润/元
8	100	800	200	800	1000	−200
6	300	1800	600	800	1400	400
4	400	1600	800	800	1600	0
3	500	1500	1000	800	1800	−300

表 6.4 说明，价格分别为 8 元、4 元和 3 元时，企业都是无利可图或有亏损的，只有定价 6 元时，企业可盈利 400 元。此时，对应于定价 6 元，需求量为 300 件的企业盈利最大，因此，企业应将价格定位 6 元。

3. 竞争导向定价法

竞争导向定价法是以本企业的主要竞争对手的价格为定价基础，忽视企业的产品成本或需求的变化，只要竞争对手的价格不动，本企业的价格也不动。竞争导向定价法通常有两种形式，即流行水平定价法和竞争投标定价法

（1）流行水平定价法。又称为随行就市定价法，简单地说，别人定多高的价格，本企业也定多高的价格。企业要分析当前同一市场上主要竞争对手的价格，可以使本企业的价格等于、略为高于或低于主要竞争对手的价格，但处于最接近或等于市场平均价格水平的位置。这种方法特别适用于竞争较为激烈、产品差异性不大的行业，如完全竞争行业。在寡头垄断市场上，各企业的产品价格通常是一致的，例如在钢铁、石油、纸张或化肥行业。一些小企业跟随市场领袖定价，也是流行水平定价法的一种形式。企业采用流行水平定价法的原因主要是：

① 难以估算产品准确的成本。这种情况下，人们把流行价格视为本行业中能够获得合理利润的价格。

② 报复性竞争压力最小。因为按流行水平定价对竞争对手的攻击性最小，对行业内部的价格协调机制破坏作用也最小。

③ 认为用户和竞争者对价格差异化的反应是不确定的，或者相信，他们对任何价格差异化的反应对本企业是不利的。

（2）竞争投标定价法。投标是企业取得经济技术承包合同的一种方式。在多家企业参与竞争投标时，争取本企业投标的竞争优势成为所投标书设计的关键。竞争优势高的企业才有可能中标，取得承包合同并赢得经营收入。影响投标竞争优势的因素有企业的相对技术实力、知名度和声誉，标价高低也是一个重要因素。投标中的标价是招标方能否接受的价格。在承包合同质量、工期、服务大致相当的条件下，招标方谋求降低合同价格，因而标价低的投标书较容易中标。于是产生了竞争投标定价问题。

投标方法有公开报价和密封报价两种。招标方在投标企业的各个不同报价中，择优选定

承包者。投标企业需根据竞争对手的公开报价或预计可能的报价来提出自己的报价。关键是要掌握好中标概率、利润与报价的关系。一般来说，报价越低，中标可能性越大，但企业赢利就越小，有时甚至导致企业亏损。如何确定合理价格呢？通常根据期望利润来定价。

所谓期望利润是指某个报价的中标概率与相应的企业利润二者的乘积，即

期望利润=中标概率×相应的利润

【例 6.6】 设某企业为一楼房建筑工程招标。根据楼房设计要求，估计建筑工程总费用为 80 万元。搜集可能的竞争对手及其所投标书的信息后，提出了四种可行的报价，并估算其中标概率与利润，继而可计算出每一报价下企业的期望利润，填于表 6.5 中。

表 6.5 每一报价下的期望利润

标价/万元	中标概率	可得利润/万元	期望利润/万元
90	0.6	10	6
95	0.5	15	7.5
100	0.3	20	6
105	0.2	25	5

表 6.5 中报价 95 万元的期望利润最大，即 7.5 万元，意味着中标概率与可得利润二者综合效果最好，按期望利润最大原则，企业应选择报价 95 万元。

6.3 采购谈判概述

采购员的主要工作就是要以最低的成本，为企业购得能满足需要的物资，而这一切，都必须与选定的供应商共同完成任务。在一些相对重要的采购活动实施前，采购方必须与供应商进行面对面的直接接触，进行谈判。可见谈判是采购部门最重要的活动之一。

谈判是很好地解决买卖双方采购需求交易的一个环节，但并非所有的采购需求都需要买卖双方进行详尽的谈判。谈判常适用于价格等重要的问题以及仅通过竞标不能满足采购需求的问题。通过竞标确定了可能的供应商以后，买方就可以通谈判来讨论影响采购协议的其他问题。一般需要采用谈判的情况包括：合同金额巨大；采购中包括复杂的技术要求，这一要求还可能不断提高；采购物资包括资本密集型工厂和设备；协议包括关系类型的调整；供应商将有重要的价值增值行为。

6.3.1 采购谈判的构成要素

所谓采购谈判，是指采购活动一方与供应商为了实现一定的经济目标，就双方的权利义务进行协商的过程。采购谈判要素包括以下几个方面。

1. 谈判的目的

谈判的要义是双方达成互相满意的共识，所以双赢也就成为谈判的目的。

2. 谈判的时机

从买方来讲以下五个因素会导致谈判发生：
（1）至少两个以上供应商；
（2）卖方有意介入；
（3）有了清楚的规格；
（4）投标者间存在差异；
（5）采购额大到足以涵盖竞标成本。

3. 谈判的阻碍

（1）个人风格与谈判抵触；
（2）以前和对方有过矛盾；
（3）认为谈判是输和赢的关系；
（4）为了赢将谈判延续得太长；
（5）谈判方权限不足以达成协议；
（6）将复杂的问题简单归结为输赢问题。

4. 谈判者素养

包括计划能力、清晰而敏捷的思路、强烈成功欲望、对他人意见的采纳能力、自制力、了解人性、善于倾听等。但所有这些都需要经过不断的训练和实践以及团队人员的互相补充。

5. 谈判的技巧

（1）吸取以往的教训，对刚完成的谈判进行小结，哪里成功，哪里不对，哪里要改，对方如何，这对以后都有帮助。
（2）小组会议，它可用以解决谈判小组内的分歧，对战略战术修订。

6.3.2 采购谈判的内容及特点

1. 采购谈判的内容

在采购谈判中，谈判双方主要就货物交易条件进行磋商，具体包括：
（1）货物的数量条件。货物的数量是采购合同不可缺少的主要条件之一，也是交易双方交接货物的依据，必须根据供方和需方的实际情况磋商确定。

（2）货物的质量条件。只有明确了货物的质量条件，谈判双方才有谈判的基础，也就是说谈判双方首先应当明确双方希望交易的是什么货物。在规定货物质量时，可以用规格、等级、标准、产地、型号和商标、货物说明书和图样等方式来表达，也可以用一方向另一方提供货物实样的方式来表明己方对交易货物的品质要求。

（3）货物价格条件。在国内货物买卖中，谈判双方在货物的价格问题上主要就价格的高低进行磋商。而在国际货物买卖中，货物的价格表示方式除了要明确货币种类、计价单位以外，还应明确以何种交易术语成交。

（4）货物的交货条件。交货条件是指谈判双方就货物的运输方式、交货时间和地点等进行的磋商。而货运的保险条件的确定则需要买卖双方明确由谁向保险公司投保、投保何种险别、保险金额如何确定，以及依据何种条款办理保险等。

（5）货款的支付。主要涉及支付货币和支付方式的选择。在国际货物买卖中使用的支付方式主要有：汇付、托收、信用证等。不同的支付方式，买卖双方可能面临的风险大小不同，在进行谈判时，应根据情况慎重选择。

（6）检验、索赔、不可抗力和仲裁条件。有利于买卖双方解决争议，保证合同的顺利履行，维护双方的权利，是国际货物买卖谈判中必然要商议的交易条件。

2. 采购谈判的特点

（1）目的性。采购谈判是为了最终获取本单位或部门所需，保障本单为或部门及时持续的外部供应。

（2）经济效益性。采购谈判讲求经济效益。在谈判中，买卖双方争议最激烈的问题往往是货物的价格问题。对采购者来说，当然是希望以最低格获得所需货物。

（3）利益协调性。采购谈判是一个买卖双方通过不断调整各自的需要和利益而相互接近，最终在某些方面达成共识的过程。

（4）合作与冲突的相融合性。采购谈判蕴涵了买卖双方合作与冲突的对立统一关系。双方都希望最终能够达成协议，这是合作的一面；但各方同时又希望通过协议能够获得尽可能多的利益，这是冲突的一面。

（5）科学性。在采购谈判中，掌握谈判的基本知识和一些常用策略技巧能使谈判者有效地驾驭谈判的全过程，最终达成的协议所体现的利益主要取决于买卖双方的实力和当时的客观形势。

（6）艺术性。谈判结果受谈判当事人谈判技巧和艺术的影响，因此采购人员应掌握谈判的策略，懂得谈判的艺术是维护公司利益的必要条件。

6.3.3 采购谈判的原则

采购谈判的基本原则是指在采购谈判过程中，谈判各方应循的思想和行为准则。采购谈判属于商务性谈判，因此也适用一般的商务谈判的原则。采购谈判一般包括以下基本原则。

1. “三角”原则

“三角”原则的前提是“任何基于强迫或诡辩的谈判都不会成功”。“三角”原则的含义是：首先明确自己的目标，然后找出对方的目标，向对方传达你已了解的信息，最后以对方能够接受的方式提出解决问题的方案。“三角”原则可描述成图 6.1 所示的三角形。当你在开始谈判或感觉冲突出现时，运用这个三角形，认真实施这三个步骤，就会使你从困惑到清晰，从心中没底到和方建立牢固的关系，进而取谈判的成功。

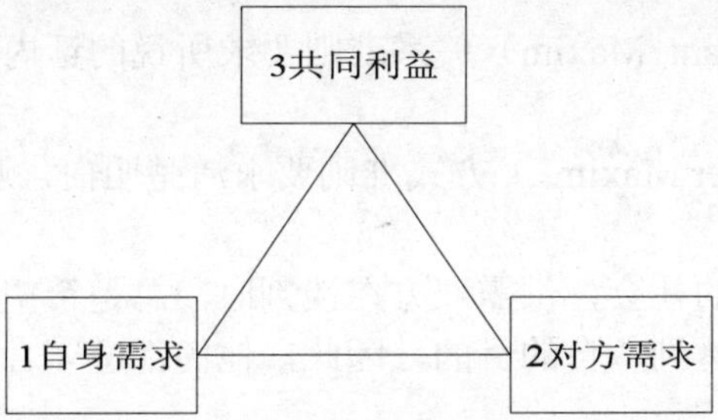

图 6.1　三角原则

2. 合法原则

合法原则是采购谈判中的重要原则。所谓合法，就是要求采购洽谈要在不违背国家法律、法规的前提下进行，不能从事违法的交易活动，以牺牲企业利益为代价，或假公济私、损公肥私。在谈判过程中，采购人员的谈判行为也必须合法，只有在合法的行为下达成的协议才能受到法律的保护。

3. 灵活原则

灵活原则就是要求在采购谈判过程中，要因人、因事而异，一事一议，一事一策，不能抱着教条不放。要学会妥协，通过自己的妥协、让步换取自己的利益。

4. 相对满意原则

在市场经济条件下，采购谈判双方是一种合作关系，而不是对抗与冲突关系。双方的利益是共享的，谈判的任何一方都要让渡一定的、合理的利益给合作伙伴，而不可能独自占有更多的经济利益。但相对满意原则，也并不是要求谈判当事人不去争取应得的利益，对谈判对手无原则地唯唯诺诺。对于应得的利益，谈判当事人还要据理力争，不过要注意方式和方法。

5. 合作原则

美国哲学家 H. P. Grice 于 1967 年在哈佛大学的演讲中提出，为了保证谈判的顺利进行，谈判双方必须共同遵守一些基本原则，特别是所谓的“合作原则”（Cooperative Principle）。概括而言，合作原则就是要求谈判双方以最精练的语言表达最充分、真实、相关的信息。合作原则包括四个准则（Maxim）。

（1）量的准则（Quantity Maxim）量的准则要求所说的话包括交谈所需要的信息，所说的话不应包含超出的信息。

（2）质的准则（Quality Maxim）质的准则要求不要说自知是虚假的话，不要说缺乏足够证据的话。

（3）关系准则（Relevant Maxim）关系准则要求所说的话内容要关联并切题，不要漫无边际地胡说。

（4）方式准则（Manner Maxim ）方式准则要求清楚明白，避免晦涩，歧义，要简练，井井有条。

在这个金钱就是效率的社会，供需双方在谈判时，总是希望双方话语能相互理解，共同配合，早日完成谈判，达到各自的目的，因此，他们都遵守合作原则，以求实现这个愿望。

6. 礼貌原则

人们在谈判过程中，为了实现各自的目的，双方保持良好的关系，一般都会遵循合作的原则。人们还会遵守礼貌原则。

礼貌原则（Politeness Principle），包括 6 个准则：

（1）得体准则（Tact Maxim）：是指减少表达有损于他人的观点；

（2）慷慨准则（Generosity Maxim）：是指减少表达利己的观点；

（3）赞誉准则（Approbation Maxim）：是指减少表达对他人的贬损；

（4）谦逊准则（Modesty Maxim）：是指减少对自己的表扬；

（5）一致准则（Agreement Maxim）：是指减少自己与别人在观点上的不一致；

（6）同情准则（Sympathy Maxim）：是指减少自己与他人在感情上的对立。

以上是采购谈判中必须遵循的几个原则。只有准确地把握和理解这些原则，才能认识采购谈判的本质，进而掌握和运用好采购谈判的策略与技巧。

6.3.4 采购谈判的影响因素

采购谈判合作又冲突的二重性决定了采购谈判成功的基础是谈判实力。所谓谈判实力指的是“影响双方在谈判过程中的相互关系、地位和谈判最终结果的各种因素总和以及这些因素对各方的有利程度”。一般来讲，影响谈判实力强弱的因素有七个方面。

（1）交易内容对双方的重要性。虽然采购交易成功对于各方面都有益，但并不是交易本身对各方的重要都是一样的，如果交易对某方更重要，则该方在谈判中的实力就弱。比如酷暑即将过去，大量囤货的空调商要急于把商品卖出去，否则既占用了资金，又要支付大量的仓储费用。所以，在买卖双方的谈判中，卖方就处于不利地位，谈判实力相对较弱。

（2）各方对交易内容和交易条件的满足程度。交易中的某一方交易内容和交易条件的满足程度越高，那么在谈判中的实力就越强。比如在货物买卖谈判中，如果卖方对买方在货物质量、数量、交货时间等方面的要求都能充分予以保证和满足，则卖方的实力强；反之则卖方的谈判实力弱。

（3）竞争状态。在采购交易中，如果出现多个买者的态势，则有利于卖方，可以增强卖方的谈判实力；反之，如果出现多个卖方的态势，则有利于买方，会增强买方的实力。从微观经济学的角度讲，就是完全垄断的市场有利于卖方，卖者往往拥有“只此一家，别无分店”的优势；相反，在一个完全竞争的市场则有利于买方，买方可以挑选卖方的产品和服务。

（4）对于商业行情的了解程度。商业信息是无形的资源，它可以转化为财富，谈判双方谁掌握的商业行情多，了解的情况详细，谁就在谈判中占主动，有利地位，谈判实力就强，所谓“知己知彼，百战百胜”就是这个道理。

（5）企业的信誉和实力。企业的信誉和实力不等于谈判实力，但它是形成谈判实力的基础。企业的商业信誉越高，社会知名度越大，企业实力就强，支持和影响谈判的因素就多，谈判实力就强。

（6）对谈判时间因素的反应。在谈判过程中，哪一方时间紧迫，拖不起，希望早日结束谈判，达成交易，则时间的局限会削弱其谈判实力；反之，最有耐心的一方，能够旷日持久地谈判，谈判实力就强。

（7）谈判的艺术和技巧。谈判人员如果能充分调动有利于自己的各种因素，避免不利因素，就能加强谈判实力。所以谈判人员必须外树形象、内强素质。素质高，谈判技巧娴熟，就能增强谈判的实力；反之，则会影响谈判实力的发挥。

6.3.5　采购谈判的指导思想

采购谈判最基本的思想就是谋求买卖双方的“皆大欢喜”。这个指导思想被一些学者和企业家称之为“双赢”的原则。其含义是采购谈判应兼顾买卖双方的利益，将谈判成功的希望放置于双方需要的基础上，并在此基础上追求对各方都有利的结果。

双赢谈判最适合的是对买方产品或业务重要的项目或服务，包括高价值产品或服务，还包括供应商增加价值的产品或服务，进行成本控制以保持竞争力，这是非常关键的。当技术、周期时间、质量和价格/成本等变量对谈判很重要的时候，双赢谈判是最好的方法。

1. 双赢谈判成功须具备的条件

双赢谈判并不是在任何情况下都适用的，它的成功适用要求谈判双方必须具有一定的先决条件：

（1）共同或联合的目的和目标；

（2）相信各方自己解决问题的能力；

（3）合作的动机与承诺；

（4）相互信任；

（5）公开和精确的信息沟通；

（6）相信对方谈判位置的有效性。

谈判双方很少声明它们采取双赢谈判方式，而是通过行动表明了寻求合作性谈判的愿望。一方可以在谈判开局的时候弄清楚每一方关心的目标和主要问题。这传达出一种意愿，即愿意在谈判中合作并且认识到了另一方的需要。当买卖双方产生分歧的时候，双赢谈判的解决方式对双方都有利。

2. 双赢谈判实现的方法

研究表明，实现双赢协议的方法有四种。

(1) 把饼做大：各方通过谈判议定协议，一起工作，确定扩大资源或取得价值的方法。例如卖方让买方接触新技术，使之运用在新产品中，就能够扩大价值馅饼。如果市场认可了这种新产品，销售很可能会增长，供应商可能会接到更大的采购订单，双方都实现较高的产量和有希望的、较高的利润。

（2）协作互利：成功的协作互利要求各方确认存在分歧的诸多问题。双方同意“协商”这些问题，这样双方最主要的问题都得到了解决。（在赢—输谈判中，各方不关心对方的需要）

（3）成本削减：双方努力削减卖方的生产成本和经营成本（交易费用），这种成本削减能让一方（通常是买方）得到较低的价格。这是双赢的，因为买方的目标得到满足（有竞争力的价格），卖方也由于降低了成本结构而在市场上更具竞争力。

（4）提供不确定的补偿：这种方法是，一方在一个问题上达到了目标，另一方得到某种价值作为相应的“回报”。

6.3.6 采购谈判的过程

1. 采购谈判的准备

谈判前的准备阶段所需要做的具体工作就是：明确谁将参加谈判、谈判中的主要问题是什么、将在何时何地进行谈判、怎样进行谈判。计划谈判包括许多步骤。许多谈判相对简单，仅需要基本的准备与计划；另外一些谈判可能比较复杂，需要数月的准备。不管怎样，如果买方为谈判做了充分的计划与准备通常会产生较好的结果。

（1）采购谈判的目标。制订有意义的目标对谈判成功至关重要，所以准备工作的第一步就是确立希望通过谈判达到的明确目的，是未来通过谈判工作力图实现的愿望或图景。每个谈判组成员都要清楚谈判要达到的目标，这些目标基于什么样的假设才能实现。所以，要通过现有信息对形势进行评估，并在此基础上制定目标。

采购谈判的基本目标是就所要采购的产品或服务达成协议。对于稀缺资源，达成一致的希望不大，双方就不必进行谈判了。这并不意味着所有的谈判都会成功。由于问题的成交位置没有重叠，许多谈判最后以僵局告终，但是，在谈判真正开始之前，通常双方相信他们能够达成协议。如果双方不这样认为，他们就不会浪费时间与精力来准备谈判了。

谈判的另一个重要目标是在买卖双方之间以公平合理的价格达成协议，通常还会包括前置时间的确定，质量指标，双方建立何种关系等。但必须注意，尽管谈判有众多的目标，但并不是所有的目标都同等重要，因此，买方必须确认每个目标的重要程度。一般可把各目标按重要性区分“必须实现目标”、“中等目标”和“最高目标”三类。

必须实现目标：对于采购谈判来讲，首先是为了获得需要的零部件或原材料等货物，所以，谈判要以能满足本企业（地区，行业或单位）对零部件或原材料的需求数量、质量和规格等作为谈判追求的目标，也就是谈判“必须实现”的目标。

中等目标：采购谈判还要以价格水平、经济效益水平等作为谈判的目标。这可作为中等目标。

最高目标：采购谈判还要考虑供应商的售后服务情况。例如，供应商的送货、安装、质量保证、技术服务活动等，这些都是采购谈判追求的最高目标。

（2）信息资料的搜集整理。要分析自己和对手的优劣，需要搜集信息。如果买方和卖方原先有过采购合同的谈判，这个过程就不那么困难，买方可能已经对许多重要问题有了答案。比如双方发生了什么、和我们谈判的是原先那些人还是其他人、对供应商来说重要的问题是什么、意见不同的领域有哪些、谈判规则有没有我们想要改进的地方。

通过对谈判有关资料信息的搜集、整理、分析和研究，谈判人员就会有较为充分的思想准备，明确谈判的主客观环境，以及在谈判中可能会出现的问题。

如果买方并不了解供应商，则公开发行的信息是可以利用的公共信息源。这些信息包括行业杂志、其他商业出版物、行业协会数据、政府报告、年度报告、财务评价（如 D & B 报告）、商业数据库、直接询问供应商以及通过互联网获得信息。在谈判前，买方也可能已经通过供应商提供的报价单而获得信息。

① 采购需求分析。采购需求分析就是要在采购谈判之前弄清楚企业需求什么、需求多少、需求时间，最好能够列出企业物料需求分析清单。

② 资源市场调查。在作出采购需求分析之后，就要对资源市场进行一番调查分析，获得市场上有关物料的供给、需求等信息资料，为采购谈判的下一步决策提供依据。

③ 对方情报搜集

- 资信情况。调查供应商的资信情况，包括以下两个方面：第一，要调查对方是否具有签订合同的合法资格，在对对方的合法资格进行调查时，可以要求对方提供有关的证明文件，如成立地注册证明、法人资格等，也可以通过其他途径进行了解和验证；第二，要调查对方的资本、信用和履约能力。对对方的资产、信用和履约能力的调查，资料的来源可以是公共会计组织对该企业的年度审计报告，也可以是银行、资信征询机构出具的证明文件或其他渠道提供的资料。
- 对方的谈判作风和特点。谈判作风实质是谈判者在多次谈判中表现出来的一贯风格。了解谈判对手的谈判作风，对预测谈判的发展趋势和对方可能采取的策略，以及制订己方的谈判策略，可提供重要依据。
- 了解对方的需要。谈判中的买方和卖方在许多方面互为影子。各方都想达成有利于长期成功合作的协议。当买方搜集供应商信息时，确认这些问题对供应商非常重要。例如供应商想在其行业内保持市场份额与数量，因而，收到一份完整的采购合同而不是一部分合同，可能是该供应商的一个重要谈判目标。

④ 资料的整理与分析。在通过各种渠道搜集到以上有关信息资料以后，还必须对它们进行整理和分析。这里主要做两方面的工作：

- 鉴别资料的真实性和可靠性，即去伪存真，这是一个整理的过程。在实际工作中，由于各种各样的原因和限制因素，在收集到的资料中往往存在着某些资料比较片面、不完全，有的甚至是虚假的、伪造的，因而必须对这些初步收集到的资料做进一步的整理和甄别。例如，由于在资料收集的过程中存在一定的难度，有些收集到的资料就有可能不是第一手资料，或者是收集人员作出的估计或预测，那么这些资料的可靠性就值得怀疑，因此也就必须对这些资料进行整理与鉴别，做到去伪存真，为我方谈判所用。
- 鉴别资料的相关性和有用性，即去粗取精，这是一个分析的过程。在资料具备真实性和可靠性的基础上，结合谈判项目的具体内容与实际情况，分析各种因素与该谈判项目的关系，并根据它们对谈判的相关性、重要性和影响程度进行比较分析，并依此制订出具体切实可行的谈判方案与对策。

（3）采购谈判人员的选择。谈判人员选择对于一次采购谈判的成功与否的重要性是不言而喻的。有的采购谈判可能因为规模小，目标单一明确，仅需要 1~2 名谈判人员；而有的采购谈判可能因为规模大，情况复杂，目标多元化而需要由多个谈判人员组成的谈判小组。但不管谈判人员的多少，一些谈判人员基本素质的共同要求是相同的。这些共同要求包括：谈判人员应具有良好的自控与应变能力、观察与思考能力、迅捷的反应能力、敏锐的洞察能力，甚至有时是经过多采购谈判而无形之中形成的直觉。此外，采购人员还应具有平和的心态、沉稳的心理素质以及大方的言谈举止。

对于必须组成谈判小组来说，其谈判小组的组成规模要适当，依据实际情况而定，应该遵循的原则就是保持精干高效。采购谈判小组除了一名具有丰富的谈判实践经验、高明的组织协调能力的组长之外，还需要财务、法律、技术等各个方面的专家。在性格和谈判风格上，小组成员应该是“进攻型”和“防御型”两类人员优势互补，以使谈判取得最佳效果。

在确定了具体谈判人员并组成谈判小组之后，就要对其内部成员进行分工，确定主谈与辅谈。所谓主谈是指在谈判的某一阶段，或者对某一方面或几个方面的议题，以他为主进行发言，阐述我方的观点和立场；除主谈以外的小组其他成员及处于辅助配合的位置，称之为辅谈。

但是，主谈和辅谈人员在谈判过程中并不是各行其是，而是在主谈人员的指挥下，互相密切配合。总之，既要根据谈判的内容和个人的专长进行适当的分工，明确个人的职责；又要在谈判中按照既定的方案相机而动，彼此呼应，形成目标一致的有机谈判统一体。

（4）采购谈判地点和时间的选择

① 谈判地点的选择。关于谈判地点的选择，通常不外乎三种情况，在采购方企业所在地，在对方所在地，既不在采购方企业也不在对方企业的所在地的其他地方，这三种不同地点的选择各有得弊。

谈判地点安排在采购方企业所在地的优点是：环境熟悉，不会给采购谈判人员造成心理压力，有利于以放松、平和的心态参加谈判；查找资料和邀请有关专家比较方便，可以随时向本企业决策者报告谈判进展；同时由于地利人和等因素，可以给对方谈判人员带来一定的心理压力。缺点是：易受本企业各种相关人员及相关因素的干扰，而且也少不了复杂的接待工作。

谈判地点选在对方企业所在地的优点：采购方谈判人员可以少受外界因素打扰而以全部精力投入到谈判工作；可以与对方企业决策者直接交换意见，可以使对方谈判人员无法借口无权决定而拖延时间，同时也省去了许多繁杂的接待工作；但这种方法也有缺点，环境不熟悉，易有压力；临时需要查找资料和邀请有关专家不方便。

谈判地点选在其他地方对企业来讲都比较公平，谈判可以不受外界因素打扰，保密性强。但对双方来讲，查找信息和请示领导都多有不便，各项费用支出较高。

② 谈判时间的选择。谈判时间的安排，就是要确定谈判在何时举行，为期多久。若是一系列的谈判需要分阶段进行的话，还应对各个阶段的谈判时间作出安排。

一般来说，在选择谈判时间时，要考虑下面几个方面的因素：准备的充分程度，要注意给谈判人员留有充分的准备时间，以免仓促上阵；要考虑对方的情况，不要把谈判安排在对对方明显不利的时间进行；谈判人员的身体和情绪状况，要避免在身体不适、情绪不佳时进行谈判。

（5）谈判现场的安排与布置。在己方所在地进行谈判时，己方还要承担谈判现场的安排与布置工作。为了能充分利用上述优点，在做此项工作时，也要讲求科学和艺术，为我所用。具体操作时应注意：

① 最好能够为谈判安排三个房间：一间作为双方的主谈判室，另外两间作为各方的备用室或休息室。主谈室作为双方进行谈判的主要场所，应当宽敞、舒适、明亮，并配备应有的设备和接待用品。备用室或休息室作为双方单独使用的房间，最好靠近谈判室，也要配备应有的设备和接待用品，同时也可以适当配置一些娱乐设施，以便双方缓和一下紧张的气氛。

② 谈判双方座位的安排也应认真考虑。通常有两种座位安排方式：双方各居谈判桌一边，相对而坐；双方谈判人员随意就座。两种安排方式各有千秋，要根据实际情况加以选择。

2. 采购谈判的进行过程

开始谈判时，一般首先双方彼此熟悉一下，并就会谈的目标、计划、进度和参加人员等问题进行讨论，并尽量取得一致意见以及在此基础上就本次谈判的内容分别发表陈述。它是在双方已做好充分准备的基础上进行的。通过这种商谈，可为以后具体议题的商谈奠定基础。在这一阶段，要注意营造良好的谈判气氛。并为正式谈判做好预备工作。双方应对本次谈判的议题、议程、进度和期限等进行交谈，以谋求谈判双方对谈判程序的意见一致。一方主谈人员可以以协商的口气对对方主谈人员提出有关谈判进程方面的问题，例如："××先生，在正式谈判之前，我们想就时间安排问题征求您的意见。"或者"××先生，我想先与您谈谈本次谈判的议程问题，您看如何？"等。

进人正式阶段（或者为实质性谈判阶段），双方各自提出自己的交易条件，并且尽量提出有说服性的理由，进行磋商，争取达到一致。当然，双方的意见可能会存在某些分歧和矛盾。因此，谈判可能要经过多轮。双方为了解决分歧和矛盾，就必须进行讨价还价，反复进行磋商。磋商的结果要么是己方放弃某些利益，要么就是对方放弃某些利益，也可以双方进行利益利换。谈判过程中，一方面要充分阐述自己的观点，合理地坚持自己的观点，维护自己的利益；另一方面，也要认真听取对方的意见分析人家是否真有道理，如果真有道理，就应当适当调整自己的观点立场。这时要随时比较自己调整后的方案与谈判前预定的目标方案之间的差距是否可以接受，如果不能接受，就不要轻易调整；如果能够接受，就可以调整；如果一下子没有把握，就可以暂时休会，会下再好好思考一下、或召集己方人员一起仔细讨论一下，或者电话请示己方领导之后，作出决定。把决定后的方案再拿到谈判桌上讨论磋商。就这样，经过一系列、反反复复的磋商，而使彼此的立场和观点接近或趋于一致，从而达成双方一致的协议。

总之，谈判过程中，双方都是力求维护本企业的利益，想方设法让对方让步。如果双方都不让步，谈判就进行不下去，会使谈判破裂、失败。如果双方能够逐步让步、协调，最后大体利益均等，这使谈判双方意见达成一致，谈判就获得成功，谈判就可以结束了。

谈判结束阶段是较为轻松、活跃的阶段，原先谈判桌上的对手一下变成了亲密的朋友。谈判结束阶段的主要任务是：尽快达成交易；签订书面协议或合同；谈判资料的回收和整理等。

买卖双方在将要达成交易时，必然会对前几个阶段的谈判进行总体回顾，以明确还有哪些问题需要讨论。并据此对某些重要的交易条件目标作出最后的决定，明确己方为实现本次交易所需作出的最后让步的限度，以及最后阶段所要采用的策略和技巧，开始着手安排签约的事宜。

当双方对所有的交易条件都达成共识后，双方就可将谈判结果以法律文件的形式确认下来，即进人签约阶段。在签约前，双方应当确认谈判过程中所作书面记录的真实性，并据此确认合同的条款。如果双方对合同条款无异议，就可以立即进行合同的签约事宜。

另外，在谈判结束后，买卖双方还可以举行一次告别酒会，借以联络感情，保持长期的合作关系。当双方回去后，需要立即做的工作是：把谈判资料回收整理归档；开始履行协议的准备；谈判小组进行经验教训的总结等。

谈判过程，是一个双方维护各自利益的较量过程。对采购方来说，谈判是否成功，就看谈判结果能为企业带来多大的效益。因此，谈判人员应该认真、冷静、顽强、巧妙、灵活地应对各种情况和问题，才能谈出最好的结果。

6.4　采购谈判的策略与技巧

采购谈判是一项艰巨复杂的工作，是采购人员与供应商智慧较量的过程，谈判者除要求掌握基本的要求以外，还必须对一些特殊的谈判技巧有所了解。掌握特殊要求以便在谈判实践中加以运用或寻求对策，以促进谈判的成功。

6.4.1　采购谈判过程中的对策

采购谈判的过程是采购人员与供应商智慧较量的过程，谈判中如不掌握一些策略和技巧，很可能会在无形中自己为自己制造障碍，甚至造成供应商的误解，使谈判工作陷入被动。

1. 谈判开局策略与技巧

谈判开局对整个谈判过程起着相当重要的影响和制约作用，可以说，控制谈判开局，在某种程度上等于控制住了谈判对手。制定谈判开局策略，要着重围绕以下几个方面。

（1）营造开局气氛。谈判开局气氛是出现于谈判开局阶段的气氛或情势。谈判开局气氛是由参与谈判的所有谈判者的情绪、态度与行为共同构成的，任何谈判个体的情绪、思维都要受到谈判开局气氛的影响。因此，营造一种有利的谈判开局气氛，从而控制谈判开局，控制谈判对手，就成为谈判开局阶段实施的一种有效策略。开局气氛的营造又有高调气氛、低调气氛和自然气氛三种情形。

谈判气氛也不是一成不变的。在谈判中，谈判人员可以根据需要来营造适合于自己的谈判气氛。但是，谈判气氛的形成并非完全是人为因素的结果，客观条件也会对谈判气氛有重要影响，如节假日、天气情况、突发事件等。因此，营造气氛时，还要注意客观因素的影响。

（2）制定开局策略。谈判开局策略是谈判者谋求在谈判开局中的有利地位实现对谈判开局的控制，而采取的行动方式或手段。几种基本的谈判开局策略：

① 协商式开局策略；

② 保留式开局策略；

③ 坦诚式开局策略；

④ 进攻式开局策略。

一般来讲，采购活动谈判，要尽量采用协商式、保留式、坦诚式开局策略，少用进攻式开局策略。

（3）引起注意与兴趣。引起谈判对方的注意与兴趣，这是在谈判开局阶段使谈判顺利深入下去的“润滑剂”。要引起供应商的兴趣，首先应该了解供应商的“兴趣点”，即对方最为关心的问题。其次，还要了解供方主谈者的性格，这样才能做到“对症下药”，针对不同的对手采取不同的方法。引起注意与兴趣常用的有四种方法，即夸张法、竞争法、胁迫法和利益诱惑法。

（4）寻求合作基础。每一位供应商，对供货意向的注意点或兴趣点都各不相同。在采购谈判中，要针对各人不同的兴趣点，投其所好，有针对性地与之对接、洽谈，从而找到双方合作的基础，才能取得合作的成功。

2. 谈判过程中的策略与技巧

采购谈判过程中的策略与技巧主要有以下几点。

（1）要真诚地关怀对方。在谈判中，要把谈判对手看成朋友，而不是敌人。要能理解对方，经常站在对方的角度进行换位思考，体谅对方的难处。要善于发现对方的长处，恰如其分地赞美对方，以对方关心的事为话题。

（2）谈判中要做个积极的听众。学会倾听是采购谈判中获取重要信息，取得对方好感和信任的重要手段。在采购谈判中，谈判对手都希望对方认真地听他所说的每一句话，否则，他会认为你对他不礼貌。在谈判桌上，以下五条要绝对禁止：

① 不听对方说的话；

② 始终鼓起如簧之舌自己说个不休；

③ 对方说话时，如有反对意见，就立即插嘴发表；

④ 认为对方比你笨，不听他无意义的废话；

⑤ 别人说话时，毫不客气地批驳。

那么在采购谈判中如何做个积极的听众呢？当对方在说话时，我们可采取下列方式在语言上配合：

① 要求补充说明；

② 提问；

③ 指出共同的意见和经历；

④ 回答明确；

⑤ 避免沉默不语；

⑥ 让对方把话说完；

⑦ 解释对方的意图；

⑧ 复述对方的内容。

此外，我们还可以通过非语言技巧来加强同对方的谈话合作。

（3）善于推销自己的观点。

① 阐述自己的观点时，态度要谦虚，说话要温和；

② 在谈判中，不要急于说出你自己的观点；

③ 当你了解对方的目的和处境后，最后再复述一遍；

④ 采购谈判时，不要正面反对对方的某个观点。

（4）不要感情用事，把门关死，把话说绝。采购谈判的目标，应当是促成合作。然而，在合作过程中，双方常出现矛盾和冲突。聪明而有远谋的采购谈判人员，在这种情况下绝不能感情用事，而应该克制激动、易怒的情绪，保持冷静、清醒的头脑，即使在矛盾激化、冲突加剧的环境下，也不能把门关死，把话说绝。要想方设法给自己留条后路，说不定就有“柳暗花明”时，再有重新达成合作协议的可能。

3. 采购谈判僵局的处理

谈判僵局是采购谈判中呈现的一种不进不退的僵持局面。在采购谈判中，由于双方在利益分割上存在矛盾，从而在某些谈判条款上产生分歧。当双方均不对分歧作出妥协而向对方让步时，谈判进程就会出现停顿，谈判即进入僵持状态。

当谈判呈现僵持状态时，对谈判双方都有两种相反的作用。

（1）谈判者可以利用制造谈判僵局为实现自己的目标服务；

（2）谈判者可以通过有效地处理谈判僵局来促使对方接受自己的条件。

利用谈判僵局，打破谈判僵局以取得有利的结果，是谈判者必须掌握的基本技能。谈判者在谈判过程中利用谈判僵局，主要有两种目的：（1）改变原有的谈判形势，提高自己在谈判中的地位；（2）争取有利的谈判条件。

在采购谈判中，出现僵局在所难免，有时谈判方还会故意制造僵局。要有效地利用僵局、善于打破僵局，使谈判进一步向前发展，掌握一些技巧是必要的。下面是几种常见的技巧：低潮回避法、总结体会法、多案选择法、妥协退让法、利益协调法、以硬碰硬法、场外调停法。

6.4.2 价格谈判的技巧

采购价格谈判无非是采购人员与供应商之间讨价还价的过程。在了解谈判心理原则的基础上，我们通过实际谈判还可以总结出许多规律性、技巧性的经验与策略，称之为价格谈判的技巧。价格谈判的技巧包括报价的技巧、还价的技巧与让步的技巧等。

1. 报价的技巧

在谈判中，报价不仅仅是在价格方面提出自己的想法，还泛指谈判双方在洽谈项目中的利益要求，也就是其想要达到的目的。谈判双方在经过摸底，明确了具体内容和范围之后，提出各处的交易条件，表明自己的立场和利益要求，也就是其想要达到的目的。

谈判双方通过报价来表明自己立场和利益要求。但是，任何一方在阐述自己要求的时候，都不会一下子就把自己的底价透露给对方，而总是要打个“埋伏”，给自己留下讨论协商、讨价还价的空间。或者以优于底价的条件成交，超过既定目标完成谈判；或者以不低于底价的条件成交，完成谈判的既定目标。所以报价是有技巧性的。

（1）报价要果断。报价应该坚定、明确、完整，且不加任何解释和说明。开盘价的报价要坚定、果断，不保留任何余地，并且毫不犹豫。这样做能够给对方留下我方是认真而诚实的印象。任何欲言又止、吞吞吐吐的行为，必然会导致对方的不良感觉，甚至会产生不信任感。

开盘报价明确、清晰而完整，可以使对方能够准确地了解我方的期望。实践证明，报价时含糊不清最容易使对方产生误解，从而扰乱我方所定步骤，对己不利。

报价时不要对我方所报价格做过多的说明和解释，因为对方对我方报价的水分多少都会质疑的。如果在对方还没有提出问题之前，便主动加以说明，会提醒对方意识到我方最关心的问题，而这种问题有可能是对方尚未考虑过的问题。过多的解释，会使对方从中找出破绽，猛烈的反击会使我方无法收场。

（2）“低开”策略。“低开”策略也称为“开端”法，是指采购方先提出一个低于己方实际要求的谈判起点，以让利来吸引对方，以图首先去击败参与竞争的同类对手，然后再与被引诱上钩的卖方进行真正的谈判，迫使其让步，达到自己的目的。

商业竞争从某种意义上可分为三大类：买方之间的竞争、卖方之间的竞争以及买方与卖方之间的竞争。在买方与卖方之间的竞争中，一方如果能首先打败同类竞争对手，就会占据主动地位；当对手觉得别无他法时，就会委曲求全。

在谈判过程中应根据具体情况看能否运用“低开”策略，同时也要防止对手的这一策略。如果在谈判的开局阶段对方接受或提出一些违反常态的便宜要求，确认对方有“低开”

的嫌疑时，就要采取一些破解的方法。一般来说，破解其此策略的主要对策方法有：

① 要求对方预付定金；

② 在洽谈未达成正式协议之前，不要拒绝其他谈判方；

③ 要求速战速决；

④ 先草签协议，把实质性问题定好；

⑤ 如果对方执迷于实施“低开策略”，则可提前点破它。

最重要的是，在谈判时不要低估了对手，不要有轻易占便宜的心理，要知道占小便宜有时会吃大亏的。

（3）影子报价/要约。影子报价或影子要约是一方说谎或有意误导对方。例如买方可以告诉卖方说，它收到了另一个供应商的报价，每单位低于 5 美元。如果卖方不对该价格作出相应的变动，说明它是不想和买方做生意了；卖方也可以使用这种方法。卖方可以通知买方 A，说买 B 准备以更高的价格采购这些物料（这些物料是稀缺的）。显然这是一个不道德的、冒险的策略，但如果对方担心丢掉这笔生意，就会在自己期望的成交位置作出相应的让步；反之，对方如果对这种威胁性的报价没有反应，就意味着自己的这个策略失效。

（4）探知临界价格。在谈判中厂家想知道供应商的最低出让价，供应商想知道厂家的最高接受价，以便判断出一个双方都能接受的临界价格。所以要运用一些技巧从对方口中探听出来。下面一些技巧能有效地帮助厂家准确地探知临界价格：

① 以假设试探。假设要购买更多或额外的东西价格是否能降低一些。

② 低姿态试探。厂家先告诉供应商没有那么多钱来购买某些贵重的物料，但出于好奇，想知道这些物料现在能值多少钱，没有防备的供应商会毫无保留地说出来。供应商可能没有想到厂家是真正存心要买这些物料的，不久就来议价了。

③ 派别人试探。先让别人出低价来试探供应商的反应，然后厂家才出现。

④ 规模购买试探。对于只卖少量物料的供应商，厂家可以提议成批购买。供应商会认为太荒谬，而说出许多不该说的话，使厂家知道供应商真正愿意接受的价格。

⑤ 低价购买试探。厂家先提出购买品质较差的物料，再设法以低价购买品质较好的物料。

⑥ 可怜试探。表现出对供应商的产品很感兴趣，但资金有限买不起，看供应商能否出个最低价。

⑦ 威胁试探。告诉供应商要卖就是这个价，否则就算了。

⑧ 让步试探。厂家提议以让步来交换对方的让步，然后再以此为起点继续商谈。

⑨ 合买试探。厂家先问供应商两种物料多少钱，再问其中一种多少钱，然后以这个差价为基础来确定另一种物料的价钱。

2. 还价技巧

（1）还价要有弹性。在价格谈判中，还价要讲究弹性，切忌漫天还价，乱还价格；也不要一开始就喊出最低价。前者让人觉得犹如“光天化日下抢劫”，而后者却因失去弹性而处于被动，使对方觉得有欠精明，使价格谈判毫无进展的余地。

（2）化零为整。采购人员在还价时可以将价格集中起来，化零为整，这样可以在观念上和心理上造成相对的价格昂贵感，以收到比用小数目进行报价更好的效果。

在报价时，不妨将价格化零为整、化小为大，主要内容是将小单位价格换算成大单位的价格。如运用得当，可从心理上加重商品价格的昂贵感，给供应商以心理影响。

（3）过关斩将。所谓“过关斩将”，即采购人员应用上级主管的议价能力。某些供应商的降价意愿与幅度，视议价的对象而定。如果采购人员对议价的结果不太满意，此时应要求上级主管来和供应商议价。当买方提高议价者的层次，卖方感觉受敬重，可能同意多降价。若采购金额巨大，采购人员甚至可进而请求更高的主管邀约卖方的业务主管面谈，此举通常效果不错。

（4）压迫降价。所谓压迫降价，是在买方占优势的情况下，以胁迫的方式要求供应商降低价格，并不征询供应商的意见。通常是在卖方处于产品销路欠佳，或竞争十分激烈，以至发生亏损和利润微薄的情况下，为改善其获利能力而使出的杀手锏。由于市场不景气，故供应商亦有存货积压，急于脱手产品换取周转资金的。此时采购人员通常遵循公司的紧急措施，通知供应商自特定日起降价若干；若原来供应商缺乏配合意愿，即行更换供应来源。

（5）敲山震虎。在价格谈判中，巧妙地暗示对方存在的危机，可以迫使对方降价。通过暗示对方不利的因素，从而使对方在价格问题上处于被动，有利于自己提出的价格获得认同，这就是这种还价法的技巧所在。但必须“点到为止”，而且要给人一种“雪中送炭”的感觉，让供应商觉得并非在幸灾乐祸，趁火打劫，而是真心诚意地想合作、想给予帮助——当然这是有利于双方的帮助，那么还价也就天经地义了。

3. 杀价技巧

（1）开低走高。即一开始就赶尽杀绝，三百的一杀就是一百五，当然逐档添价，一百六，一百七，并故作大方状：“已添了这么多的价钱，你还好意思不卖？"

（2）欲擒故纵。价钱杀不下来，索性不买了，掉头就走，借此迫使对方让步。若给人叫回来，买卖就成交了。

（3）疲劳轰炸、死缠不放。这是考验耐力。不断唇枪舌剑磨价钱，今天不成，明天再来，谁能把持最后 5 分钟，谁就是此次舌战之胜利者。

（4）百般挑剔。把产品数落一番，这不好，那不好，指出毛病一箩筐，借此挫低卖方士气，杀价目的或许可达到。

（5）博人同情。和供应商杀价时，可以这样说：“这种商品十全十美，中意极了，我们资金有限，只能出这个价。”只要供应商心软，价钱就好谈了。

（6）施以哄功。循循善诱，希望其算便宜点，保证给其介绍大客户，予以利诱，使其立场软化，降低价格。

4. 让步技巧

美国的谈判学家卡洛斯曾进行了一系列不同让步形式的实验。得出的结果是：在谈判过程中，较能控制自己让步程度的谈判者总是处于较有利的地位，特别是当谈判快要形成僵局时。成功的谈判者所作的让步，通常都会比对方作出的让步幅度小，但他们善于“放大”这种让步，善于渲染夸张让步的艰难性。

卡洛斯从他的实验中归纳出某些结论，可以给我们一些启发：

（1）开价较低的买主，通常也能以较低的价格买入；

（2）让步太快的卖主，通常让步的幅度积累起来也大，成交价也较低；

（3）小幅度的让步，即使在形式上让步的次数比对手多，其结果也较有利；

（4）在重要的问题上先让步的一方通常是最终吃亏的一方；

（5）如果将自己的预算告诉对方，往往能使对方迅速作出决定；

（6）交易的谈判进程太快，对谈判的任何一方都不利；

（7）要么不让，要么大让者，失败的可能性也较大。

一个采购人员在与供应商接洽业务、谈判价格时，还要善于以最小的让步来达成交易。让步可以附加某些增加收益的条件。这种投石问路的让步方法，对于试探供应商可能的价格承受能力和成交量是较为有效的。并且以假设的语气，商谈双方的价格，给双方都留有了余地。

5. 讨价还价技巧

（1）欲擒故纵。由于买卖双方势力均衡，任何一方无法以力取胜，因此必须斗智。采购人员不要表露心态，否则将使自己处于劣势。此时应采取“若即若离”的姿态，以试探性的询价着手。若能判断供应商有强烈的销售意愿，再要求更低的价格，并作出不答应即行放弃或另行寻求其他来源的表示。若供应商虽想销售，但利润太低，即要求采购人员予以加价。此时的需求若相当紧迫，应可同意略加价格，迅速成交；若并非迫切需求，可表明绝不加价，供应商极可能同意低价要求。

（2）差额均摊。由于买卖双方议价的结果存在着差距，若双方各不相让，则交易告吹，双方都是输家。为了促成双方的交易，最好的方式就是采取“中庸”之道，即将双方议价的差额，各承担一半，双方都是赢家。

（3）迂回战术。在供应商占优势的情况下，正面议价通常效果不好，此时应采取迂回战术才能奏效。如某超市从本地总代理购入某种化妆品，发现其价格竟比同业某公司的购入价贵，因此要求总代理说明原因，并比照售予同业的价格。但总代理未能解释其中道理，也不愿意降价。因此，采购人员就委托原厂所在国的某贸易商，先行在该国购入该项化妆品，再转运至超市。因为总代理的利润偏高，此种转运安排虽然费用增加，但总成本还是比通过总代理购入的价格便宜。

当然，此种迂回战术能否成功，有赖于运转是否可行。有些原厂限制货品越区销售，则迂回战术之执行就有困难。

（4）直捣黄龙。有些单一来源的总代理商，对采购人员的议价要求置之不理，一副“姜太公钓鱼，愿者上钩”的姿态，使采购人员有被侮辱的感觉。此时，若能摆脱总代理商，寻求原制造商的报价将是良策。如：某超市拟购一批健身器材，经总代理商报价后，虽然三番五次邀约前来议价，总是推三阻四，不得要领。后来，采购人员查阅产品目录，随即发送要求降价 12%的传真给原厂。次日，原厂同意降价。

由上述的事例中，采购人员对所谓的总代理应在议价的过程中辨认其虚实，因为有些供应商自称为总代理，事实上，并未与国外原厂签订任何合约或协议，只想借总代理之名义自抬身价，获取超额利润。因此，当采购人员向国外原厂询价时，多半会获得回音。

（5）哀兵姿态。在居于劣势情况下，采购人员应以“哀兵”姿态争取供应商的同情与支持。由于采购人员没有能力与供应商议价，有时会以预算不足作借口，请求供应商同意在其有限的费用下，勉为其难地将货品卖给他而达到减价的目的。此时，若供应商并非血本无归，只是削减原本过高的利润，则双方可能成交。

（6）釜底抽薪。为了避免供应商处于优势下攫取暴利，采购人员同意供应商有“合理”利润。因此，采购人员通常要求供应商提供所有成本资料。对国外货品，则请其总代理商提供一切单据，借以查核真实的成本，然后加计合理的利润作为采购的价格。

6. 议价技巧

企业所处的环境经常会发生变化，如国际局势动荡、原料匮乏等，往往造成供应商有机可乘，占有优势，形成卖方市场，并进而提高售价。此时采购部门责任更为重大，若能发挥议价协商的技巧，则能针对卖方所提高的售价，予以协议商谈，达到降价的目的。在议价协商的过程中，采购人员可以采用直接议价和间接议价。

（1）直接议价。面临通货膨胀、物价上涨的时候，可通过直接议价达到降低价格的目的。一般可采用下列四种技巧来进行协商。

① 面临售价的提高，采购人员仍以原价订购。当供应商要提高售价时，往往不愿意花太多时间在议价的交涉上，因此若为其原有顾客，则可利用此点，要求用原来价格购买。

② 采购人员直接说明预设底价。在议价过程中，采购人员可直接表明预设的底价，如此可促使供应商提出较接近该底价的价格，进而要求对方降价。

③ 不干拉倒。此技巧是一个较激进的议价方式，此法虽有造成火暴场面的可能，但特定情况下仍不失为一个好的议价技巧，此法适用于当议价结果已经达到采购人员可以接受的价格上限时，采购人员不想再讨价还价。在上述情况下，采用“不干拉倒”的强硬手段，往往可能扭转供应商的态度，进而有所让步。

④ 要求说明提高售价的原因。供应商提高售价，常常归于原料上涨、工资提高、利润

太薄等原因。采购人员在议价协商时，应对任何加价提出质疑，如此可掌握要求供应商降价的机会。

（2）间接议价技巧。在议价的过程中，好的开始便是成功的一半。所以不需一直采用议价方式，有时也可采用迂回战术，即以间接方式进行议价。采购人员可采用下列三种技巧来进行协商。

① 议价时不要急于进入主题。在开始商谈时，最好先谈一些不相关的话题，借此熟悉对方周围事物，并使双方放松心情，慢慢再引入主题。

② 运用“低姿态”。在议价协商时，对供应商所提之价格，尽量表示困难，以低姿态博取对方同情。

③ 尽量避免书信或电话议价，而要求面对面接触。面对面的商谈，沟通效果较佳，往往可借肢体语言、表情来说服对方，进而要求对方妥协，予以降价。

在进行议价协商的过程中，除了上述针对价格所提出的议价技巧外，采购人员亦可利用其他非价格的因素来进行议价。

第一，在协商议价中要求供应商分担售后服务及其他费用。当供应决定提高售价，而不愿有所变动时，可改变议价方针，针对其他非价格部分要求获得补偿。最明显的例子，便是要求供应商提供售后服务，如大件家电的维修、送货等。

第二，善用“妥协”技巧。在供应商价格居高不下时，采购人员若坚持继续协商，往往不能达到效果，此时可采取妥协技巧，在少部分不重要的细节上，可作让步，再从妥协中要求对方回馈。

第三，利用专注的倾听和温和的态度，博得对方好感。在议价协商的过程中，咄咄逼人并非制胜的武器。因为即使取得了这次的合作，也难保下次合作的意愿。因此采购人员在协商过程中，要仔细地倾听对方说明，在争取权益时，可利用所获对方资料如法规章程，合理地进行谈判，即“晓之以理，动之以情，绳之以法”。

6.4.3　答复和说服技巧

1. 答复技巧

答复不是容易的事，回答的每句话，都会被对方理解为是一种承诺，都负有责任。答复时应注意：

（1）不要彻底答复对方的提问；

（2）针对提问者的真实心理答复；

（3）不要确切答复对方的提问；

（4）降低提问者追问的兴趣；

（5）让自己获得充分的思考时间；

（6）礼貌地拒绝不值得回答的问题；

（7）找借口拖延答复。

2. 说服技巧

（1）说服原则

① 不要只说自己的理由；

② 要研究分析对方的心理、需求及特点；

③ 要消除对方戒心、成见；

④ 不要操之过急、急于奏效；

⑤ 不要一开始就批评对方、把自己的意见观点强加给对方；

⑥ 说话用语要朴实亲切，不要过多讲大道理；

⑦ 态度诚恳、平等待人、积极寻求双方共同点；

⑧ 承认对方“情有可原”，善于激发对方的自尊心，坦率承认如果对方接受你的意见，你也获得一定利益。

（2）说服具体技巧

① 讨论先易后难；

② 多向对方提出要求、传递信息、影响对方意见；

③ 强调一致、淡化差异；

④ 先谈好后谈坏；

⑤ 强调合同有利于对方的条件；

⑥ 待讨论赞成和反对意见后，再提出你的意见；

⑦ 说服对方时要精心设计开头和结尾，要给对方留下深刻的印象；

⑧ 结论要由你明确提出，不要让对方揣摩或自行下结论；

⑨ 多次重复某些信息和观点；

⑩ 多了解对方，以对方习惯的能够接受的逻辑方式去说服对方；

⑪ 先做铺垫、下毛毛雨，不要奢望对方一下子接受你的突如其来的要求；

⑫ 强调互惠互利、互相合作的可能性、现实性。激发对方在自身利益认同的基础上来接纳你的意见。

6.4.4 防范谈判中的圈套与陷阱

在采购谈判中，有形形色色的圈套以及各式各样的陷阱。下面是在谈判中常遇到的几种圈套与陷阱。

（1）“声东击西”圈套。有的供应商是假借供货之名，掩盖一些其他的目的。只要我们时时保持清醒的头脑，不要盲目相信供应商，或在与供应商接触时搞一些调查，便很快可以弄清楚对方的意图。对这类“供应商”，我们就不要把他说的话当作一回事，只要逐渐对其疏远就行，让其知难而退。

(2)“虚虚实实”圈套。这个圈套包含一个无休止的商谈。对方先抛出一个很诱人的供货方案，一旦你心动，真正的商谈才刚刚开始。对付这种供应商的办法就是稳扎稳打，步步为营，在每次决策时都要履行必要的法律手续，这样，进可攻、退可守，不要在对方反悔时，自己连个证据都拿不出来。

(3)“假出价”圈套。供应商利用假出价的手段消除了同行的竞争，取得了合作的权利。可是在真正签订协议时，他却开始讨价还价了，谈判此时才正式开始。对付“假出价”圈套的办法是：①要求对方预付大笔的定金，使他不能轻易反悔；②先提出截止日期，逾期不候；③查查供应商的历史和为人，若有前科更应警惕；④对于条件过于优厚的待遇，一定要警惕；⑤协议未正式签订之前，不要和其他供应商失去联系。

(4)“故意犯错误”圈套。在采购谈判中有些供应商会故意犯错误，例如故意计算错误，或歪曲本意、漏掉字句、采取不正确的表述等。他们这样做的目的无非是为以后的骗人埋下伏笔。假如我们过于激动，或过分紧张，忽略了这些故意的错误，可能会造成严重的后果。如果我们事后发现了这些错误，就应该有勇气向领导报告并予以补救。

要对付“故意犯错误”的圈套，在签订合同时，我们要再三地检查，认真研究合同中每一项条款和每一个数字，看看是否和原来的意思相同。

(5)“黑脸白脸”圈套。谈判时，对方的阵营里有时会有“好人”、“恶人”同时出现。“恶人”和“好人”都属同一阵营，两者的目的都是想从你身上得到他们想要的东西。“好人”和“恶人”策略不过是他们的伎俩。如果你碰到了“恶人”，你可以这样对付他：先让他说，到最后对方会换另外一个人上阵的；或向对方的上级抗议，并以退出谈判相威胁；或当着众人的面，斥责对方，以其人之道，还治其人之身，反击回去，在气势上压倒他。一句话：不要怯场。

(6)“失踪”圈套。当谈判双方即将达成协议时，对方主要负责人却“失踪”了。这类圈套的目的，无非是想拖延最后协定的达成，或使商谈永远破裂。利用现在的谈判情况为垫脚石，再寻找更好的交易，保留结束谈判的选择权，同时趁此机会多获取一些信息。这种圈套的危害实在不小，因为谈判达成的关键完全操纵在对方手中。对付这类圈套的办法是：尽量打听到“失踪”人的去向；考虑退出谈判；给对方一个时限。

【本章小结】

本章主要讨论了采购价格的概念、价格折扣对采购价格的影响，分析了谈判的概念、过程及谈判的组织实施等基本内容，阐述了市场经济条件下定价的方法，介绍了谈判的策略与技巧，重点介绍了价格谈判的策略和技巧。

【案例分析】

进口 NEC 产品价格谈判案例分析

20 世纪 80 年代，我国某电子产品进出口公司与日本著名的 NEC 公司进行洽谈，准备订购一批产品投放市场。

在 80 年代，消费者对日本 NEC 公司的产品知道得还很少，尽管它在世界市场上销路不错，但在中国市场上还是一片空白。

在谈判中，双方对产品价格发生分歧。日商代表坚持以当时国际市场的价格报价，而我方则要求其降低售价。双方各执一词，相持不下。

日商认为他们的报价是国际市场的价格，不能让步。

而我方代表则十分诚恳地说："不错，你们的报价确实是国际市场的价格。但你们是否考虑过，虽然你们的产品在国际市场上已经有了很好的销路，但在中国市场上还没有你们的产品，中国消费者还不了解你们的产品的优点。所以，我方进口你们的产品后，准备先进行一系列的广告宣传，使中国消费者了解你们的产品。一旦宣传成功，则中国市场的潜力是非常大的，到那时，NEC 产品的需求量将会迅速上升，而作为中国最具实力的电子产品进出口公司，我们也肯定能给贵公司下大量订单。"

"而眼下你们提出的价格肯定会影响该产品在中国市场的竞争。"

"因为我们要进行大规模的广告宣传，费用将进入产品的售价中。这样一来，你们的产品价格就会高于其他同类产品，而中国消费者对这个产品的优点还不够了解，这样很可能导致试销失败。"

"如果我们试销失败了，其他公司也不会轻易再作尝试，这个产品在中国市场上相当长的一段时间里仍然会是个空白。希望你们慎重考虑，怎样做才比较合适。"

日方听了我方有理有据且十分诚恳地阐述后，意识到这次洽谈并不仅仅是一次普通的商品交易，而是关系到开拓中国市场、长期发展合作的大事。牺牲眼前利益，降低产品售价，做出小的让步，会赢得与日俱增的广阔的市场，孰重孰轻，一目了然。

日方当即表示：为了配合开拓中国市场，可以先以成本价小批量供应一批产品，以后再逐步向国际市场靠拢。为了帮助中方进行产品宣传，日方还愿意提供一笔无息贷款，以解决广告费用问题。

经我方公司的大力宣传，加上 NEC 产品的优良性能，在很短的时间内，NEC 公司的产品就得到了中国消费者的认可，NEC 公司获得了丰厚的利润。

案例来源：罗德编著的《谈判不言败》浙江大学出版社 2003 年第一版 140 至 141 页

【思考题】

1．采购价格主要由哪几部分构成，其价格的高低主要与哪些因素有关？

2．某企业某项产品年应摊固定成本为 180000 元，每件产品的单位变动成本为 50 元，如果销售量可望达到 6000 件，则其收支平衡价格为多少？

3．采购谈判的内容和的影响因素有哪些？

4．采购谈判应如何组织实施？

5．采购谈判有哪些基本技巧？

6．实训题

试设计一场谈判，就设定的谈判标的将学生分成若干组，每两组一对，分别扮演推销方和采购方，利用所学谈判策略、技巧进行谈判演练。

第 7 章　采购质量管理

【学习目标】

1．了解采购质量、采购质量管理的概念

2．熟悉全面质量管理的概念和内涵、采购质量管理保证体系的概念以及采购质量管理的作用

3．掌握采购质量管理的原则、采购部门质量管理的任务

4．掌握采购质量管理的各种技术

7.1　采 购 质 量

7.1.1　有关质量概念

对于质量，我们都能想起一句耳熟能详的话："质量是企业的生命"；曾被授予"中国质量领域最高荣誉奖"的海尔集团首席执行官张瑞敏也说过，"没有质量就没有海尔的今天"。由此可见，质量对于企业是多么重要。从更广的领域看，质量是影响一切活动成败的关键要素。

质量的含义是什么？这首先取决于不同的对象。世界著名的质量管理专家朱兰从用户的使用角度出发，"质量是一种合用性，而所谓'合用性'是指使产品在使用期间能满足使用者的需求。"；美国的另一位质量管理专家克劳斯比从生产者的角度出发，曾把质量概括为产品符合规定要求的程度。其次，对于企业中的不同环节，由于处于供应链中不同的位置，其含义也有所区别。对于产品的设计人员来说，质量是产品满足功能要求的性质；对于制造人员来说，质量意味着以最小的成本生产出符合订单要求的产品。

在国际标准化组织 1994 年颁布的 ISO8402：94《质量管理和质量保证——术语》中，把质量定义为："“反应实体满足明确或隐含需要的能力的特性总和"，这里的实体是指可以单独描述和研究的事物，可以是活动或过程、产品、服务、组织、体系、人或他们的任何组合。这个定义非常广泛，可以说包括了产品的实用性和符合性的全部内涵。

应该说明的是，第一，质量定义中的"需要"，在合同环境或法规环境下，是明确规定的，而在其他环境中隐含的需要则应加以识别并规定；第二，需要通常转化成指标表示的特性。因此，产品质量的好坏和高低是根据产品所具备的质量特性能否满足人们的需要及

其满足的程度来衡量的。一般有形产品的质量特性主要有以下几方面。

（1）性能。指产品满足使用目的所具备的技术特性，如钟表的走时准确，电视机的图像清晰度等。

（2）可靠性。指产品在规定的时间内，在规定的条件下，完成规定功能的能力，如电视机平均无故障工作时间，机床的精度稳定期限等。

（3）经济性。指产品从设计、制造到整个产品使用寿命周期的成本大小，具体表现为用户购买产品的售价和使用成本，如电冰箱的耗电量、维护保养费用等。

（4）安全性。指产品在制造、储存和使用过程中保证人身与环境免遭危害的程度，如各种家用电器在故障状态下不自燃起火。

（5）寿命。指产品在规定的使用条件下完成规定功能的工作总时间，如轮胎行驶磨损的里程数，电冰箱的使用年数等。

无形产品，即服务的质量特性一般包括功能性、经济性、安全性、时间性、舒适性和文明性等。显然，确定无形产品质量的好坏比确定有形产品质量的好坏要困难得多。因为，首先，在很多情况下，服务质量是一个比较模糊的、难以量化的概念，同一服务，不同的人对它会有不同的感知和评价；其次，对有形产品来说，用户一般只是对最终产品的好坏进行评价，而对于服务来说，顾客不但要对最终得到的服务内容进行评价，还要对服务的过程进行评价。例如，一名去餐馆就餐的顾客，他不但要对饭菜的质量进行评价，而且对餐馆服务人员的服务态度、服务方式等也会比较敏感。

7.1.2　采购质量

生产企业在其整个生产职能中，采购是很重要的一个环节。GB/T19004.1－1994（ISO9000）标准第 9 条“采购质量”中明确了“采购品”的定义：“采购品是本组织产品的组成部分并直接影响产品质量”，其范围应包括外购原材料、外购产品部件及外协加工零部件，除此之外，还包括企业分包的服务，如试验、校验、转包加工及设计等，尤其是前者，它们是生产企业成品的组成部分并直接影响到制造最终产品的质量优劣。比如某种材料存在质量问题，可能会导致其他或所有材料以及人力、设备、能源、时间的浪费和损失，这种损失尤其对大规模连续化生产企业影响更大，甚至可能造成生产企业的最终产品也带着质量问题而出厂，这对企业的生存产生重大影响。因此，采购质量在企业质量管理中起着重要作用。对采购活动进行策划和控制不仅能保证最终产品的质量，也有利于企业降低成本，提高竞争能力。

采购质量对采购活动提出了三个必须面对和解决的问题。一是把质量管理的思想如何贯彻到采购者自身的各项活动中去；而是如何与供应商合作，不断改进和提高产品质量；三是怎样建立采购质量保证体系。因此，采购质量就是指一个组织通过建立采购质量管理保证体系，对供应商提供的产品或服务进行选择、评价、验证，从而确保采购的产品或服务符合规定的质量要求。

7.1.3 全面质量管理

全面质量管理是指通过组织机构内所有层次和所有职能的积极参与，组织机构所提供的产品和服务的质量能得到持续不断的改进和提高的综合管理理念。目的是企业组织全体员工和各部门参加把专业技术、经营管理结合起来，综合运用现代科学和管理技术成果，控制影响质量全过程的环节，从而有效的利用企业资源提供用户满意的产品和服务。它与传统的质量管理，即质量检验与质量控制有着不同的观念。世界上许多大型企业都在推行这种管理方法。我国企业也逐渐开始采用。能否真正贯彻全面质量管理理念，最重要的是能否深刻领悟其内涵。

全面质量管理的核心内涵集中体现在“全”字上。具体可以从以下六个方面来认识。一是全面的质量，包括产品质量、服务质量、成本质量；二是全过程的质量，指质量贯穿于生产全过程意味着全面质量管理要“始于识别顾客的需求，终于满足顾客的需要”。三是全员参与的质量，对员工进行质量教育，强调全员把关，组成质量管理小组；四是全企业的质量，目的是建立企业质量保证体系；五是全社会推动的质量管理，符合了现今生产与质量管理的要求。六是动态的质量，强调有组织、有计划、持续地进行质量改进，不断地满足变化着的市场和用户的需求，是一种动态的管理，无止境的质量管理，这是与传统的质量管理的重要区别。传统质量管理思想的核心是“质量控制（QC）”，是一种静态的管理。

作为重要管理工具的戴明循环法在现代企业中一直被当作质量改进的基本方法。戴明循环法是由美国质量管理专家戴明首先提出的，亦称 PDCA 工作方式。这种质量管理方法始终强调自主管理、主动管理。PDCA 循环作为推动工作、发现问题和解决问题的有效工具，典型的模式包括“四个阶段”、“八个步骤”。

PDCA 的四个阶段即计划（Plan）、执行（Do）、检查（Check）、处理（Action）。四个英文单词的第一个字母组合就形成了 PDCA，PDCA 工作方法即得名于此。PDCA 循环的运行表现为整个管理系统的各个层次、各个环节都在进行计划→实施→检查→处理这种循环，它体现了系统运行的内在逻辑。其中“计划”是明确目标、制订方案的过程，它是整个循环的起点和基础；“实施”是循环中的主体，是整个循环成败的关键；“检查”对整个循环起着控制和把关的作用；“处理”则是一个总结与改进的环节，是使循环得以我完善的重要阶段。

八个步骤是：

第一，分析现状，发现问题；

第二，分析质量问题中各种影响因素；

第三，分析影响质量问题的主要原因；

第四，针对主要原因，采取解决的措施；

第五，执行，按措施计划的要求去做；

第六，检查，把执行结果与要求达到的目标进行对比；

第七，标准化，把成功的经验总结出来，制定相应的标准；

第八，把没有解决或新出现的问题转入下一个 PDCA 循环中去解决。

经过一个循环结束，随即转入下一个循环，从而推动整个企业和各个部门不断循环向前，使企业的产品质量不断有所提高。

戴明循环法的特点是：

第一，循环往复，应不停止。PDCA 循环的四个过程不是运行一次就完结，而是周而复始地进行。一个循环结束了，解决了一部分问题，可能还有问题没有解决，或者又出现了新的问题，再进行下一个 PDCA 循环，依此类推。

第二，大环带小环。类似行星轮系，一个公司或组织的整体运行的体系与其内部各子体系的关系，是大环带小环的有机逻辑组合体。

第三，阶梯式上升。PDCA 循环不是停留在一个水平上的循环，不断解决问题的过程就是水平逐步上升的过程。

7.2　采购质量管理

采购质量管理是质量管理的一个重要环节，是采购管理的一个重要方面，它的基本思路和质量管理的一样。因此，采购质量管理就是采购质量的计划、组织、领导和控制，通过对采购部门自身的质量管理以及对供应商的质量认证与评估，建立采购质量保证体系，从而保证满足企业需求的活动。

7.2.1　采购质量管理对于企业的作用

商品采购是企业取得经营所需物资的源头。俗话说：千里之行，始于足下。只有高质量的商品采购工作，企业的后续工作才有充足的保证。对企业来讲，采购质量管理的作用主要体现在以下几个方面。

（1）有利于提高企业产品质量。只有原材料符合规定的要求，据此生产的产品质量才有可能满足需求。原料的质量对最终产品的品质有重要影响。

（2）有利于保证企业生产持续进行。采购质量的管理也包括供货时间的管理。如果不能在规定的时间将原料送至规定的地点，企业的生产就不能照常进行，或者增加生产成本。提前送货会产生库存积压；延误送货会导致生产停滞，这都对生产不利。

（3）有利于保证企业产品生产和使用环节的安全。

7.2.2　采购质量管理的基本原则

为使采购质量管理工作发挥应有的作用，确保企业安全、顺利的生产出既定质量的产品，采购质量管理工作必须遵循一定的原则。采购质量管理要围绕质量、数量、时间、地点和供应商五个方面进行，也就是说必须遵循“5R”原则。

（1）适当的质量。这里的质量是狭义的概念，仅是采购质量的一部分。

一个企业要想在市场竞争中生存，必须保证产品的质量。品质不良，经常性的退货，造成检验费用和各种管理费用增加。生产过程中，因原材料不良导致制造过程中的不良品增多，返修多，返工多，增加时间成本和人员成本；品质不良，成品品质不良率加大，客户投诉及退货增多，付出的代价就高.；品质不良，需增加大量检验人员，增加成本；经常退货，造成经常性的生产计划变更，增加生产成本，影响交期，降低信誉和产品竞争力等等。当然，原材料的质量并非越高越好，原材料的高质量必然需要付出更高的成本，这违背了管理的原则。

（2）适当的数量。采购数量是一把双刃剑。大批量的采购会获得数量折扣的好处，降低运输成本，从而降低采购成本；但这不仅会增加库存占用资金数量，而且会增加库存的储存成本。适当的数量是使采购成本和储存本的和，即总成本最小的数量。因此，企业要根据物料需求计划等综合计算出最经济的采购量，确保满足需求，降低成本。

（3）适当的时间。现代企业竞争非常激烈，时间就是金钱，采购计划的制订要非常准确，需要的物料必须准时到达。如果需要的物料不能及时到货，造成停工待料，会增加管理费用，影响销售和信誉；太早采购囤积物料，又会造成资金的积压，场地的浪费，物料的变质，所以依据生产计划制订采购计划，按采购计划适时的进料，既能使生产，销售顺畅，又可节约成本，提高市场竞争力。

（4）适当的供应商。企业采购原材料时，选择和评价供应商是采购人员的第一项工作，事实证明更是最重要的工作，因为它对其他四项原则有着根本的影响。因此，采购管理的一项重要原则是选择合适的供应商。

至于何谓合适的供应商，需根据采购的产品确定，不同的产品 “合适”的确定标准不同。供需双方之间有时是纯粹的竞争关系，有时是密切的战略合作伙伴关系，当然多数情况下是介于两者之间的竞合关系。不管怎样，供应商的选择都是采购工作的基础和保障，它在一定程度上决定着企业的市场竞争力，必须做好。

（5）适当的地点。供应商离自己公司越近，运输费用就越低，机动性就越高，协调沟通就越方便，成本自然就越低了。

7.2.3 采购质量管理的内容

采购质量管理的目标就是要遵循采购质量管理的原则，保证采购的原料和设施、设备满足企业生产经营活动的需要。要实现这一目标，采购部门的工作内容一般应包括以下三个方面：一是采购部门本身的质量管理；二是对供应商的评估、认证、监督以及产品的验收；三是采购质量管理体系的建立和运行。

1. 采购部门的质量管理

（1）物料采购的计划与组织管理。物料采购管理，是从生产计划排单，接受采购任务，编制采购计划，到选择供应商以及价格谈判、签约以及跟踪催单等全过程的实际运作和管理实务。物料采购并不是单一部门的独立的经济活动，它涉及采购部门与其他部门的协调、采购信息的收集、对供应商的考察、在采购中应用一定的策略、选择恰当的采购方式和适当的采购价格谈判技术等等，在决定购买之后，还要签订采购合同，最后就是采购的跟单等一系列工作。整个过程的管理需要在详细地调查研究的基础上，事先制定科学的制度和程序，然后依照这些制度和程序开展工作。

这里应该强调的是要想满足生产经营的需要，采购计划的科学编制需要准确掌握需求，这又建立在一系列大量的统计分析基础之上。

（2）物料采购供应的协调工作。采购部门和生产、经营部门之间是供求关系，两者之间可能会因各种原因发生一些矛盾和冲突，这时双方应从大局出发、从企业的整体利益出发，进行良好的、坦诚的沟通和协调，避免因部门或个人利益影响整体利益，从而提高产品质量和经营水平，提高企业的市场竞争力。

（3）物料采购供应的控制工作。采购活动涉及资金的流动和企业内外部多方的利益关系，必须注意减少或避免因失误或舞弊行为导致企业的整体经济利益受损。因此必须建立一系列的采购控制制度，这主要包括采购计划制度、请示汇报制度、资金使用制度、到货付款制度、采购绩效考核和评价制度等。实践证明，科学的机制比人制更加公平、科学制度，更易被接受。

采购部门是企业一系列采购工作的执行者，采购质量管理首先是采购部门的质量管理。可以说采购部门的质量管理是采购质量管理的基础和保障，这其中制度的建立和完善是关键。

2. 供应商认证、评估、监督和产品的检验

（1）供应商认证、评估和监督。商品采购首先表现为采购商与供应者之间的商品交换活动。采购商品的质量在很大程度上决定着最终产品的质量，进而影响企业的经营服务水平，而采购商品的质量又取决于供货商的经营管理意识和水平以及质量保证能力。因此对供应商的选择、评价以及监督就成为采购部门最基础、最核心的工作。当然，这又需要一套科学的制度和严密的程序作保障。

（2）产品检验。本书所讲产品检验主要是指外购原材料、外购配套件和外协件入厂时的检验。这是保证生产正常进行和确保产品质量的重要环节。

尽管事前已经采取了上述诸多质量管理的措施，但是由于供货商家的成品检验和发货检验标准可能与自己的控制标准不一致，或者可能存在检验失误；或者产品可能会在储运、流通环节发生某些质量变化等原因，产品的质量检验仍是企业必须进行的工作。当然在诚

信机制还不完善的今天，还可以防止不法供货商恶意的质量欺诈。

产品检验工作要遵循正确、及时、公正的原则，从源头上为最终产品的质量提供有效保障。具体说产品的质量检验有以下几个方面的作用。

① 严把原材料质量关，确保最终产品质量；

② 通过质量检验，对供货商进行事后质量监督，也是进一步评价选择供应商的依据；

③ 发现问题，分清责任，以便采取相应的措施确保产品的质量；

④ 摸清产品的质量状况，有利于保管保养。如发现产品容易受潮，应采取针对性措施，避免产品在保管过程中变质，影响使用。

为了确保外购物料的质量，入厂时的验收检查应有明确、有效的检验标准；建立科学、严格的检验管理制度；还要配备满足实际要求的检测人员，采取先进、可靠的检测手段，按照规定的检查内容、检查方法及检验数量进行严格的检验。原则上说，供应厂所供应的物料应该是 100%合格。在进货检验时，如果不适宜全检，而使用抽样检验时，必须通过双方协商等方式预先规定科学可靠的抽检方案和验收制度。必须指出，凡是原材料、外购件、外协件进厂时必须有合格证或其他合法证明书，否则应不予验收。

3. 建立采购质量管理体系

（1）培植现代质量管理理念，强化采购质量意识。企业要发展，产品质量要提升，离不开对人的意识教育和培训。从现代质量管理的角度来看，意识就是一种内化的心理活动标准，是人们对显性行为的一种评价方式。因此，要提高企业的产品质量，则首先要从提高员工的"质量意识"开始。这里所说的"员工质量意识"，首先强调企业领导的质量意识，只有领导的质量意识提高了，企业的质量管理才能落到实处；其次企业的采购人员、质检人员也要主动学习，提高质量意识。总之，企业的有关员工在采购商品的质量管理过程中，都要强化和树立"质量第一"、"持续改进"、"注重质量效益"等理念，增强提高采购质量的自觉性。

（2）加强采购活动过程的质量管理。采购活动涉及需求的统计分析与确认，供应商的选择评价与认证、与供应商的谈判与成交、对供应商的质量管理与控制、对供应商提供的商品质量进行验证、进货检验等活动。要想保证采购商品的质量就必须对每一环节进行控制，实行全过程质量管理，这也是全面质量管理思想在采购工作中的具体运用。

（3）努力做好采购质量管理的基础工作

首先，应该努力提高采购人员的素质。

采购工作是一项技术性比较强的工作，这要求采购人员必须具备良好的素质。有些机构经过长期的理论和实践总结得出，采购人才的五种必备素质包括良好的道德素养、拥有供应链的全局观和全际视野，深知总成本优先原则和灵活运用各种采购技巧。

在采购经理所有的必备素质中，很高的道德素养是被排在第一位的。这包括：保持对企业的忠诚；不带个人偏见，在考虑全部因素的基础上，从提供最佳价值的供应商处采购；

坚持以诚信作为工作和行为的基础；规避一切可能危害商业交易的供应商以及其他与自己有生意来往的对象；拒绝接受供应商的赠礼；不断努力提高自己在方式方法、材料、和影响采购工作的作业流程上的知识；在交易中采用和坚持良好的商业准则等。

其次，做好采购的标准化工作。

GB 3935.1-83 对标准化的定义是“在经济、技术、科学及管理等社会实践中，对重复性事物和概念通过制定、发布和实施标准，达到统一，以获得最佳秩序和社会效益。”。这个活动过程在深度上是一个永无止境的循环上升过程。在制定、实施标准中，随着科学技术进步对原标准适时进行总结、修订，再实施。每循环一周，标准就上升到一个新的水平，充实新的内容，产生新的效果。在采购环节实施标准化是建立和完善采购质量管理体系的需要，通过实施企业采购流程的标准化管理，确定采购规范和原则，让采购工作有内容、有标准、能约束，能帮助采购经理更好地把握采购每个环节，最终能以最合理的价格在最短的时间内高质量地完成采购任务，提高最终产品的质量和企业的服务水平和竞争力。

采购环节的标准化工作必须坚持两个原则。一是“顾客第一”的原则。顾客的要求就是标准，这里的顾客是采购服务的部门或单位。二是“系统性”原则。即标准要协调统一，完整配套，既无漏洞，亦无矛盾冲突。

当然，采购质量信息的管理工作也很重要。采购的管理就是以数字为基础而展开的。采购部门应建立、健全原始数据的记录、采集、整理、传递等环节，并保证它的全面性、准确性、及时性、统一性和可追溯性，避免形式主义和烦琐，讲究实效。原始数据统计工作的实施非常有助于我们全面掌控对物资计划、采购、检验、出入仓等工作流程的动态情况，对改善商品采购工作有重要作用。当然这里所说的采购质量信息泛指与“5R”要求相适应的信息，不仅指产品的品质信息，还包括数量、需求时间等方面的信息。

4. 建立采购质量管理保证体系

采购质量管理保证体系包括采购质量管理体系和采购质量保证体系。采购质量保证体系建立在质量管理体系的基础上，质量管理体系包容了质量保证体系。

其中采购质量管理体系是采购者为了实施质量管理职能而在组织内部建立起来的，是采购者的自发行为，主要指采购质量的制定、评估、控制标准和采购质量控制方法，具体包括明确的采购质量目标、计划和标准；采购质量责任制；采购质量管理机构；采购管理业务标准化和流程的程序化；高效、灵敏采购信息及采购系统。

采购质量保证体系是由采购者推动，为了满足采购者的质量要求，由供应商建立的质量管理和保证体系。由于供应商的原料质量对最终产品的质量有重要影响，因此选择、评估和认证供应商对采购质量管理有重要影响。

7.3 采购质量管理的技术

人们在质量管理实践特别是质量改进过程中，发明了许多质量管理的工具和方法，其中有的用于数据处理，有的用于过程控制和改进，还有的用于策划、收集、创意和解决问题。在这些方法中，有单一的工具和方法，也有综合性的、系统化的方法。它们以统计技术和数据处理理论为基础，应用于质量管理过程的各个环节，或者说用于解决问题的各个环节。本节主要介绍采购质量管理中常用的工具和方法。

7.3.1 统计分析表

统计分析表，又称检查表、调查法、核对表，它是利用统计调查表来进行数据收集整理工作和原因分析的一种方法，即把产品可能出现的情况及分类预先制成规范化的表格，检查产品时只需在相应分类栏中作出标记，然后进行统计分析。

1. 种类和用途

在应用实践中，还可根据收集数据的目的和数据类型等，自行设计所用的表格。在现场质量管理中，常用的统计分析表有不合格品项目调查表、不合格要因检查表、缺陷位置调查表以及矩阵调查表等。

（1）不合格品项目调查表。对于供应商提供的原材料或半成品等，其中的不合格品要进行具体调查，不合格品项目调查表主要用来调查供应商提供的不合格品项目频数和不合格品率，以便用排列图等进行分析研究。

在具体使用时，一般先设计好表格（见表 7.1）放在验收现场，让检验人员随时记录，填好表格后进行统计分析，及时掌握产品的质量状况，以便和供应商进行协调处理。表中的日期、供应商、供应量、合格品与不合格品量由检验人员直接填写，不合格品率须计算填写。

表 7.1　不合格品项目调查表

日期	供应商	供应量	不合格品量	不合格品率	不合格品项目				
					1	2	3	4	其他

（2）不合格要因检查表。要弄清造成各种不合格发生的原因，需要按设备、操作者、时间等标志进行分层统计分析，填写不合格原因统计分析表。

（3）缺陷位置调查表。许多产品或零件常存在气孔、疵点、碰伤、脏污等外观质量缺陷。缺陷位置调查表可用来记录、统计、分析不同类型的外观质量缺陷所发生的部位和密集程度，进而从中找出规律性，为进一步调查或找出解决问题的办法提供事实依据。

这种调查分析的做法是：画出产品示意图或展开图，并规定不同外观质量缺陷的表示符号。然后逐一检查样本，把发现的缺陷，按规定的符号在同一张示意图中的相应位置上表示出来。这样，这样就记录了这一阶段（这一批）样本的所有缺陷的分布位置、数量和集中部位，便于进一步发现问题、分析原因、采取改进措施。

（4）矩阵调查表。矩阵调查表是一种多因素调查表，它要求把产生问题的对应因素分别排列成行和列，在其交叉点上标出调查到的各种缺陷和问题以及数量。表 7.2 是两台注塑机生产的塑料制品的外观质量的调查表。从表 7.2 可以看出：2 号机发生的外观质量缺陷较多，进一步分析原因是由于对注塑机（2 号）的维护保养差所致，2 月 5 日两台注塑机所生产的产品的外观质量缺陷都比较多，而且气孔缺陷尤为严重。经调查分析是当天的原材料温度较高所致。

表 7.2 塑料制品外观质量调查表

（缺陷符号：○气孔 △形成 ●疵点 ×变形 □其他）

机号	2 月 5 日		2 月 6 日		2 月 7 日		2 月 8 日		2 月 9 日		2 月 10 日	
	上午	下午	上午	下午	上午	下午	上午	下午	上午	下午	上午	下午
1 号	○●	×○	●□ ○○	×□	×	△○△	×	○	○○○○●○	○○	○○●△○○	○△
2 号	△○□	○○○●	×	○ ×	× ×	●	●●△△	×	○●●	△△	○○ ×	× ×

2. 统计分析表的应用过程

通常包括以下步骤：（1）明确收集数据的目的；（2）确定为达到目的所需要的数据及对数据所用的分析方法；（3）根据目的设计调查表格式，包括调查者、调查时间、地点内容和方式等项目；（4）对搜集和记录的部分数据进行预先检查，确定调查表格式的合理性并做出评价；如果有必要，则应修改调查表格式。

7.3.2 因果图（Cause and Effect Diagram）

因果图，又叫石川图、特性要因分析图、树枝图，鱼刺图等。它是表示质量特性波动与其潜在原因关系，即表达和分析因果关系的一种图（见图 7.1），运用因果图有利于找到采购质量问题的症结所在，然后对症下药，解决质量问题。将因果图与排列图、对策表结合起来应用，即我国企业所谓的“两图一表”会收到很好的效果。

因果图是由三个要素构成，即结果、原因和枝干，结果是需要和准备改善与控制的对象，即要明确的质量问题或特性，原因是能对结果产生影响的因素，枝干表示原因与结果之间、原因与原因之间的关系，一般中间的主干用粗箭头表示，主干两侧的大枝、中枝和细枝用细箭头表示。

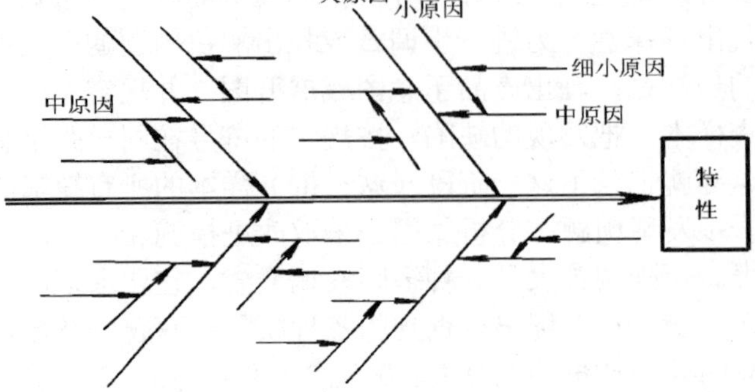

图 7.1　因果图简图

利用因果图分析原因的步骤如下：

第一，简明扼要地描述结果，即明确需要解决的质量问题。确定需要分析的质量问题不能笼统，要具体，一张因果图分析一个主要质量问题。即因果图只能用于单一目标研究。

第二，规定可能发生的原因的主要类别。通常从以下五大方面，即人、机器、原材料、加工方法、工作环境去分析。

第三，把结果画在右边矩形框中，然后把各类主要原因放在左边矩形框中，作为结果的输入；寻求次一级的原因，画在相应的主（因）枝上，并继续一层层地展开下去；最末层次的原因直至可以采取措施为止。

第四，从最末一层的原因中选取和识别少量对结果影响大的原因（称为重要因素或要因），必要时需要进一步验证。即要因一定是在末一个层次上，而不是在中间层次上。

另外，还须注意建立因果图时必须通过有效的方法，比如头脑风暴法，充分发扬民主，畅所欲言，集思广益，把每个人的意见都记录下来。分析原因是要从达到小，从粗到细，寻根究底，直到采取具体措施为止。要因的确定可以通过投票或举手表决的办法进行。画好因果图后还要逐一核对，遗漏的要补上，已经采取纠正措施的要取消。

7.3.3　抽样检验

抽样，就是指从总体中抽取样品组成样本的过程。抽样的目的在于从样本所包含的信息中，获得关于总体特征的知识。诸如均值 μ、标准偏差 σ 等这些总体的特征通常称为总体参数。在采购质量管理中，常用这种方法根据局部去推断全局，研究样本去预测总体的统计方法，从而达到保证采购产品质量的目的。

质量检验是按照标准或检验规程，对采购的原材料、中间产品、成品或服务的质量特性进行观察、测量、试验，并将结果与既定的质量要求进行比较，以确定产品（或产品批）

或服务合格与不合格（接收与拒收）的检查活动。从检验的数量看，有全数检验和抽样检验。二者各有特点，管理实验中常用的是抽样检验。

抽样检验指从批量为 N 的一批产品中随机抽取其中的一部分单位产品组成样本，然后对样本中的所有单位产品按产品质量特性逐个进行检验，根据样本的检验结果判断产品批合格与否的过程。抽样检验的研究起始于 20 世纪 20 年代，那时就开始了利用数理统计方法制定抽样检查表的研究。1974 年，ISO 发布了“计数抽样检查程序及表”(ISO2859：1974)。我国也在 ISO 标准同等采用基础上建立了抽样检验国家标准 GB2828-87“逐批检查计数抽样程序及抽样表”。此外，我国于 1991 年发布了 GB/T13262-91“不合格品率的计算标准型一次抽样检查及抽样表（适用于孤立批的检查）”等国家标准。

抽样检验与全数检验（100%检验）相比，其优点在于减少了工作量和检验人员，缩短检验周期，节约检验费用。抽样检验也有缺点。包括存在接受“劣质”批和拒收“优质”批的风险，增加了计划的工作量，样本所提供的产品信息一般少于全数检验。

1. 抽样检验有关术语

（1）批。相同条件下制造出来的一定数量的产品，称为“批”。在 5M1E 基本相同的生产过程中连续生产的一系列批称为连续批；不能定为连续批的批称为孤立批。

（2）单位产品。为了实施抽样检查而对产品划分的基本单位。单位产品可按自然划分，如一批灯泡中的每个灯泡称为一个单位产品。有些时候必须人为规定，如一米布、一匹布等。

（3）批量和样本大小。批量是指批中包含的单位产品个数，以 N 表示。样本大小是指随机抽取的样本中单位产品个数，以 n 表示。

（4）抽样检验方案。规定样本大小和一系列接受准则的一个具体方案。

（5）两类风险 α 和 β。由于抽样检验的随机性，将本来合格的批，误判为拒收的概率，这对生产方是不利的，因此称为第 I 类风险或生产方风险，以 α 表示；而本来不合格的批，也有可能误判为可接受，将对使用方产生不利，该概率称为第 II 类风险或使用方风险，以 β 表示。

2. 抽样方案分类

抽样方案有很多类型。下面列举几种常见的分类方式。

根据所测量产品质量特性数据的性质，抽样检验分为两类：一是计数抽样检验，是根据规定要求，把检验结果分为合格品和不合格品或者计算缺陷数的抽样检验。二是计量抽样检验，是对用连续量表示其质量特性（例如长度、厚度、重量、纯度）的产品的抽样检验。两类抽样检验各有特点。究竟选用哪种抽样检验主要取决于产品批的质量保证形式以及质量特性值所取数据的性质。如果要求保证批质量的平均值，必须采用计量抽样检验；如果要求保证批的不合格数或缺陷数，则只得采用计数抽样检验；如果要求保证批不合格品率，那么两者均可采用。

根据抽样方案的制订原理来分类，有三大类：一是标准型抽样方案：该方案时为保护生产方利益，同时保护使用方利益，预先限制生产方风险 α 的大小而制定的抽样方案。二是挑选型抽样方案：所谓挑选型方案是指，对经检验判为合格的批，只要替换样本中的不合格品；而对于经检验判为拒收的批，必须全检，并将所有不合格全替换成合格品。三是调整型抽样方案：该类方案由一组方案（正常方案、加严方案和放宽方案）和一套转移规则组成，根据过去的检验资料及时调整方案的宽严。该类方案适用于连续批产品。

根据抽样的程序分类，也有三大类：一是一次抽样方案：仅需从批中抽取一个大小为 n 样本，便可判断该批接受与否。二是二次抽样方案：抽样可能要进行两次，对第一个样本检验后，可能有三种结果：接受，拒收，继续抽样。若得出“继续抽样”的结论，抽取第二个样本进行检验，最终做出接受还是拒收的判断。三是多次抽样：多次抽样可能需要抽取两个以上具有同等大小样本，最终才能对批做出接受与否判定。是否需要第 i 次抽样要根据前次（i-1 次）抽样结果而定。多次抽样操作复杂，需做专门训练。ISO2859 的多次抽样多达 7 次，GB2898-87 为 5 次。因此，通常采用一次或二次抽样方案。

下面介绍最常用的计数标准型一次抽样方案。

3. 计数标准型一次抽样方案（GB/T13262-91）

（1）基本概念

① 接受上界 p0 和拒收下界 p1。接受上界 p0：设交验批的不合格率为 p，当 p≤p0 时，交验批为合格批，可接受。拒收下界 p1：设交验批的不合格率为 p，当 p≥p1 时，交验批为不合格批，应拒受。

② 一次抽样方案（n；A）。一次抽样方案（n；A）是指从批中抽取一个大小为 n 的样本，如果样本的不合格品个数 d 不超过预先指定的数 A，判定此批为合格，否则判为不合格。A 称为“合格判定数”或“接受数”。一次抽样实施程序，如图 7.2 所示。

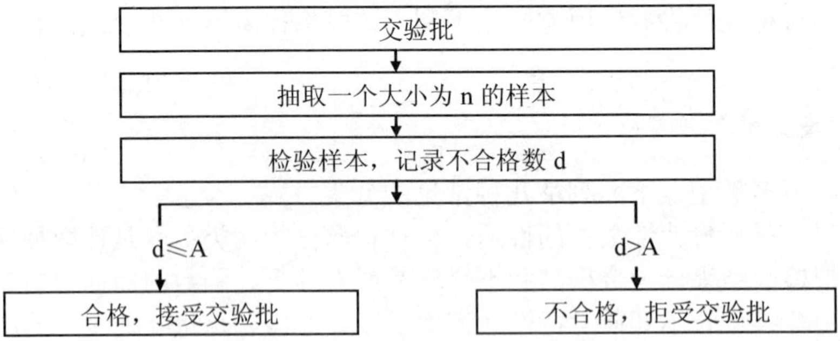

图 7.2　一次抽样方案（n；A）

（2）该种抽样方案的制订。标准型抽样方案是为了同时保障生产方和顾客利益，预先

限制两类风险 α 和 β 制定。

因此，抽样方案根据预先设定的 p0，p1，α，β 来确定。对于 α 和 β 的值，经过长期实践和理论证明，一般取 α=5%，β=10%比较合适，国标 GB/T13262-91 就是按此制订的（表 7.3 列出了该标准的部分方案）。

表 7.3　部分计数标准型一次抽样方案（GB/T13262-91）

α=5%，β=10%

p_0，% \ p_1，%	7.11～8.00	8.01～9.00	9.01～10.00	10.1～11.2	11.3～12.5	12.6～14.0	14.1～16.0
0.711～0.800	49，1	46，1	42，1	38，1	34，1	31，1	27，1
0.801～0.900	47，1	44，1	40，1	38，1	34，1	31，1	27，1
0.901～1.00	74，2	42，1	39，1	36，1	34，1	30，1	27，1
1.01～1.12	72，2	64，2	37，1	35，1	32，1	30，1	27，1

（3）标准型一次抽样方案制订和实行步骤

① 规定单位产品需要检验的质量特性值；

② 生产方和使用方共同协商 p0，p1，α，β 的大小；

③ 组成交验批；

④ 按照国标 GB/T13262-91 检索出对应的抽样方案；

⑤ 随机抽取大小为 n 的样本；

⑥ 检查样本，记录不合格数 d；

⑦ 交验批判断：若 d≤A，接受交验批；若 d>A，拒收交验批。

⑧ 交验批的处置。

【例题 7.1】　某批产品交验，供需双方规定 p0=20%，p1=20%，α=5%，β=10%，求检验该批产品的标准型一次抽样方案。

查国家标准 GB/T13262-91，p0=20%在 0.801%～0.900%范围内，p1=20%在 8.01%～9.00%范围内，由表 7.3 可得，标准型一次抽样方案（n；A）=（44；1）。

7.3.4　直方图（Histogram）

1. 直方图的定义和用途

（1）直方图法的定义。直方图法是把数据的离散状态分布用竖条在图表画出，以帮助人们根据显示出的图样变化，在缩小的范围内寻找出现问题的区域，从中得知数据平均水平偏差并判断总体质量分布情况。其形式是用一系列宽度相等 （表示数据范围的间隔）、高度不等（表示在给定间隔内的数据的数目）的长方形表示。

（2）直方图法用途。直方图法是整理分析质量数据，判断和预测生产过程质量的一种常用方法。根据图形是否正常来分析产生问题的原因；将直方图与标准相比较，能提供质量分布状态，以便针对不同情况采取管理措施，从直方图提供的数据，还可以计算出数据的各种特征值和工序能力指数，从而可以推算出工序不合格品率。

直方图在采购质量管理中主要通过显示所采购产品质量波动的分布状态，直观的传递采购过程质量状况的信息；通过了解采购产品质量波动状况，确定质量改进的方向，以便于供应商更好的沟通，仅是改进产品质量。

2.直方图的应用程序

现以某企业采购的中间产品的重量为例，对直方图的应用程序加以说明。该中间产品的重量规范要求为 1 000 ±0.5 克。

（1）收集数据。作直方图的数据一般取 N =100，最少不能少于 50 个，否则反映分布的误差太大，过多也不经济。本例中收集了 100 个数据（超差的重量），列于表 7.4 中。

表 7.4 数据表

测量值 （单位：克）									
43	28	27	26	33	29	18	24	32	14
34	22	30	29	22	24	22	28	48	1
24	29	35	36	30	34	14	42	38	6
28	32	22	25	36	39	24	18	28	16
38	36	21	20	26	20	18	8	12	37
40	28	28	12	30	31	30	26	28	47
42	32	34	20	28	34	20	24	27	24
29	18	21	46	14	10	21	22	34	22
28	28	20	38	12	32	19	30	28	19
30	20	24	35	20	28	24	24	32	40

（2）确定数据的极差（R）。它可用数据的最大值减去最小值求得。本例最大值 X_{max}=48，最小值 X_{min}=1 克，所以极差 R =48-1 =47 克。

（3）确定组距（h）。先确定直方图的组数，然后以此组数去除极差，可得直方图每组的宽度，即组距。组数的确定要适当，组数太少会引起较大计算误差，组数太多很难显示出数据分布的规律性，且计算工作量加大。组数 k 的确定可参考组数 k 选用表（见表 7.5）。

表 7.5 组数选用表

数据数目	组数 （k）	常用分组数（k）
50 ～ 100	5 ～ 10	
100 ～ 250	7 ～ 12	10
250 以上	10 ～ 20	

本例取 k=10，将数据分为 10 组。于是，组距（h）为 R/k=47/10 =4.7 克≈5 克。组距一般取测量单位的整数倍，这样便于分组。

（4）确定各组的界限值。为避免出现数据值与组界限值重合造成频数计算困难，组的界限值单位应取最小测量单位的 1/2。本例最小测量单位是个位，其界限值应取 0.5。分组时应把数据表中最大值和最小值包括在内。第一组下限值为：1-0.5 =0.5

第一组上限值为：第一组下限值加组距，即 0.5+5 =5.5

第二组下限值就是第一组的上限值，即 5.5

第二组上限值就是第二组的下限值加组距，即 5.5 +5 =10.5

第三组以后，以此类推定出各组的组界。

（5）编制频数分布表。把各个组上下界限分别填入频数分布表内，并把数据表中的各个数据列入相应的组，统计各组频数（见表 7.6）。

表 7.6　频数分布表

记录编号：______	频数分布表	______年 ______月 ______日	
组序	组界值	频数统计	频数
1	0.5 ～ 5.5	/	1
2	5.5 ～ 10.5	///	3
3	10.5 ～ 15.5	///// /	6
4	15.5 ～ 20.5	///// ///// ////	14
5	20.5 ～ 25.5	///// ///// ///// ////	19
6	25.5 ～ 30.5	///// ///// ///// ///	27
7	30.5 ～ 35.5	///// /////	14
8	35.5 ～ 40.5	///// /////	10
9	40.5 ～ 45.5	///	3
10	45.5 ～ 50.5	///	3

制表：______

（6）画直方图。按数据值（比例）画横坐标，按频数值（比例）画纵坐标，按纵坐标画出每个长方形的高度，它代表了落在此长方形中的点数，以组距为底边。注意：每个长方形的宽度都是相等的。在直方图上应标注出公差范围（T）、样本大小（N）、样本平均值、样本标准偏差值和均值的位置。

如果运用现有的电子表格（如 Microsoft Excel）和统计软件（如 SPSS），可以很方便地自动生成直方图。

3. 直方图的观察分析

从直方图可以直观地看出产品质量特性的分布形态，便于判断过程是否出于控制状态，以决定是否采取相应对策措施。直方图从分布类型上来说，可以分为正常型和异常型。正常型是指整体形状左右对称的图形，此时过程处于稳定（统计控制状态，如图 7.3a）。如果是异常型，就要分析原因，加以处理。常见的异常型主要有六种：

（1）偏向型（图 7.3b）。直方图的顶峰偏向左侧或右侧。当公差下限受到限制（如单侧形位公差）或某种加工习惯（如孔加工往往偏小）容易造成偏左；当公差上限受到限制或轴外圆加工时，直方图呈现偏右形态。

（2）锯齿型（图 7.3c）。直方图呈现凹凸不平现象。这是由于作直方图时数据分组太多，测量仪器误差过大或观测数据不准确等造成的。此时应重新收集和整理数据。

（3）平顶型（图 7.3d）。直方图顶峰不明显，呈平顶型。主要原因是多个总体和分布混合在一起，或者生产过程中某种缓慢的倾向在起作用（如工具磨损、操作者疲劳等）。

（4）孤岛型（图 7.3e）。在直方图旁边有一个独立的“小岛”出现。主要原因是生产过程中出现异常情况，如原材料发生变化或突然变换不熟练的工人。

（5）双峰型（图 7.3f）。直方图出现两个峰。主要原因是观测值来自两个总体，两个分布的数据混合在一起造成的，此时数据应加以分层。

（6）陡壁型（图 7.3g）。直方图像峭壁一样向一边倾斜。主要原因是进行全数检查，使用了剔除了不合格品的产品数据作直方图。

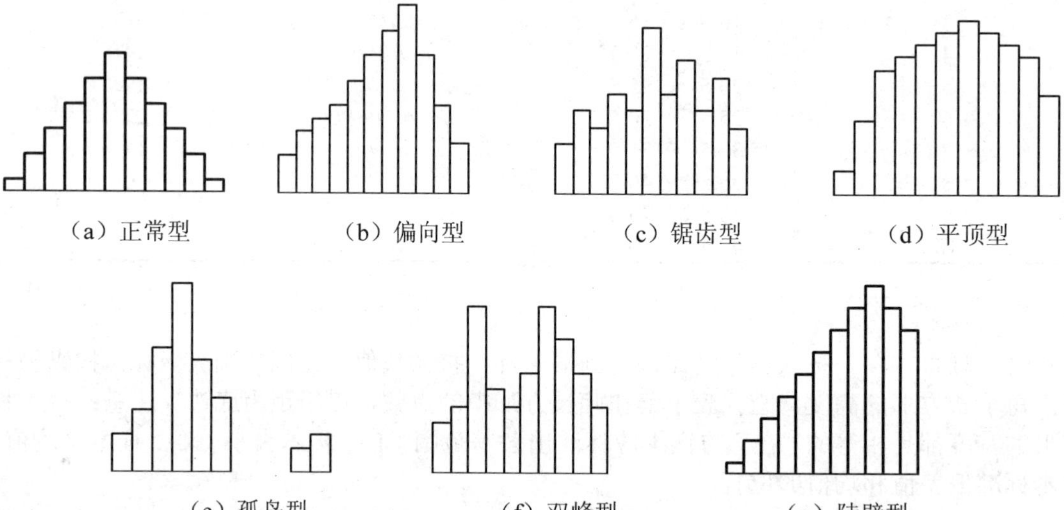

（a）正常型　（b）偏向型　（c）锯齿型　（d）平顶型

（e）孤岛型　（f）双峰型　（g）陡壁型

图 7.3　直方图形状

如果在采购检验过程中发现这些问题，应该及时向供应商提出相应的建议，要求其尽快完善产品质量。

7.3.5 质量功能展开

质量功能展开（英文缩写 QFD）是日本质量专家赤尾洋二在 20 世纪 70 年代提出的。所谓 QFD 就是将市场或用户的需求转换成设计要求、零部件特性、工艺要求、生产要求的多层次演绎分析方法。这种方法充分体现了以市场为导向，以客户需求为根本宗旨的市场营销新观念。

QFD 通过定义"做什么"（顾客要求什么）及"如何做"（如何满足需求），使产品或服务具有令顾客满意的、稳定一致的性能；通过明确地定义完成任务所需的工作目标，有助于将顾客定义的质量客观地注入产品或服务中，从而实现以市场为导向的质量管理思想。即从顾客需求确认到产品（服务）输出确定，再到过程要素分析以及输入条件的要求。

尽管 QFD 并不能确保成功，但它大大地提高了获得成功的可能性。质量功能展开的程序有以下几个步骤：

第一，顾客需求展开；

第二，关键顾客需求确定；

第三，技术要求（质量特性）展开；

第四，质量表编制；

第五，关键质量特性确定（输出质量设定）。

这种思想可以应用到企业管理的各个环节和层面，具体应用到采购质量管理过程中就要按以下步骤进行：首先明确采购服务的内部顾客是谁（一般是生产企业的生产部门，也可以是流通企业的销售部门）；需要什么；据此科学选择供应商；对采购来的物料或产品进行检验；最后针对检验中出现的问题确定改进方向。当然如果需求改变，以上工作应重新进行。

【本章小结】

本章对采购质量管理的有关管理和常用技术进行了系统地阐述。首先，简单讲述了采购质量、采购质量管理以及全面质量管理的有关概念和内涵；在此基础上，系统论述了采购质量管理的原则、作用和内容；最后，对采购质量管理的常用技术进行了系统详细的阐述。

【案例分析】

齐二药假药案

沸沸扬扬的齐齐哈尔假药案目前已暂告一段落。为彻底了解这起危及生命安全的公共卫生事件真相，《财经》杂志记者分为四路，在黑龙江省齐齐哈尔市、江苏省泰兴市、广州市和北京市四地同时展开调查。

采访中发现，这起看来极为偶然的事故背后，实则聚合了很多因治理和体制弊端所引致的必然因素。一个获得国家 GMP 认证的药厂，生产出表面上安全合格的药品，堂而皇之地通过合法的流通渠道，走向亟待得到救助的患者，最终成为杀人的毒药，如此漫长的安全关卡逐个失守，生产者之治理混乱、自律缺失令人痛心，其间的监管缺位更令人愕然。5 月 29 日一期的《财经》杂志以封面文章的形式全面详尽地披露了这一事件的诸多真相。

《财经》报道，齐二药假药案的直接原因，就是该厂出产的亮菌甲素注射液，在生产过程中用有毒的工业原料二甘醇取代了丙二醇作为药用辅料。

据调查，齐二药采购员纽忠仁通过互联网上的供求信息找到江苏泰兴的王桂平。王在专业网站上发布的"药用丙二醇"的供货价格明显低于市场平均价格，吸引了纽忠仁的注意。双方从洽商到成交十分顺利，其间虽屡有电话往来，但始终未曾谋面。而王桂平实际上是以工业二甘醇冒充药用丙二醇。

据一位大型药厂的负责人介绍，一般而言，药厂在采用一种新的原料或确定一家新的供货商时，第一步是要求对方先送样品，企业要对样品进行检测，确认是否符合企业标准（一般高于国家标准）；第二步是验厂，即相关负责人要实地考察原材料生产厂家，包括其资质、生产流程以及设备等是否符合国家标准，能不能达到质量标准要求。他再三强调，"验厂"" 是药企每签订一份供货合同前都必须要经过的程序。

有业内人士透露，实际上，真正能够做到上述要求的药企并不多见。之所以省去验厂环节，无非是为了"节约生产成本"的考虑。在齐二药假药案中，悲剧的种子就此埋下。

有关调查显示，作为采购员，纽忠仁唯一的"验厂"程序，是向千里之外的王桂平索要了一套其有关证照的复印件。事后证明，这套由王桂平提供的所谓证照，均系王桂平伪造。

据知情人士介绍，纽忠仁对王桂平提供的证照也并非完全放心。但他并没有通过药监或工商部门进行核对，而是给他在泰兴的一位"朋友"打电话，询问王桂平的情况。

2005 年 9 月底，王桂平的一吨二甘醇以丙二醇之名，经过数天辗转到达齐二药。疏漏再一次发生——检验环节的失效，最终为大祸的酿成开放了绿灯。

按规定，原料进入生产环节之前，必须经过检测。业内专家告诉《财经》记者，规范的药品企业都会备有丙二醇的标准样品，检验时，将标准样品和待检物质同时做红外光吸收测试，然后把两份图谱进行对照。此外，也可以购买一本国家发行的标准图谱集，将待检物质的红外图谱与之对照。

据企业内部工作人员透露，齐二药的检验室中根本就没有可比对物——既没有丙二醇的标准样品留存，也没有标准图谱集。于是，所谓的"检验"——没有结果的对照——便十分荒诞，完全流于形式。

从采购到进厂后的检验，齐二药有制度规章而无人监督执行，于是，检验报告单上有时任齐二药室主任陈桂芬最终签字、标注了"符合规定"的五桶二甘醇，以丙二醇的名义轻轻松松地进入了齐二药的库房。

"对于一个通过了药品 GMP 认证的企业来说，采购、检验环节所出现这些问题简直就是不可思议。"一位业内专家指出。

《财经》在采访中获悉，齐二药在 GMP 认证过程实则存在造假行为。

一位在齐二药生产车间负责半成品检测的老职工向记者透露，生产时普遍存在使用原料的规格不符合国家标准规定的现象，即"降标使用"；以及为节约成本对药品最基本的活性原料采取"低限投料"等问题。但 GMP 认证过程时，这些真实的情况全部被掩藏起来，"我们有时甚至不得不在检查前连夜编造（符合规定的）检验记录。"

齐二药的职工承认，GMP 助了齐二药一臂之力，成为其打开市场的重要砝码。获得 GMP 认证并未对其规范生产起到实效，而只是为其披上了一层护身符。

（本案例来自《财经》）

分析

本案例说明以下两个问题：

1．采购质量管理对企业的重要性。

2．采购质量管理的三方面内容都具有重要作用。

【思考题】

1．全面质量管理的概念和内涵是什么？

2．采购质量管理的原则、作用是什么？

3．采购质量管理的内容是什么？

4．采购部门质量管理的任务是什么？

5．采购质量管理的常用技术有哪些，如何使用？

第 8 章　采购决策与法规

【学习目标】

1．了解采购决策的含义、特点、作用、原则
2．熟悉影响采购决策的各种因素
3．了解企业文化和采购的关系
4．了解与采购相关的法规
5．全面掌握采购决策的程序

8.1　采 购 决 策

8.1.1　采购决策

1．采购决策的含义

采购决策是指根据企业经营目标的要求，提出各种可行方案，对方案进行评价和比较，按照满意性原则，对可行方案进行抉择并加以实施和执行的管理过程，是企业决策的重要组成部分。

2．采购决策的特点

（1）预测性。主要是指对未来的采购工作做出预知和推测，应建立在对市场预测的基础之上。

（2）专业性。产品在质量表现因素、使用方向、过程、安全因素、价格等多方面都有某些特有的专业性，而且也正是由于这种专业性要求，客户都会安排专业人士来实施产品采购，包括市场考察、选择产品、商务谈判、合同执行、纠纷处理等各个环节，以确保产品的质量和使用安全。

（3）过程复杂性。在采购流程上都要经过前期考察、报价、洽谈、形成初步意见、报批、签订合同、执行合同等过程，而且有时候一些环节还需要相当长的时间，而且在形成初步意见、报批两个环节中采购单位的决策团体内部很可能有不同意见，甚至需要对前面工作推倒重来，因此相对于其他产品采购来说其决策过程相当复杂，而且时间漫长，有些

材料供应商在一两年甚至更长时间内就开始着手某些项目的营销工作了，这是方面主要是工业品采购的一个显著特征。

（4）目的性。任何采购决策都是达到一定的采购目标。

（5）可行性。采购决策方案应该是切实可行的，否则就会失去决策的意义。

（6）评价性。对各种可行的采购方案进行分析评价，选择满意的方案。

3. 采购决策的作用

企业在生产经营活动中面临着大量的决策问题，也是管理者花费时间和精力最多的工作之一，科学的决策可以把握正确的经营方向，趋利避害，扬长避短，对于提高企业的生存和竞争力具有积极的作用。采购决策除了具有规避风险、增强活力等一般作用之外，还可以发挥以下重要作用。

（1）优化采购活动。采购活动对生产经营过程、产品成本和质量等产生重要影响，为了保证企业各项目标的实现，必须推进采购活动的优化，实现采购方式、采购渠道、采购过程的最佳化，提高采购资源的最佳配置。优化采购活动必须对采购活动涉及的诸多问题进行科学的策划，做出最佳的选择。没有科学的采购决策就不可能产生理想的采购活动。

（2）实现准时采购。准时采购是指供应商“在需要的时间，向需要的地点，以可靠的质量，向生产企业提供需要的物料”。它的核心要素是减少批量，频繁而可靠的交货，提前期压缩并且高度可靠，一贯地保持采购物资的高质量。为了满足及时生产的需要，实行准时采购，而合理的采购决策则使准时采购成为可能。

（3）提高经济效益。在产品的规格、质量、服务等一定的情况下，准确采购可降低进价，减少库存，降低各种费用的支出，提高竞争力，使企业获得更大的利润。采购活动受到诸多因素的影响，各因素之间有特定的关系，任何一种因素处理不好，都可能影响经济效益的提高，采购决策可以正确的处理这些因素之间的关系。

8.1.2　影响采购决策的因素

好的采购工作要求采购部门必须从市场需要和企业经营效益出发，做到采购的质量、数量、价格、货源、落单时间、交货时间合适。为此，必须做好采购商品单品品质、采购价格、采购批量、采购时机等各方面采购决策工作。在做采购决策时，采购部门会受到方方面面的因素影响。

影响企业采购决策主要因素可归纳为七个方面。

（1）环境因素。市场环境和经济前景对产业的发展影响甚大，从而也必然影响到产业用户的采购计划。例如，当经济前景欠佳，风险较大时，产业用户必然要减缩投资，减少采购量，这时供应者只有降价到一定程度，才有足够刺激，使客户愿意购买并承担一定风险。原材料的供给状况是否紧张，也是影响产业用户采购的重要环境因素。一般企业都愿购买并储存较多紧缺物资，因为保证供应不中断是采购部门的主要职责。此外，技术、法律、竞争等环境因素的变化，也都会影响企业的采购，营销者应密切注意，设法将环境威胁转化成营销机会。在我国，国家政策的变化是影响产业投资的一个重要环境因素，这也是企业最难预测和掌握的一个因素。

（2）组织因素。是指企业的营销目标、采购政策、工作程序、组织结构和管理体制等。例如，有的地方规定只许采购本地区的原材料；有的只许买本国货，不许买进口货，或相反；有的购买金额超过一定限度就需要上级主管部门审批等。又如发达国家兴起“准时生产系统（Just-in Time Production Systems）”，即适量及时供货、“零库存”，对产业用户改进采购工作影响极大。

（3）人际因素。企业的采购决策往往受到非正式组织的各种人际关系的影响，采购中心的各个成员在身份、地位、威信和感染力、说服力等方面各有特点，供应者如能够掌握这些特点并施加影响，将有助于获得订单。

（4）个人因素。企业购买者行为是组织行为，但最终还是要由若干个人作出决策并付诸实施。参与采购决策的成员难免受个人因素的影响，而这种影响又因个人年龄、职位、受教育程度、个性和对风险态度的不同而有所不同。

在实际工作中，一般会有采购决策人、相关的财务人员、支持人员、技术人员和实际使用产品的人员参与决策。决策人就是在一个单位中对各项采购作出决定的那些人。决策人通常是高职位者，这类人一般都不愿意在各种表格上签字，因为每签一个字就意味着承担了更多的责任。显然，决策人关心的就是所购买的产品的安全度和可靠性。此外，决策人通常还非常关心投入产出比。供应者在接触决策人的时候，一定要非常专业，让他觉得产品是可信的。只有满足了决策人对可靠性的需求，他才会决定购买，才会在订单上签字。因此，供应者应该给决策人提供大量看得到、摸得着的数据，让他产生安全感，这就是针对决策人的销售方法。在采购决策的过程中，财务人员也会参与，即财务人员或者说是控制预算的人员。财务人员的需求非常简单——只要采购在预算之内，并且符合公司的各种财务流程，财务人员就会支持。在拜访财务人员的时候，首先不要介绍产品，而要先了解你所销售的这类产品是否在客户预算之内客户的财务流程是怎样的。如果客户没有相应的预算，或者采购不符合客户的财务流程，那么供应者就要开发出足够多的理由，让财务人员觉得可以为这个采购而改变财务流程或预算。第三类人员就是在购买活动中的支持人员，即客户内部支持采购行动的人员，他们对销售的帮助可能会非常大。比方说公司的秘书或相关的助理，虽然他们不是决策人，但他们的影响不容轻估。这类人的需求和决策人、财务人员的需求是不一样的，他们的需求就是得到供应者的尊敬。同时，他们也可能有一些小恩小惠的需求，如一件小礼品。因此对待这些支持者一定要非常有礼貌、非常友好，尽量满足他们受尊重的需要。在购买产品尤其是技术产品的过程中，决策人肯定会征求技术人员的意见，或者要求技术人员进行技术审核。那么技术人员的需求就是大量可供分析的技术资料，通过这些资料来判断产品技术是否可靠。在与技术人员的沟通过程中，不需要说太多，重要的是给他大量相关的技术资料，让他从中发现支持购买行为的理由。最后一种影响决策的人就是产品的使用者。其实使用者的需求非常简单，就是产品使用起来一定要尽可能方便。使用者不关心价格，也不太关心售后环节，他最关心的就是产品使用起来是否方便。供应者在见到使用者的时候，一定要了解他怎样进行工作，然后介绍新产品怎样使他的工作变得更加轻松。所以在和使用者接触的时候，一定要现场演示新产品，并鼓励他进行尝试，从中体验一下新产品给工作带来的方便。

因此，供应者应了解客户采购决策相关人员的个人特点，并处理好个人之间的关系，这将有利于营销业务的开展。

（5）商品定位因素。采购中考虑商品定位因素，其目的是要使商品能更好地满足目标市场定位，并使商品之间能互相配套，最大效用地发挥作用。采购操作中主要要求采购员按采购计划选择新的商品。采购计划中的商品种类分布表，往往并不是指具体的特定商品，它是指构成商品种类的单品需要具备哪些条件。除非特殊情况，采购商品时，要根据采购计划要求进行。只有根据计划采购，才能保证商品定位的前后一致性，减少采购工作的盲目性。

（6）商品本身的因素。主要包括机能、感觉、资讯等三个方面的因素。机能是形成商品价值的基础，包括商品的材质、结构、设计、耐久性、使用性、安全性等。感觉方面以造型、外壳、色彩、商品的格调、容器、包装等为主。资讯方面是指商品知名度，具体地说是指厂家及其品牌的知名度。

（7）采购条件因素。它包括价格条件、折扣条件、付款条件、附带服务、供给能力、交货时间等。如材质是否采用适当的材料；构造的设计如何；外观是否装饰得很漂亮；耐久性是否符合要求；是否安全无害；容器、包装、品质与感觉是否适合商品定位；品牌的知名度如何；对商品品种结构的适应；与其他相关系列商品的协调；与周围其他部门商品的协调；与整个商品销售协调采购条件；采购价格是否足够低；现金、数量、累积折扣等；付款方式如何；附带服务，各种服务是否齐全；再订购时能否准确及时交货等。为了方便分析和比较，可以将上述各项指标绘成表格，再进行打分，以此来决定是否引进商品。如果综合评价不到 80 分，或 80 分以上却有两项被评为差，则该商品就不能列入选择的对象（如图 8.1 所示）。

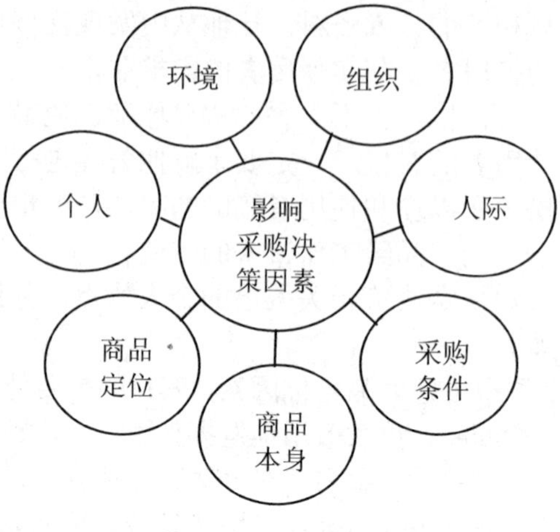

图 8.1　影响采购决策的因素

8.1.3　采购决策的程序

采购决策程序指的是采购决策过程中所形成的各环节、步骤及其活动的总和，是实现采购决策目标的过程和手段。坚持正确的决策程序，依照决策的基本步骤，就要占有大量的资料、数据和信息，集中各方面的正确意见，从社会、经济、技术等方面对多个备选方案进行定性和定量分析，从中确定最优的决策方案和最佳的实施办法。采购决策关系到采购工作的质量，使一项复杂的工作，所以必须按照一定程序来进行。

1. 确定采购目标

这是采购决策活动的起点，是决策过程的第一步。准确的目标是决策的首要标准，这一步骤的主要任务是根据企业的整体经营目标，确定企业的采购目标。确定目标，首先应该明白采购目标的概念、内容（企业现在在做什么？以后打算做什么？能做什么？）；采购目标的时间要求（多长时间做完？具体什么时间做完什么？做到哪个阶段？）；明确各分目标的关系（做什么为主？什么为辅？）；采购决策目标的约束条件（做该事需要的主客观条件是什么？哪些是主要约束条件？哪些是次要的约束条件？哪些条件稍微变化就会影响整体的决策？）以及采购决策目标应尽量用数量表示（要达到目标的可量化而便于运用决策工具做定量分析）。企业的总体目标是实现及时准确地采购，满足经营的需要，降低采购费用，提高经济效益。根据采购目标，可制定采购的具体目标，如订购批量目标、订购时间目标、供应商目标、价格目标等。

2. 收集信息

信息是决策的基础，是为了交流和使用而做的各种数据的全面汇编。准确、及时、可靠的统计数据是采购决策的依据。只有掌握充分的、明确的、及时的信息，并对它进行系统的归纳整理、比较、选择，进行去粗取精、去伪存真、由表及里、由此及彼的加工制作，才能作出科学的采购决策。采购决策的水平和效果与管理过程中流动着的信息的质、量以及利用水平都有着密切的联系。信息价值是帮助决策者在限定的时间内获取、理解和使用它，并对相关采购任务作出科学决策，从而提高管理决策的科学性和合理性。

（1）企业外部信息

① 有关法律、经济政策。包括《合同法》、《反不正当竞争法》、《商标法》等法律以及国家的价格政策、产业政策、外贸政策等。

② 货源信息。物品的市场供求状况，供应渠道，供应商价格、服务、质量、规格品种等资料。

③ 科技信息。尤其与本企业所采购物品密切相关的科技水平发展情况。

④ 运输信息。有关运输的新规定，各种运输方式，运输工具价格等。

⑤ 同行信息。同行从哪里采购，进价是多少，是否有更经济的材料等。

（2）企业内部信息

① 物资需求情况。根据销售计划、生产计划制订需求计划，再结合库存情况，制订采购计划。

② 库存情况。企业库存能力如何、库存费用多少、现有库存状况等。

③ 财务情况。是否有充足的采购资金、采购资金的周转速度和筹集状况等。

④ 采购队伍。采购人员的敬业精神、综合素质、合作精神等。

3. 拟定可行性方案

以企业现有的情况为基础，以可获取的信息为条件，组织有关人员，集思广益，列出可能的准则、方案和不确定性因素，进行敏感性分析以确定进一步进行不确定性处理的关键变量，删除不太重要和关系不太大的因素，在可能的计算条件下进行采购决策，构造寻求满意解的模型，提出各种可行性采购方案，每个采购方案应包括：采购预算、货源渠道、供应商、产品质量、价格、服务、运费、交货期、结算条件等，为企业决策者做出正确的采购决策提供依据。

在拟定方案时应注意：一是拟定的方案应是所有可能实现的方案，不得有遗漏，这是保证最后能选定最优方案的一个重要条件；二是方案之间应是互相排斥的，其间有原则性的差异，非此即彼，否则就无法比较。

4. 分析评估，选择满意方案

这是采购决策过程的关键步骤。方案的选择问题是一个对各种可行性方案进行分析评价的过程。依据一定的评价原则、评价标准、评价方法，运用决策技术对所有备择方案进行可行性分析论证，反复比较、权衡利弊、取长补短，然后运用决断理论从中选出最优决策方案。

具体的评价标准因企业不同以及企业外部环境不同而异。例如，山东日照某企业经销电热毯，货源有本地和外地两种选择，具体情况见表 8.1。

表 8.1 电热毯货源情况表

项目	质量	进货成本
本地	一般	较低
外地	好	较高

对于这种问题的决策，其选择标准因市场供求状况不同而不同。若日照的电热毯供过于求，竞争激烈，则选择外地进货，用优质来竞争；若电热毯供不应求，则选择本地进货较好，因为质量即使一般，也不必担心卖不出去。

实际工作中，即使市场行情一定，不同的企业也会根据自身条件，有不同的评判标准。满意的方案不一定是盈利最大的方案，而是对企业最有利、最切实可行的方案。

采购决策的内容很多，包括供应商的选择、采购渠道的选择、采购品种的选择、规格和质量的选择。采购时机、采购批量、采购价格等的决策，不同的决策内容有不同的决策方法。采购决策的方法很多，有定量决策的方法，也有定性决策的方法。下面介绍两种采购决策的方法：

（1）期望值决策法。这种方法是根据历史统计资料或经验估计出来的未来各种可能发生情况的概率，作出的决策。其依据的原则可以是期望收益值最大准则也可以是期望损失最小原则或其他准则。

例：日照某经销商 2008 年销售带鱼，每箱进货成本 20 元，售价为 35 元，如果当天卖不完，第二天只能降价，每箱卖 10 元，请根据 2007 年同期的销售资料为该经销商的进货批量做决策。详细资料见表 8.2。

表 8.2 2007 年同期销售资料

日销售量（箱）	20		30		40
完成天数（季）	27		45		18

第一步：求概率

日销 20 箱概率=27/（27+45+18）=0.3

日销 30 箱概率=45/（27+45+18）=0.5

日销 40 箱概率=18/（27+45+18）=0.2

第二步：编制决策的收益表值，见表 8.3。

表 8.3　收益表

销售量（箱日） 收益值（元） 进货量（箱/日）	20	30	40
20	300	300	300
30	200	450	450
40	100	350	600

收益值=销售总收入－进货总成本

销售总收入=当天售出箱数×售价+未售出箱数×降价处理价

第三步：求期望值

$$E=PQ$$

日进 20 箱的期望值 E_1=0.3×300+0.5×300+0.2×300=300（元）

日进 30 箱的期望值 E_2=0.3×300+0.5×450+0.2×450=375（元）

日进 40 箱的期望值 E_3=0.3×100+0.5×350+0.2×600=325（元）

第四步：决策

$$\mathrm{Max}\{E_1,\ E_2,\ E_3\}= E_2=375（元）$$

所以，进 30 箱为满意方案。

（2）经理人员意见法。经理人员意见法是先征求部门经理的意见，再做出决策，如果企业要选择合适的供应商，采用经理人意见法，具体步骤是：

① 可征求采购、生产、技术、销售、财务等各部门经理人的意见，各经理按自己的标准给予不同的评分。

② 汇总，按评分淘汰一部分供应商。

③ 让各经理对剩下的供应商打分。

④ 多次反复步骤③，直到选择出合理的供应商。

（3）直接观察法。采购决策者在对简单问题决策时，按一定标准或关键采购标准，淘汰不合格标准的方案，对符合标准的方案按优劣顺序及可行性排列，选择满意方案。

总之，根据采购决策问题的特点，选择一种方法或将几种方法结合起来，能提高采购决策的正确性，减少采购风险。

5. 实施方案与控制反馈

这是采购决策过程的最后一个环节。有了采购目标和满意的采购方法，还要制定具体的实施细则，以使满意方案得以实施。在实施阶段主要应做好以下几方面的工作：编制采购实施计划，把采购决策具体化；组织实施力量，保证采购决策方案的实现；落实实施责任，建立严格的责任制；同时，还应注意收集、整理方案在实施过程中出现的新问题和新情况，建立反馈系统，及时检查发现采购决策方案实施中的问题；纠正决策偏差，必要时进行决策修正或追踪决策，以保证采购目标的实现。

方案的实施是决策的延续，是检验决策、完善决策的基本环节。最后，对满意方案的实施进行检查和分析。实施与反馈过程中，应对实际执行情况与原定决策目标进行比较。如果比较结果表明不能达到原定的决策目标，就要立即进行追踪决策，以使决策方案趋于完善。决策误差的出现是不可避免的，误差出现的原因一般有两方面：一是原来决策本身有漏洞；二是具体实施过程中的执行力不足。无论是什么原因，都应该确定改进的措施，为下一步的采购决策提供依据。上述采购决策程序，可用图 8.2 表示。

最后，值得强调的是，采购决策程序是相对的，不应当是一成不变的，实事求是原则才是其最重要的方面。一个合理的采购决策过程经过步骤，决策者主张不一，有的分得很细，而有的分的很粗，但对大的步骤大致也是一样的。分得细些，便于理解，掌握起来也十分的方便，但却往往不够灵活，很难适应许多的具体情况。分得粗了，却让有的决策者总是不是漏了这就是漏了那。所以，我们应该对采购决策程序有一个正确的理解，活学活用，在运用时注意根据实际具体情况来灵活处理。

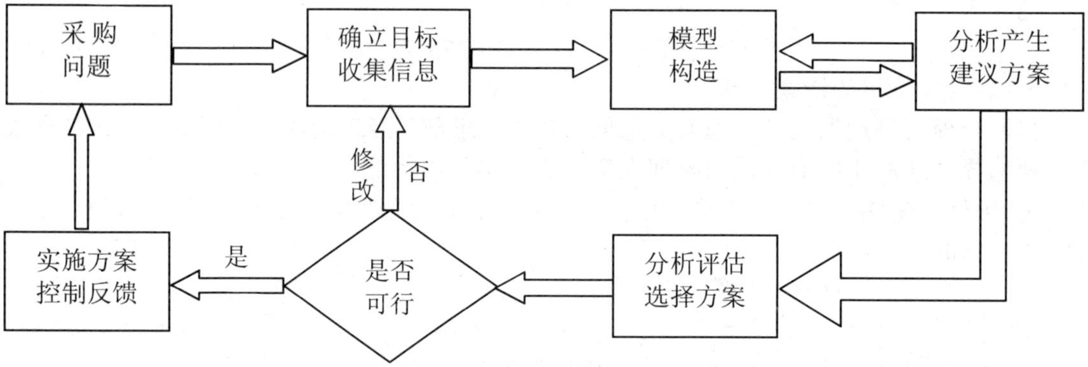

图 8.2 采购决策程序

8.1.4 采购决策的原则

在现代企业采购管理中，不仅有采购决策的基本程序，还有决策需遵循的很多基本原则。如果一个决策者能在决策的各基本程序中融合决策的基本原则，则决策失误的机率就会小很多。因此，必须坚持正确的决策程序和方法，有效避免主观主义，盲动主义以及个人说了算的弊端，使决策人为的失误减小到最低程度，以保证最佳的决策质量，实现最佳的决策目标。

（1）系统原则。系统是指由相互联系、相互制约、相互作用和相互依赖的若干部分，按照一定结构做组成的具有特定功能的有机整体。这一原则要求采购决策整体化、综合化、最优化，全面考虑系统与系统之间，系统与子系统之间的相互联系与相互作用，正确处理局部利益与整体利益之间的关系，眼前利益与长远利益之间的关系，一切从系统整体出发。

（2）可行性原则。可行性原则是指运用科学的程序、方法和技术对决策方案进行可行性论证，预测出其可靠性和可行性。所谓可行性是指在现在有的主客观条件下，采购决策能够实施的程度及其效果。要保证决策可行，首先，决策必须符合客观事物发展规律。因为只有符合规律性的理性东西，才能通过实践变成现实的东西。这就必须从需要与可能、现实与未来、有利因素与不利因素、成功的机会与失败的风险等多方面加以权衡，认真分析比较。其次，要从实际出发，通过对现有人力、物力、财力、科学技术条件以及环境因素和决策实施后可能产生的种种后果进行分析，权衡利弊，在这些条件允许的范围内进行决策。经过论证后，如果可行性大，有把握达到预期目的，说明这个决策是行得通的。由于客观条件千变万化的，存在着许多预想不到的随机性，所以，可行性也具有相对性。因此，决策应留有充分的余地，或准备必要的备用方案。保证采购决策切实可行，并能够达到预期目标。

（3）信息原则。要做出一项决策，首要的便是进行必不可少的调查研究，收集信息，并对信息进行系统分析，科学预测，以确定合理的决策目标。企业搞市场调查，为的是获得信息，但必须清楚只搞调查，不去分析是不行的。因为调查、观察得来的信息多是现象构成的，且有不少假象。一旦被假象所迷惑，企业便可能走错了路。同时，只搞调查，不搞信息管理也不行。因为调查得来的信息是无序的，有真有假，有有用的也有没有用的，有对这个企业有用但对那个企业没有用的。调查只是第一步，而不是全部。调查研究为的是获得准确而全面的信息，决策的科学性与信息准全性是成正比的。要使主观认识符合客观实际，做出正确的判断、决策，就要深入实际、调查研究，掌握充分可靠的信息。只有信息齐全，决策才有依据，作决策才是顺理成章的事。因此，在作决策之前一定要充分地搜集、发掘、观察和分析各方面的信息情报，借助信息来发现问题，确定目标，评估优劣，制订方案。唯有坚持主观与客观高度、能动、持续的统一，决策才能具备最起码的科学性。

（4）比较选优原则。首先要有多个备选方案，这些备选方案应在通向目标的途径、实施措施等方面有明显差异，以便相互可以比较。其次，要对这些备选方案进行科学评估，选择那些得利最大、弊端最小，可靠性最大、风险最小的方案。

（5）"外脑原则"。管理者面对多层次、多功能、结构复杂、瞬息万变的社会，要作出科学决策，就必须在决策过程中充分发挥民主，倾听参谋、顾问、智囊团、思想库的意见，发挥集体智慧。

（6）创造性原则。创造性原则是指采购决策者应经常以创造性的思维，不断变换思维方法，从多角度、多侧面对新问题求解，通过采用新的决策方法对现实需要解决的问题，不断提出独到的见解。因为，只有创造性的胆识，才有创造性的决策，才有事业的发展。值得提出的是，每个企业都希望创新，但创新中也有误区，一旦步入误区，不但会造成经济损失，也会降低一个企业在采购供应链中的原有地位。创新不仅仅要求“新”、求“异”、更应当求“好”。创造性原则也是建立在实事求是原则的基础上的，不是胡思乱想，只有以客观条件和科学为根据，以科学方法为前提，才是真正的创新。

除此之外，采购决策还有合理性原则、稳妥性原则、整体优化原则、决策民主性原则、自主性原则、平衡性原则、反馈原则等。

8.1.5 信息技术与供应链管理模式下的采购决策

目前的市场需求对企业物流运作提出了越来越高的要求，很多企业为了满足市场需要和生产计划的需要，开始站在供应链的高度通过整合信息流、资金流和物流来实现整体运作效应。同样，供应链管理模式下的采购决策也成为企业面对新经济环境下所必须研究的重要课题。

供应链管理模式下的采购决策强调的是及时、可靠和科学性。如果仅仅依靠人工去完成大规模的统计与分析工作是非常不现实的。因此，信息技术以其无可比拟的优势将采购决策工作水平进行了大大的提升。一方面，信息技术能够适时、准确的传递信息，另一方面，软件系统能够在短时间内对原始信息进行处理并生成有价值的决策信息。这两个方面都为科学的采购决策提供了极大的便利。而且由于信息技术的普及，使得 B2B 采购模式（企业间采购）变得更加方便，在类似电子集市的工作环境下，企业可以准确方便的寻找供应源，丰富了供应渠道。同时电子采购模式也在被推广进企业的相关领域，通过电子采购，使得 VMI（供应商管理库存）等模式变为了可能。同时，由于 XML 等新技术的出现也将采购工作的工作深度和水平进行了深度的提升。

8.2 企业文化与采购的关系

8.2.1 企业文化

1. 企业文化内涵

美国历史学家戴维·兰德斯在《国家的穷与富》一书中断言：“如果经济发展给了我们什么启示，那就是文化乃举足轻重的因素。”很多企业都认识到企业文化的重要性，但也有一些企业在塑造企业文化过程中，并不能切实发挥企业文化作用，只是把企业文化当做一种“面子工程”” 来建设。一些人总认为，穿上名牌服装就能成为贵族，说文化就能给脸上贴金，就能提高品位，反而把自己打扮的不伦不类。文化不是单纯的文字化，不是书写出来就是文化；文化不是一喊就文化了；文化不是规定一下就文化了；文化不是有知识就文化了。文化必须认同了的，是团体的认同了的，是刻骨铭心的，是自觉行动的。这里的“文”是一种观念性占主导的，而不是知识性占主导的，其核心是价值观；这里的“化”就是认同，就是自觉，就是内在化。搞企业文化的管理者必须清楚，当你的倡导成为员工的共识时，才能称得上企业文化。正像海尔当初的“不准随地大小便”是规定、是制度而不是文化，而“真诚到永远”为全体员工所认同、铭记、自觉遵守，就成了文化。企业生存管理专家、企业未来生存管理理论创始人邓正红先生认为，企业文化需要通过统一员工思想，规范其行为，增强团队凝聚力，共同为企业创造实实在在的价值。在基本生存阶段，企业文化要以效益为导向，必须为企业创造实实在在的效益，而不是一种单纯成本投入，更不是一掷千金后只换来“面子”上的鲜亮。企业文化需要长时间沉淀，不是依靠主观意志，所谓一次性的“企业文化急行军”，是很难在短期内快速形成的。

因此，企业文化是指企业员工在从事商品经营活动中所共同具有的理想信念、价值观念和行为准则，是外显于厂风厂貌、内显于员工心灵中的以价值观为核心的一种意识形态。

2. 企业文化作用

一般来说，企业文化具有以下五个方面的作用。

（1）企业获利的核心作用。企业以销售利润为生存的根本，销售利润靠人来实现，而要实现人的创造力，靠的就是企业的文化。有文化就有利润，有利润就有企业的长治久安，就有企业的发展动力。哈佛商学院通过对世界各国企业的长期分析研究得出结论：“一个企业本身特定的管理文化，即企业文化，是当代社会影响企业本身业绩的深层重要原因”。企业文化是企业发展的核心因素。因此，打造一个好的企业文化就是成就一个非凡的企业管理者最核心的任务。谁拥有文化优势，谁就拥有竞争优势、效益优势和发展优势。企业文化学的奠基人劳伦斯·米勒说过，今后的 500 强企业将是采用新企业文化和新文化营销策略的公司。企业家不可沉湎于过去或现有的成功，必须不断地扬弃过去、超越自我、展望未来，建立新的企业价值观和企业文化。

（2）利益驱动作用。企业文化与利益有关系吗？我们认为制度（正式和非正式的）是企业文化赖以生成的重要条件这样一个基本观点。然而，我们再进一步思考：为什么制度能够驱动组织人去努力工作，或者起码不违背企业的基本制度？许多可以不接受企业制度、可以获得较多自由的人，为什么可能自愿地接受企业制度的约束？答案是：遵守或者不违背制度，能够获得利益，而且能够获得比一个人、在任何自由的情况下所获得的都多一些的利益。实际上，关于这一点，制度经济学尤其是新制度经济学已经给了我们很好的答案。不管是经济人假设，还是社会人假设、人的有限理性，都将人的趋利行为作为组织制度建设的基本条件。

（3）导向作用。即把企业员工引导到确定的目标上来。企业文化作为团体共同价值观，与员工必须强行遵守的、以文字形式表述的明文规定不同，它是一种软性的理智约束，通过组织的共同价值观不断地向个人价值观渗透和内化，使企业自动生成一套自我调控机制，以一种适应性文化引导着企业的行为和活动。优秀的企业文化，应该以人为本，以顾客为中心，努力服务社会，同时，平等对待员工，平衡相关者的利益，提倡团队精神，并鼓励创新。

（4）约束作用。即成文的或约定俗成的厂规厂风对每个员工的思想、行为都起很大的约束作用。

（5）凝聚、整合作用。即用共同的价值观和共同的信念使整个企业上下团结。企业文化通过培育员工的认同感和归属感，建立起员工与企业之间的相互信任和依存关系，使个人的行为、思想、感情、信念、习惯以及沟通方式与整个组织有机地整合在一起，形成相对稳定的文化氛围，凝聚成一种无形的合力，以此激发出企业员工的主观能动性，并未企业的共同目标而努力。企业文化建设的核心目的，就是启动所有员工的工作积极性和主动性。

（6）融合、适应作用。即对员工潜移默化，使之自然地融合到群体中去。企业文化能从根本上改变员工的旧有价值观念，建立起新的价值观念，使之适应企业外部环境的变化要求。一旦企业文化所提倡的价值观念和行为规范被成员接受和认同，成员就会自觉不自觉地做出符合组织要求的行为选择，倘若违反，则会感到内疚、不安、或自责，从而自动修正自己的行为。因此，企业文化具有某种程度的强制性和改造性，其效用使帮助组织指导员工的日常活动，使其能快速地适应外部环境因素的变化。世界 500 强企业管理演变的历史也证明，那些能够持续成长的公司，尽管它们的经营战略和实践活动总是不断地适应着变化的外部世界，却始终保持着稳定不变的核心价值观和基本目标。这种在不断发展的过程中又能保持其核心价值观不变，正是世界 500 强企业成功的深层原因。

（7）辐射作用。指企业文化不但对本企业，还会对社会产生一定的影响。

8.2.2 企业文化与采购的关系

企业文化对员工能起到利益驱动的作用，使不同的员工在商业观念、价值观方面上有很大的差异，价值体系的核心构造就不同，人格取向也不同，某些观念及价值观是极易滋生采购腐败的温床，会影响领导的采购决策。所以企业应要求员工首先为企业的利益着想，而不是把个人利益放在首位，抑制采购腐败是采购人员管理最基本的要求。

采购活动的质量首先是采购人员素质的体现。在做采购决策时，会有采购决策人、相关的财务人员、支持人员、技术人员和实际使用产品的人员参与决策，良好的企业文化对员工的思想、行为都起很大的导向和约束作用，对决策人做决策有很大的影响，影响到决策的可行性。在一些大型的工业跨国公司，一般都有针对采购人员的跨国培训团队。这些团队分布在地区总部或集团总部，培训师则从那些优秀的采购人员中选拔或高薪外聘。培训的内容包括：采购的理论与技巧、谈判技巧、法律、货币和财务知识、产品知识和内部业务流程等。培训的方式则极为灵活，很少采用讲课或理论探讨的方法，一般都是采购人员现身说法，用发生在自己身上的事例作为活教材，进行集体探讨，而培训师则精心进行组织和总结。一些跨国公司还利用岗位轮换的方法来培训那些有潜力的采购部门的雇员。一个采购主管晋升到采购经理之前，有些公司会把他送到生产、计划或后勤部门进行几个月的实习。所以企业应该建立采购人员的培训体系，提高采购人员的素质。

首先，企业文化会影响采购人员的素质，采购人员的素质对采购活动的质量有较大的影响。企业文化对员工能起到利益驱动的作用，使不同的员工在商业观念、价值观方面上有很大的差异，某些观念及价值观是极易滋生采购腐败的温床，会影响领导的采购决策。所以良好的企业文化对员工的思想、行为都起很大的导向和约束作用，对决策人做决策有很大的影响，影响到决策的可行性，这就要求员工要为企业的利益着想，而不是把个人利益放在首位，抑制采购腐败是采购人员管理最基本的要求。

其次，企业文化上的差异，会影响采购策略。不同的企业隐含着不同的文化背景和价值观念。有的强调个人价值，强调企业的最大利润；有的强调社团价值，强调企业的感情投资。这影响采购人员的作业程序，影响采购供应链上的相关节点的策略。尤其作为市场经济基础的跨国公司最充分地体现着文化与采购的关系。跨国公司通常拥有雄厚的经济实力，全球经营战略更为其提供了发展机会。但由于多元的国际企业文化环境的差异，总会导致跨国公司采购市场机会的损失和低效率，从而难以实现预期收益。比如某一决策在理论上无可挑剔，在实施中却遇到重重阻碍；同一采购决策，在甲贯彻实施效果颇佳，在乙地却未必得心应手。这种因为企业文化的差异造成的摩擦是难以通过相同的采购策略来解决。所以跨国采购行为，适应在不同的企业文化背景下开展业务。

此外，企业文化的设计还会影响到采购管理控制系统和采购评估体系的建立等方面。

8.3　与采购相关的法规

没有规矩，无以成方圆。无论是企业还是政府的都有一定的标准，采购活动都必须受到法律的制约与保护。标准化是人类社会实践活动的一部分，标准化活动几乎渗透到人类社会实践活动的一切领域，成为人类社会实践活动不可缺少的内容。标准化活动在同其他社会实践活动相结合的过程中，它的基本功能是总结实践经验，并把这些实践经验规范化，普及化。标准化是对实践经验的总结、优化与普及。实践证明，标准化的推行，能够有效地利用现代技术与管理手段，通过集约化的方式，提高产品质量、工程质量与服务质量。同样，政府采购也需要行业自身的质量保证体系，运用一系列的标准化操作流程、标准化工作要求，来规范采购行为，提高采购质量。

8.3.1 采购法规的作用

（1）确保采购质量。采购本身是一项规范化的工作，作为采购程序主要执行部门，有规范化的操作规程来规范采购行为，可以确保采购质量。

（2）为采购人员提供避嫌保护。建立政府采购标准化运作体系，既是对采购实践经验提炼升华与发扬光大，同时又约束了采购人员主观性的肆意放挥，采购人员按规则操作，采购结果依规则生成，避免了众多人为因素的影响。因此，在确保采购质量的同时，也为采购人员提供了避嫌保护。

（3）遏制腐败。在所开展的各类采购活动中，如若缺乏完善的监督和管理机制，就容易出现商业贿赂和产生腐败以及行贿（索贿、钱权交易）等贪污与吃回扣等问题。

（4）采购操作规程的标准化。一是采购单位的申报及审核程序标准化。目前，一些地区的政府采购申报和审批程序，过于烦琐，极大影响了政府采购效率。对已经部门预算批准的政府采购项目，在批准的预算内，应有采购单位直接申报，免于审批。同时应充分利用现代信息技术，开发统一的部门预算、政府采购和国库集中支付的应用系统，方便采购单位，提高行政效率。二是采购方式的申报和审批程序标准化。采购方式的审批是政府采购监督管理部门对政府采购监督管理的主要内容之一，应制定统一的申报格式，规范审批程序。三是采购信息的公告程序标准化。对于信息公告，尽管财政部颁发了《政府采购信息公告管理办法》，但由于部分条款缺乏实际操作可行性，各地执行很不统一。一些地区对采购信息实行可公开的公开，有难度的不公开，甚至暗箱操作，公布格式差异较大，供应商获取采购信息的渠道不固定。四是各种采购方式的操作规程的标准化。目前一些地区制定了公开招标和邀请招标的采购程序，但各地差异较大，特别是开标和评标程序应公布那些内容，具体应有哪些步骤，应有哪些人员参加，评委会是否在开标时公布，以及评委会的具体职责等等。目前在具体的评标过程中，出现评委会修改评标办法，甚至出现为了满足采购单位的要求，评委会修改评标标准。

采购文件的标准化。一是采购信息公告的标准化。包括政府采购信息公告类别、内容、格式、公布信息的时间要求等。二是招标文件及合同文本的标准化。招标文件是采购的主要依据之一，招标文件制作的是否规范，条理是否清晰，逻辑是否严密，评标办法是否合理科学，直接影响到投标人对招标项目的理解及投标的积极性。因此，国家应制定统一的招标文件的标准格式，规范招标行为。政府采购合同是根据招标结果与中标供应商签定的法律文本，对采购人和供应商均具约束力，由于供应商在政府采购当事人中是弱者，应防止政府采购合同中的霸王条款，规范政府部门的行为。三是评标办法的标准化。评标办法是招标文件的组成部分，也是确定中标供应商的重要依据。作为交易规则，评标办法制定的是否合理、科学，直接影响到政府采购的效果以及公正。但由于政府采购涉及的领域较多，不可能用一两种办法来统一。因此，应按照政府采购集中采购目录，分门别类制定各种不同类型项目的评标办法。如建筑工程评标规则、电梯项目评标规则、中央空调评标规则、大型计算机评标规则等。同时政府采购管理部门应将各地典型招标案例整理归集，逐级上报，由财政部汇总审核后下发各地，作为指导各地政府采购工作的范本。

8.3.2　与采购相关的法规

一般说来，政府采购的规模比商业采购的规模要广泛，在程序上也相当严密，涉及财政预算、招标投标、合同签订、质量验收、审计检查等各个方面，尽管《中华人民共和国政府采购法》正是规范政府采购活动的基本规矩，是保证中华人民共和国境内的一切政府采购活动顺利开展的法律准绳，但这不单是《政府采购法》能够规范的，必然涉及《预算法》、《招标投标法》等其他法律法规。主要包括以下法律法规。

（1）《中华人民共和国政府采购法》，由中华人民共和国第九届全国人民代表大会常务委员会第二十八次会议于 2001 年 6 月 29 日通过，自 2003 年 1 月 1 日起施行。

（2）《中华人民共和国招标投标法》，由中华人民共和国第九届全国人民代表大会常务委员会第十一次会议于 1999 年 8 月 30 日通过，自 2000 年 1 月 1 日起施行。

（3）《中华人民共和国预算法》，由中华人民共和国第八届全国人民代表大会第二次会议于 1994 年 3 月 22 日通过，自 1995 年 1 月 1 日起施行。

（4）《中华人民共和国预算法实施条例》，于 1995 年 11 月 22 日国务院第三十七次常务会议通过。

（5）《中华人民共和国产品质量法》，1993 年 2 月 22 日第七届全国人民代表大会常务委员会第三十次会议通过，根据 2000 年 7 月 8 日第九届全国人民代表大会常务委员会第十六次会议通过《关于修改〈中华人民共和国产品质量法〉的决定》修正。

（6）《中华人民共和国反不正当竞争法》，1993 年 9 月 2 日第八届全国人民代表大会常务委员会第三次会议通过，自 1993 年 12 月 1 日起施行。

（7）《中华人民共和国价格法》，由中华人民共和国第八届全国人民代表大会常务委员会第二十九次会议于 1997 年 12 月 29 日通过，自 1998 年 5 月 1 日起施行。

此外，还有《政府采购货物和服务招标投标管理办法》、《中华人民共和国合同法》等，以及《WTO 政府采购协议》、《世界银行贷款项目采购管理暂行规定》等国际法规，《上海市政府采购管理办法》、《四川省政府采购暂行办法》、《深圳经济特区政府采购条例》等地方法规。

【本章小结】

本章对采购决策和与采购相关的法规进行了系统地阐述。简单讲述了采购决策的含义，采购决策是指根据企业经营目标的要求，提出各种可行方案，对方案进行评价和比较，按照满意性原则，对可行方案进行抉择并加以实施和执行的管理过程，是企业决策的重要组成部分。讲述了采购决策的特点：预测性、专业性、过程复杂性、目的性、可行性、评价性，以及采购决策的三个主要作用。重点讲述了采购决策的程序，主要有：确定采购目标；收集信息；拟定可行性方案；实施方案与控制反馈。

在此基础上，系统论述了企业文化内涵、作用，以及与采购的关系。最后，对采购相关的法规进行了详细的阐述。

【案例分析】

采购决策模式的合理化

在《国际电子商情》2007年分销商调查颁奖现场讨论中，华强三洋电子公司研发经理谭轩文介绍说，该公司元器件供应商选择60%由采购部门定，40%由研发部门定，采购每个月都会推荐供应商，研发部门从推荐的供应商中选择方案。他认为主要是由于工程师日常工作是研发，没有时间研究供应商，而采购部门则会更专注于对供应商的研究。深圳科陆公司采购经理张继光亦表示，该公司元器件供应商选择也基本上是采购部门主导，采购提供供应商名单给研发、同时研发也会向采购推荐一些供应商，供应商名单每个月都会更新，其中采购部门的决策权相对较大。在选择供应商时，对其物流的评估很重要。他解释，现在有越来越多的消电子产品是小批量，多品种，这要求我们的供应商能做出快速响应。所以，有时我们对供应商的评估，物流比技术支持更重要。

事实上，采购部门在元器件的采购决策上起着非常重要的作用，有企业认为如果让研发工程师自己随意选择的话，会给物流采购带来很多不便。虽然各个厂商的采购流程不同，但随着中国制造商开始采用越来越正规的采购流程，采购部门的重要性突显。一般来说，供应商的确定起码要通过研发、采购、质量以及项目经理的共同签字才能确定。它不是研发工程师一人选型就可以定夺的，需要通过供货质量评审（首件合格率，一次交货合格率）、采购价格评审、交货及时性和服务评审以及元器件可靠性的试验论证等程序。只有这样，才能使企业利益最大化。

在电子产品寿命越来越短、设计周期越来越短、供货及时性要求越来越严格的今天，不再是一个工程师就可决定供应商的时代了，它要求各部门的合作，做出最优的采购决策。

试讨论，哪种采购模式更加合理？

【思考题】

1．试述有哪些因素影响采购决策。
2．分析当地两个企业的采购程序，各有什么异同。
3．谈谈企业文化和采购之间的关系。

第 9 章　采购绩效评估与职业道德

【学习目标】

1．认识商品采购绩效评估的必要性
2．了解商品采购绩效评估的基本要求、目的和条件
3．了解改进商品采购绩效的途径
4．掌握商品采购绩效评估的概念、采购绩效评估指标体系以及评估方式

9.1　采购绩效评估概述

9.1.1　绩效评估的概念

（1）评估。评估（evaluation）：即评价估量，就其本义而言，是评论估量货物的价格，现在泛指衡量人物、事物的作用和价值。

评估是对人和事进行其本质的价值判断，主要是促进人和事的改进与发展，不是简单的横向比较，而是以科学方法从量和质两个方面进行综合分析。

（2）绩效。绩效（performance）：即功绩、功效，也指完成某件事的效益和业绩。

采购绩效就是指采购效益和采购业绩。采购绩效是通过采购流程各个环节的工作能够实现预定目标的程度；根据采购目标的细述，衡量采购效果和业绩要从货物价格与成本、货物质量、采购物流等方面进行考察。

（3）绩效评估。所谓绩效评估，就是根据一定的目的和标准，采取科学的态度和方法，对绩效进行质和量的价值判断。

绩效评估一般具有以下特征：一是具有客观性，即在明确的目标下，以评估标准客观地衡量业绩和相关资料，有科学的测量、评估工具与技术支持；二是具有广泛性，包括完成业绩的各个领域；三是有一个组织过程，由确定目标、搜集资料、形成判断、指导行动等环节所构成的连续活动；四是有一个价值判断过程，用价值观念对业绩进行描述，进而判断评定。

9.1.2　采购绩效评估的基本要求

美国采购专家威尔兹对采购绩效评估的问题，曾提出下列看法。

1. 采购主管必须具备对采购人员工作绩效进行评估的能力

采购主管对商品采购工作负有领导和监督的责任，因此采购主管的业务素质和道德素质对整个采购工作的优劣起到非常重要的作用，有效合理地对采购人员工作绩效进行评估是一名采购主管所必备的能力。

2. 采购绩效评估必须遵循以下基本原则

（1）持续性。评估必须持续进行，要定期地检讨目标达成的程度，当采购人员知道会定被评估绩效，自然能够致力于绩效之提升。

（2）整体性。评估必须以企业整体目标的观点，来进行绩效评估。

（3）开放性。采购作业的绩效，会受到各种外来因素所左右。评估时，不但要衡量绩效，也要检讨各种外来因素所产生的影响。

（4）评估尺度。评估时，可以使用过去的绩效为尺度，也可作为评估的基础，更可以与其他企业的采购绩效比较的方式，来进行评估。

9.1.3 采购绩效评估的目的

许多企业与机构，到现在仍然把采购人员看作"行政人员"，对他们的工作绩效还是以"工作品质"、"工作能力"、"工作知识"、"工作量"、"合作"、"勤勉"等一般性的项目来考核，使采购人员的专业功能与绩效，未受到应有的尊重与公正的评量。实际上，若能对采购工作做好绩效评估，通常可以达到下列的目的。

（1）确保采购目标之实现。各企业的采购目标互有不同。例如政府采购的采购单位偏重"防弊"，采购作业以"如期"、"如质"、"如量"为目标；而民营企业的采购单位则注重"兴利"。采购工作除了维持正常的产销活动外，非常注重产销成本的降低。因此，各企业可以针对采购单位所应追求的主要目标加以评估，并督促它的实现。

（2）提供改进绩效之依据。绩效评估制度，可以提供客观的标准，来衡量采购目标是否达成，也可以确定采购部门目前的工作表现如何。正确的绩效评估，有助于指出采购作业的缺失所在，而据以拟订改善措施，而收到"检讨过去、策励将来"之效。

（3）作为个人或部门奖惩之参考。良好的绩效评估方法，能将采购部门的绩效，独立于其他部门而凸显出来，并反映采购人员的个人表现，作为各种人事考核的参考资料。依据客观的绩效评估，达成公正的奖惩，可以激励采购人员不断前进，发挥团队合作精神，使整个部门发挥合作效能。

（4）协助甄选人员与训练。根据绩效评估结果，可针对现有采购人员的工作能力缺陷，拟订改进的计划，例如安排参加专业性的教育训练；若发现整个部门缺乏某种特殊人才，则可另行由公司内部甄选或向外界招募，例如成本分析员或机械制图人员等。

（5）促进部门关系。采购部门的绩效，受其他部门能否配合的影响非常大。故采购部门的职责是否明确，表单、流程是否简单、合理，付款条件及交货方式是否符合公司的管理制度，各部门之目标是否一致等，均可透过绩效评估而予以判定，并可以改善部门间的合作关系，增进企业整体的运作效率。

（6）提高人员的士气。有效且公平的绩效评估制度，将使采购人员的努力成果能获得适当回馈与认定。采购人员透过绩效评估，将与业务人员或财务人员同样，对公司的利润贡献有客观的衡量尺度，成为受到肯定的工作伙伴，对其士气之提升大有帮助。

9.1.4 采购绩效评估制度的要求

（1）公开化。企业应以公正无私的立场，来制定采购绩效评估制度，绝不能使绩效评估制度成为采购部门本位主义的产物。

（2）必须切实符合企业的特性。必须带有企业个性色彩，切实符合企业特性。评估制度不是摆设，在制定前要对企业的业务运营进行深入调查，使采购绩效评估制度能和企业实际结合起来，从而发挥最大效用。

（3）评估的目的必须明确化。评估的目的是引导员工行为的指南，明确的目的能使员工加深对制度的理解，保障企业利益最大化。

9.1.5 采购绩效评估的标准

有了绩效评估的指标之后，必须考虑依据何种标准，作为与目前实际绩效比较的基础。一般常见的标准如下。

1. 历史绩效

选择公司以往的绩效，作为评估目前绩效的基础，是相当正确、有效的做法。但只有在公司采购部门，无论组织、职掌或人员等都没有重大变动的情况下，才适合使用此项标准。

2. 预算或标注绩效

若过去的绩效难以取得或采购业务变化甚大，则可以预算或标准绩效作为衡量基础。标准绩效之设定，有下列三种原则。

（1）固定的标准。评估的标准一旦建立，则不再作改动。

（2）理想的标准。指在完美的工作条件下，应有的绩效。

（3）可达成的标准。在现况下，应该可以做到的水平，常依据当前的绩效加以考量设定。

3. 同业平均绩效

若企业其他同业公司在采购组织、职责及人员等方面相似，则可与其进行绩效比较，以辨别彼此在采购工作成效上的优势。若个别公司之绩效资料不可得，则可以整个同业绩效的平均水准来比较。

4. 目标绩效

预算或标准绩效代表在现况下，“应该”可以达成的工作绩效；而目标绩效则是在现况下，非经过一番特别的努力，否则无法完成的较高境界。目标绩效代表公司管理当局，对工作人员追求最佳绩效的“期望值”。

9.2 采购绩效评估分类

9.2.1 采购绩效评估方式

越来越多的企业管理者认识到一个采购部门在整个企业中发挥的巨大作用，尤其是一个配备了有能力的雇员和恰当组织的采购部门。定期合理地评价采购部门的绩效可以节省费用，直接增加企业利润。 采购人员工作绩效的评估方式，可以分为定期和不定期两种评估方式。

（1）定期评估。定期评估是配合公司年度人事考核制度进行的。一般而言，如果能以目标管理的方式，也就是从各种工作绩效指标中选择年度重要性比较高的项目中的几个定位绩效目标，年终按实际达到的程度加以考核，那么一定能够提升个人或部门的采购绩效。并且，这种方法因为摒除了“人”的抽象因素，以“事”的具体成就为考核重点，也就比较客观、公正。

（2）不定期评估。不定期绩效评估，是以专案的方式进行的。比如公司要求某项特定产品的采购成本降低 10%。当设定期限一到，评估实际的成果是否高于或低于 10%，并就此成果给予采购人员适当的奖励或处分。此种评估方法对采购人员的士气有巨大的提升作用，此种不定期的绩效评估方式，特别适用于新产品开发计划、资本支出预算、成本降低的专案。

9.2.2 采购绩效评估方法

采购绩效评估方法直接影响评估计划的成效和评估结果的正确与否。常用的评估方法有：

（1）直接排序法。在直接排序法中，主管按照绩效表现从好到坏的顺序依次给员工排序，这种绩效表现既可以是整体绩效，也可以是某项特定工作的绩效。

（2）两两比较法。两两比较法指在某一绩效标准的基础上把一个员工都与其他员工相比较来判断谁“更好”，记录每一个员工和任何其他员工比较时认为“更好”的次数，根据次数的多少给员工排序。

（3）等级分配法。等级分配法能够克服上述两种方法的弊端。这种方法由评估小组或主管先拟定有关的评估项目，按评估项目对员工绩效作出粗略的安排。

9.3　采购绩效评估指标

9.3.1　采购绩效的衡量

商品采购绩效的衡量可根据采购工作范围的划分、采购能力与采购结果等概括成采购效率指标及采购效果指标两大类。商品采购效率指标是与采购能力相关的衡量采购人员、行政机构、方针目标、程序规章等指标；而采购效果指标是指与采购结果，如采购成本、原材料质量、交货等相关的指标。商品采购绩效衡量的主要范围如图 9.1 所示。

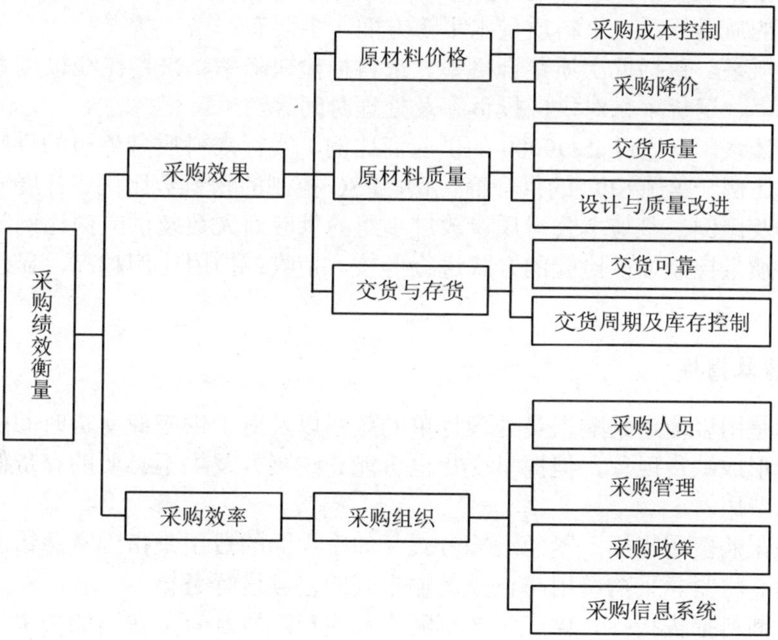

图 9.1　采购绩效衡量

9.3.2　采购绩效评估指标体系

采购人员在其工作职责上，应该达到“适时、适量、适质、适价、适地”等目标，因此，其绩效评估应以“五适”为中心，并以数量化的指标作为衡量绩效的尺度。根据采购专家的经验，具体可以把采购部门及人员的考核指标划分为以下五大类。

1. 数量绩效指标

当采购人员为争取数量折扣，以达到降价的目的时，可能导致存货过多，甚至发生呆料、废料的情况。

（1）储存费用指标。储存费用是指存货利息及保管费用之和。企业应当经常将现有存货利息及保管费用与正常存货水准利息及保管费用之差额进行考核。

（2）呆料、废料处理损失指标。呆料、废料处理损失是指处理呆料、废料的收入与其取得成本的差额。存货积压的利息及保管的费用越大，呆料、废料处理的损失越高，显示采购人员的数量绩效越差。

2. 质量绩效指标

质量绩效指标主要指供应商的质量水平以及供应商所提供的产品或服务的质量表现，它包括供应商的质量体系、来料质量水平等方面，主要有：

（1）来料质量。包括批次质量合格率、来料抽检缺陷率、来料在线报废率、来料免检率、来料返工率、退货率、对供应投诉率及处理时间等。

（2）质量体系。有通过 ISO9000 的供应商比例、实行来料质量免检的供应商比例、来料免检的价值比例、实施 SPC 的供应商比例、PSC 控制的物料数比例、开展专项质量改进的供应商数目及比例、参与本公司质量改进小组的供应商人数及供应商比例等。

若以进料质量控制抽样检验的方式进行考核，拒收或拒用比例越高，显示采购人员的质量绩效越差。

3. 时间绩效指标

这项指标是用以衡量采购人员处理订单的效率以及对于供应商交货时间的控制。延迟交货固然可能形成缺货现象，但提早交货也可能导致买方发生不必要的存货储存费用或提前付款的利息费用。

（1）紧急采购费用指标。紧急运输方式（如空运）的费用是指因紧急情况采用紧急运输方式的费用。将紧急采购费用与正常运输方式的差额进行考核。

（2）停工断料损失指标。停工生产车间作业人员工资及有关费用的损失。除了前述指标所显示的直接费用或损失外，还有许多间接损失。例如，经常停工断料，造成顾客订单流失、员工离职，以及恢复正常作业的机器必须做的各项调整（包括温度、压力等）；紧急采购会使购入价格偏高，质量欠佳，连带也会产生赶工时间，必须支付额外的加班费用。这些费用与损失通常都没有估算在这项指标内。

4. 价格绩效指标

价格绩效是企业最重视及最常见的衡量标准。透过价格指标，可以衡量采购人员议价能力及供需双方势力的消长情形。采购价差的指标通常有下列数种：

（1）实际价格与标准成本的差额，是指企业采购商品的实际价格与企业事先确定的商品采购标准成本的差额，它反映企业在采购商品过程中实际采购成本与采购标准成本的超出或节约额。

（2）实际价格与过去移动平均价格的差额，是指企业采购商品的实际价格与已经发生的商品移动平均价格的差额，它反映企业在采购过程中施加采购成本与过去采购成本的超出或节约额。

（3）使用时的价格与采购时的价格之间的差额，是指企业在使用材料时的价格与采购时的价格的差额。它反映企业采购物资材料时是否考虑市场价格的走势，如果国企业预测未来市场的价格是上涨的，企业应该在前期多储存材料物资；如果企业预测未来市场的价格走势是下跌的，企业不应该多储存材料物资。

5. 效率指标

以上质量、数量、时间及价格绩效是就采购人员的工作效果老衡量，还窠臼采购效率来衡量。

（1）年采购金额，是企业一个年度商品或物资的采购总金额，包括生产性原材料和零部件采购总额、非生产采购总额、原材料采购总额占总成本的比例等。其中最重要的是原材料采购总额，它还可以按不同的材料进一步细分为包装材料、电子类零部件、塑胶件、五金件等，也可按采购付款的币种分为人民币采购额及其比例。

（2）年采购金额占销售收入的百分比，是指企业在一个年度里商品或物资总额占年销售收入的比例，它反映企业采购资金的合理性。

（3）订购单的件数，是指企业在一定时期内采购商品的数量，主要按 ABC 管理法，对 A 类商品数量进行反映。

（4）采购人员的人数，是指反映企业专门从事采购业务的人数，它是反映企业劳动效率指标的重要因素。

（5）采购部门的费用，是一定时期采购部门的经费支出，它反映采购部门的经济效益指标。

（6）新供应商开发个数，是指企业在一定期间采购部门与新的供应商合作数量，它反映企业采购部门的工作效率。

（7）采购计划完成率，是指一定期间内企业商品实际采购额与计划采购额的比率，它反映企业采购部门采购计划完成的情况。

（8）错误采购次数，是指一定时期内企业采购部门因工作失职等原因造成错误采购的数量，它反映企业采购部门工作质量的好坏。

（9）订单处理的时间，是指企业在处理订单的过程中所需要的平均时间，它反映企业采购部门的工作效率。

9.3.3 采购绩效指标体系的设定

商品采购绩效指标设定包括以下几个方面的内容：一是要选择合适的衡量指标；二是绩效指标的目标值要充分考虑；三是确定绩效指标要符合相关原则。

采购绩效指标的选择要同企业的总体采购水平相当。对于采购体系尚不健全的企业，刚开始可以选择批次质量合格率、准时交货等来控制和考核供应商的表现，而平均降价幅度则可用于考核采购部门的采购成本业绩。随着供应商管理程序的逐步健全、采购管理制度的日益完善、采购人员的专业水平及供应商管理水平的不断提高，商品采购绩效指标也就可以相应的系统化、整体化并且不断深化。

确定商品采购绩效指标目标值时要考虑以下前提：一是内外顾客的需求，尤其要满足下游顾客如生产部门、品质管理部门等的需要。原则上，供应商的平均质量、交货等综合表现应高于本公司内部的质量与生产计划要求。只有这样，供应商才不至于影响本公司内部生产与质量，这也是“上游控制”原则的体现。二是所选择的目标以及绩效指标要同本公司的大目标保持一致。三是具体设定目标时既要实事求是、切实可行，又要具有挑战性，要以过去的表现作为参考，更加重要的是与同行的佼佼者进行比较。

商品采购绩效指标体系的选择是否适当，可应于 SMART 检查，即符合明确、可测量化、可接受性、现实可行性以及时间性要求等。

9.3.4 采购绩效考评应注意的几点因素

采购绩效考评往往是各级管理者比较棘手的事情，因为涉及员工的切身利益，如果处理不好，很容易引起员工的抱怨，挫伤员工的积极性，甚至在员工间制造矛盾。怎样使绩效考评从正面发挥激励作用，应注意以下几点。

1. 选取适当的考评内容和方法

应根据各部门的工作性质、标准而定，如营业部门以考核工作效果和业绩为主，职能部门以考核工作行为为主。考评内容要有侧重和针对性。根据考评内容不同，考评方法可采取多种形式，如上级考评、分组考评、相互考评等，以减少考评误差，提高考评准确度。

2. 明确考评标准

应以岗位职责和工作规范为依据，能量化的尽量量化，便于考核、测定和记录。有可能的岗位应以每天的考评记录作为每月考评的参考，避免主观随意性，得出准确的考评结果。

3. 考评结果的反馈

考评结果应向被考评员工反馈，并听取员工反映、说明、申诉。通过上下级之间的沟通，管理者可以及时了解员工的实际工作状况和更深层次的原因，员工也可以了解上级对自己工作的看法、评价及要求，及时采取纠正措施。

4. 增加考评的民主性与透明度

考绩要达到使员工心服口服、诚心接受确非易事。事实上，民主性常常是实现客观公正的必要条件。这是指在制定执行考绩标准时要听取员工的意见，保障员工申诉与解释的权利。透明度即指考绩标准与程度向员工交底，考核结果要向员工反馈。

5. 考绩应克服心理弊病

（1）光环效应。认为一个人有显著的优点，其他方面都好，以偏盖全，不做具体分析。
（2）趋中效应。不愿承担责任或对被评人不熟悉，采取平均主义，都评“中等”。
（3）近期效应。对最近发生的事情印象较深，认为这便是被评者的一般特征。
（4）个人偏见。偏爱自己喜欢或熟悉的人
（5）类己效应。考评者不自觉地将被评者与自己进行比较，以自己作为衡量的标准，这样会产生自我比较的误差。
（6）盲点效应。由于自己有某种缺点，而无法看出被评者也同样有缺点。

9.4　采购的职业道德

各行各业都有相应的道德规范和行业规则或法律准绳。那么，商品采购也不例外，有了《采购法》和相关配套的规章制度，有了对采购活动中的各行为人、责任人的行为规范；更有了法的制约和纪律的监管。孟子认为“诚”者，天道也，思诚者，“人之道也。”(《孟子》)，把“诚”作为自然界和人类社会的最高道德范畴。“信”是中国古代道德规范中的“诚实、不欺”。孔子认为“与朋友交而不信乎?人而无信，不知其可也。”把“信”作为“仁”的重要表现之一。可见，中华民族古老文化中向来就有“诚”与“信”的优良传统，诚信是中华民族的传统美德。每一个人、每一个独立的社会、经济实体都是生活、生存在社会中，都要与他人和其他单位发生关系，而相互间必须遵循一定道德规范，这就要具备一定职业道德。采购人要“爱岗敬业、诚实守信、廉洁自律、客观公正”等职业道德意识和观念，提高采购人的职业道德水平。采购人的基本职业道德就是要公开、公正、公平和诚信地对待采购活动中的每一个当事人和热衷于采购事业，不要讲假话、要一身正气。采购人的职业道德在当今树立科学发展观，构建和谐社会的时期显得尤为重要。

9.4.1 职业道德对于商品采购人员的重要性

（1）政府采购的具体购买行为属于商业性交易活动，作为交易活动的需方主体——采购人，权力较大，作用非凡。

（2）采购人员的职业道德好坏对开展采购活动有着决定性作用。如果采购人员一味追求个人利益或在保护国家和社会公共利益的同时也渗透了个人利益，那么就会导致采购的不公正、不公平，甚至会出现违法现象。

（3）代表着牵头人、组织者的采购人员，在规范好自己言行的前提下，还要督促和制约采购代理机构或其他社会中介机构的采购行为依法按章和规范性；要具备起码的职业道德和行为规范化，不得损人利己、损公肥私。

（4）采购人员要在保证采购价格低于市场平均价的情况下，尽量提高采购效率和采购质量，并追求良好的服务水准；要强化服务意识，坚决抑制商业气息，克服官僚作风，始终把国家利益和社会公共利益放在第一位，当好各采购当事人的满意采购员。

（5）要自觉履行好采购人员的权利和义务，努力规范自身行为，树立良好的形象和职业道德；采购人员一方面要使企业采购受市场规则和法律的约束，实现交易行为的平等；另一方面又要保证企业通过采购增长效益，节约成本。

（6）采购人要用好手中权力，办好企业的事，自觉遵纪守法，树立健全、优秀的采购职业道德风尚。

9.4.2 采购人员要把建立良好的职业道德和构建和谐采购紧密联系起来

（1）采购人员要公平、公正地对待每一个参与采购活动的供应商，要不偏不倚地让拥有潜力和具备资格实力的供应商具有充分参与各项采购的权利；采购人不得“歧视、排外或串通、猫腻”等行为，要消除地区性封锁和行业垄断，促进采购的充分竞争；要从全局和大局出发，破除壁垒，为商品采购营造充分竞争的社会环境。

（2）采购人员要提高商品采购透明度，抑制个人偏好，从根本上消除暗箱操作行为和避免因干预正常采购活动而影响商品采购原则的贯彻落实。

（3）驱除擅自使用涉外性原则，不搞单边开放；采购人员要在保护各当事人的利益同时也要注重保护供应商或其他人的合法权益。

（4）采购人员要理顺管理体制、树立科学发展观和注重发挥部门集中采购的优势，打造品牌采购和和谐采购新局面。

【本章小结】

本章介绍商品采购绩效评估的概念、采购绩效评估的基本要求、采购绩效评估的目的、采购绩效的标准和采购职业道德；重点介绍了商品采购绩效评估指标和评估方式；并阐述了改进商品采购绩效的途径。

【案例分析】

与大型国有企业相比，一些已经克服了体制问题、全面融入国际市场竞争的企业，较容易接受全新的采购理念，这类型的企业中，海尔走在最前沿。

海尔采取的采购策略是利用全球化网络，集中购买。以规模优势降低采购成本，同时精简供应商队伍。据统计，海尔的全球供应商数量由原先的 2336 家降至 840 家，其中国际化供应商的比例达到了 71%，目前世界前 500 强中有 44 家是海尔的供应商。

对于供应商关系的管理方面，海尔采用的是 SBD 模式：共同发展供应业务。海尔有很多产品的设计方案直接交给厂商来做，很多零部件是由供应商提供今后两个月市场的产品预测并将待开发产品的形成图纸，这样一来，供应商就真正成为了海尔的设计部和工厂，加快开发速度。许多供应商的厂房和海尔的仓库之间许多供应商的厂房和海尔的仓库之间甚至不需要汽车运输，工厂的叉车直接开到海尔的仓库，大大节约运输成本。海尔本身则侧重于核心的买卖和结算业务。这与传统的企业与供应商关系的不同在于，它从供需双方简单的买卖关系，成功转型为战略合作伙伴关系，是一种共同发展的双赢策略。

1999 年海尔的采购成本为 5 亿元，由于业务的发展，到 2000 年，采购成本为 7 亿元，但通过对供应链管理优化整合，2002 年海尔的采购成本预计将控制在 4 亿元左右。可见，利益的获得是一切企业行为的原动力，成本降低、与供应商双赢关系的稳定发展带来的经济效益，促使众多企业以积极的态度引进和探索先进、合理的采购管理方式。

同时，由于企业内部尤其是大集团企业内部采购权的集中，使海尔在进行采购环节的革新时，也遇到了涉及“人”的观念转变和既得利益调整的问题。然而，海尔在管理中已经建立起适应现代采购和物流需求的扁平化模式，在市场竞争的自我施压过程中，海尔已经有足够的能力去解决有关人的两个基本问题：一是企业首席执行官对现代采购观念的接受和推行力度，二是示范模式的层层贯彻与执行，彻底清除采购过程中的“暗箱”。

请问：海尔的企业采购制度有哪些值得我们借鉴？

【思考题】

1．采购绩效评估的目的是什么？
2．简述采购绩效评估指标。
3．采购人员职业道德的重要性是什么？

第 10 章　供应商管理

【学习目标】

1. 理解供应计划与风险管理
2. 理解供应商关系、供应商调查与开发
3. 掌握供应商选择与评价
4. 掌握供应链信息系统的操作，了解采购与供应链的发展趋势

10.1　供应计划与风险管理

10.1.1　供应物品需要量的确定

供应物品需要量是指企业在计划期内整个生产经营活动中所需供应的各种物品的数量。供应物品需要量的构成，可按物品的使用方向、相互依赖关系分类。按使用方向分：生产产品、维修、技术改造措施、基本建设、科研和企业管理等所需的各种物品。按物品相互依赖关系分：独立需求和相关需求物品。独立需求，是指需求变化独立于人们的主观控制能力之外，故而其数量与出现的概率是随机的、不确定的、模糊的。相关需求，是指其需求数量和需求时间与其他的变量存在一定的相互关系，可以通过一定的数学关系推算得出。

10.1.2　供应计划的执行

1. 供应计划概念

供应计划是指对企业在计划期内生产经营活动所需各种物品的数量和时间，以及需要采购物品的数量和时间等所作的安排和部署。

企业为取得成功，必须在三个层次上制订战略计划：公司战略计划、业务单位战略计划和职能战略计划。

2. 供应计划的执行

（1）落实资源。按照所需物品中的数量和时间，积极组织采购、加工定制、进口等工作，

做好供应商的选取和评价工作，保证企业在需要时能及时拿到质量适合、数量足够的物品。

（2）控制进货。按照所需物品中的数量和时间，控制供应商的交货时间和数量等。保证企业需用时及时拿到质量适合、数量足够的物品，又使库存量保持较低水平。

（3）组织供应。按照供应计划组织发放物品。分有消耗定额与无消耗定额两类物品的发放。

10.1.3　供应风险管理

在一条供应链中，厂商首先需要采购生产所需的原材料，然后在一个厂区或将原材料分别运往几个不同的厂区进行加工制造，再把生产出来的产品运往某个仓库暂存，最后分期分批将产品运往批发商、零售商或客户。供应链包括供应商、制造商、储运中心、批发和零售商。在这个链条中，通过采购、运输、制造、储存、分销等各环节的相互作用，达到低成本高质量、满足客户需求的目标。

尽管供应链能带来诸多好处，但供应链环节中的企业仍是市场中的独立经济实体，彼此之间存有潜在利益冲突和信息不对称的问题。在这种不稳定的系统内，各节点企业是通过不完全契约方式来实现企业之间的协调，因此供应链存在风险。

1. 供应风险的种类

供应风险即企业在供应环节中受内外因素影响给企业的成本和利润带来的不确定性。在供应链上，风险可以分为两个主要类别：商品流或服务流被打断的风险。在商品或服务上的耗费比预期高的风险。两种风险都影响采购组织的底线并且可能同时发生。

（1）供应中断和拖延。每个采购者都担心供应的中断和拖延发生的可能性。灾难性事件，如地震、龙卷风、战争、洪水和火灾，可能使关键的供应商丧失供应能力。罢工可以改变供应时间的长短，甚至天气、关键路段的意外事故都可能与短期中断有关。其他任何影响供应和运输的至关重要的因素都可能影响进货组织提供良好客户服务的能力。

（2）费用的直接增加。与由供应中断引起的风险完全不同的是那些直接由商品和服务购买成本的变化引起的风险。日用品市场中有一个简单的例子：提高石油价格，会影响燃料、能源或其他要求石油作为关键成分或原材料的产品或服务的支付价格，如购买者签订固定价格合同会发现竞争者竞争能力增强，因为日用品的价格下降了。当前的汇率变化以及缺货和供应中断的威胁也会影响价格，使得供应商的价格无法确定。税收制度、通行税、薪水、关税和税率的变化也将影响价格。

2. 供应风险管理

供应链风险则是由于物资经由供应链流经众多的生产流通企业到用户，产生商流、物流、信息流，涉及运输，储存，装卸，搬运，包装，流通加工，配送，信息处理等诸多过程，其中任一环节出现问题都会造成供应链的风险，影响其正常运作。

（1）供应链风险的分类。供应链风险从不同角度可以分为两类：外部风险和内部风险。外部风险主要指环境风险，包括自然环境风险（如自然灾害）、社会环境风险（如恐怖事件、危机事件）和经济环境风险（如经济萧条、经济大滑坡等）。

内部风险则主要包括三个方面：供应商风险、生产过程中的风险、分发和交付过程中的风险。供应商风险包括供应商生产能力、供应商质量保证体系、供应商社会责任和供应商售后服务等；生产过程中的风险包括设计失败、样品不合要求、生产运转失败、质量不稳定、产品质量不达标和过多过少的库存等；而分发和交付过程中的风险则主要包括运输耗损、发货期错过或延误、包装损耗、客户的退货或产品召回等。

（2）供应链风险管理的四个步骤

① 风险识别

风险识别是对企业供应链面临的各种潜在风险进行归类分析，从而加以认识和辨别。这是供应链风险管理中最重要也最难的部分。任何对风险评估、控制和管理的正确行动都是基于正确的风险识别。那么，如何正确识别风险呢？

首先，我们需要了解风险是什么、和什么因素相关。下面的例子是用一个公式来描述产品的安全风险，影响产品安全风险的主要因素是产品本身存在的潜在缺陷和产品接触人群的机会。计算公式是：产品的安全风险＝产品本身的缺陷×产品接触人群的机会。通过公式可知，即使产品本身存在的潜在缺陷很微小，但如果产品在市场上销量巨大，产品本身很微小的缺陷也就被放大了。因此，其风险依然值得引起我们的注意。

② 风险衡量

运用定量分析法对特定风险发生的可能性和损失范围及程度进行估计与度量。

③ 风险控制

根据风险管理目标，选择恰当风险管理工具，优化组合，规避、转移、降低风险。

④ 实施风险管理

协调配合使用各种风险管理工具，不断反馈、检查、调整、修正，使之更接近目标。常见的风险管理方法主要有以下三种：

- 进行风险转移：通过部分非核心业务外包的方式将风险转移至其他企业，也可以通过和专业风险管理公司合作，及时充分地了解供应链的信息。在供应链中各节点企业之间的信息相对封闭，造成链上企业对需求信息的曲解沿着下游向上游逐级放大。实践中，供应链生产源头和终点需求之间总会存在时间上的延迟，这种延迟导致反馈误解。由于供应链上的企业大多数依据相邻企业的需求进行决策，而并不探求其他成员的信息，造成这种曲解从一点微小差异最终传递到源头时出现不可思议的放大。因此，如何得到准确及时的信息是供应链风险管理的重要因素。
- 优化合作伙伴选择：供应链合作伙伴选择是供应链风险管理的重要一环，一方面要充分利用各自的互补性以发挥合作竞争优势，一方面也要考虑伙伴的合作成本与敏捷性，通过加强伙伴间的沟通和理解使链上的伙伴坚持并最终执行对整条供应链的战略决策，供应链才能真正发挥成本优势，占领更多的市场份额。

- 建立企业成员间的信任和监督机制，增加供应链透明度：企业成员间的信任是供应链赖以生存的基础，但是没有监督的信任却是形成供应链风险的最佳土壤。因此，通过专业风险管理公司的参与，可以建立并完善企业成员间的信任和监督机制，以降低供应链结构成本，减少内部交易成本，促使伙伴成员以诚实、灵活的方式相互协调彼此的合作态度和行为，并使供应链管理层通过不同渠道验证信息的客观性，得到清晰和没有失真的信息，降低成员企业在信息不完全情况下做出错误判断或决策的可能性。

（3）供应链风险防范与对策

① 设计、构建供应链时应充分考虑到风险问题

在最初设计和构建供应链时就应认识到供应链存在风险性，根据其结构、环境等特点分析风险因素，区分风险类别，尽早识别风险，有利于确定风险管理目标，合理选择风险工具。

② 优化合作伙伴选择

供应链合作伙伴选择是供应链风险管理的重要一环。一方面要充分利用各自的互补性以发挥合作竞争优势，另一方面也要考虑伙伴的合作成本与敏捷性。

③ 加强伙伴间的沟通和理解

合作伙伴应将供应链看成一个整体，而不是由采购、生产、分销、销售构成的分离的块功能。只有链上伙伴坚持并最终执行对整条供应链的战略决策，供应链才能真正发挥成本优势，占领市场份额。

④ 建立企业成员间的信任机制

建立企业成员间的信任机制可以降低供应链结构成本，减少内部交易成本。加强契约规定等规范建设，促使伙伴成员以诚实、灵活的方式相互协调彼此的合作态度和行为。

⑤ 增加供应链透明度，加大信息共享程度

供应链透明度指供应链上所有成员从供应链一端看到另一端的能力。如果不能得到清晰和没有失真的视野，就会降低成员企业之间的信任，迫使成员企业在信息不完全的情况下做出错误的判断或决策。

⑥ 加快信息流通速度

加快信息流通速度有利于提高供应链反映速度，提高竞争力。

⑦ 整合供应链流程，提高供应链效率的同时保持供应链的弹性

当今供应链管理强调 JIT 方法，减少库存以降低成本，这种运作模式一旦遇到突发事件或需求有较大波动时就会显得缺乏弹性。因此在注重效率的同时仍应保持供应链适度弹性。

10.2 供应商关系管理

10.2.1 供应商关系管理的概念

供应商关系管理，是企业供应链上的一个基本环节，它建立在对企业的供方（包括原材料供应商，设备及其他资源供应商，服务供应商等）以及与供应相关信息完整有效的管理与运用的基础上，对供应商的现状、历史，提供的产品或服务，沟通、信息交流、合同、资金、合作关系、合作项目以及相关的业务决策等进行全面的管理与支持。

10.2.2 供应商关系分类

根据供应商矩阵分类法，分为商业型供应商、重点商业型供应商、优先型供应商、伙伴型供应商四种形式。

（1）伙伴型供应商。在供应商分类模块中，如果供应商认为本公司的采购业务对他们来说非常重要，其自身又有很强的产品开发能力等。同时该采购业务对本公司也很重要，那么这些采购业务应该对应于“伙伴型的供应商”。

（2）优先型供应商。如果供应商认为本公司的采购业务对他们来说非常重要，但该采购业务对本公司来说却不是十分重要，这样的供应商无疑有利于本公司，是本公司的“优先型供应商”。

（3）重点商业型供应商。如果供应商认为本公司的采购业务对他们来说无关紧要，但该采购业务对本公司来说却十分重要，这样的供应商就是需本公司注意改进提高的“重点商业型供应商”。

（4）商业型供应商。对于那些对供应商及本公司来说均不是很重要的采购业务，相应的供应商可以很方便地选择更换，那么这些采购业务对应于普通的“商业型供应商”。

10.2.3 供应商合作伙伴关系

供应商伙伴关系是企业与供应商之间达成的最高层次的合作关系，它是指在相互信任的基础上，供需双方为了实现共同的目标而采取的共担风险、共享利益的长期合作关系。

面对供应市场的变化与越来越激烈的竞争市场，传统采购的弊端越来越明显：采购过程中信息封闭，供应商和采购方做不到有效的信息共享，影响采购效率，造成采购、库存成本的大大增加；对产品质量、交货期的控制难度大；供需双方的关系未能很好地协调，竞争多于合作，造成了更多的时间浪费在解决日常问题和供应商频繁选择上，未能达成双赢的目的；供应商对用户的需求变化反应迟钝，缺乏应付需求变化的能力。

伙伴型供应商关系包含下列特点：发展长期的、相互依赖的合作关系；这种关系由明确或口头的合约确定，双方共同确认并且在各个层次都有相应的沟通；双方有共同的目标，并为共同目标制订有挑战性的改进计划；双方互相信任，共担风险，共享信息；共同开发、创造；以严格的尺度来衡量合作表现，不断提高。

伙伴型供应商关系中，有一个重要的概念，就是供应商的早期参与和采购方的早期介入。在采购过程的早期，影响价值的机会比后期大得多。供应商与采购方在早期的共同介入将大大改善工艺、设计、再设计、价值分析等活动。缩短循环周期、提高竞争力、降低成本等好处足以使许多企业将供应商纳入自己的职能管理团队。供应商会共同参与拯救企业的活动，或自愿成为继续发展的合作伙伴、联盟关系的一部分。

通过与供应商建立长期合作伙伴关系，可以缩短供应商的供应周期，提高供应商的灵活性；可以降低企业的原材料、零部件的库存水平，降低管理费用、加快资金周转；提高原材料、零部件的质量；可以加强与供应商的沟通，改善订单的处理过程，提高材料需求准确度；可以共享供应商的技术与革新成果，加快产品开发速度，缩短产品开发周期；可以与供应商共享管理经验，推动企业整体管理水平的提高。

10.2.4 建立供应商合作伙伴关系

供应商合作伙伴关系的建立、评价、维护通常需要以下过程。

1. 伙伴型供应商关系的建立途径

与供应商建立长期合作伙伴关系首先要得到公司高层领导的重视与支持。企业高层管理者要意识到供应商管理是整个公司业务管理中最重要的有机组成部分，要决心支持采购等部门发展供应商的长期合作伙伴关系，然后才能开展具体的工作。

建立长期合作伙伴关系要经过以下几个步骤。

（1）采购部门要在对供应市场调研的基础上，对有关部门的采购物品进行分析、分类，根据供应商分类模块，确定伙伴型供应商对象。

（2）根据对伙伴型供应商关系的要求，明确具体的目标及考核指标，制定出达到目的的行动计划。这些行动计划必须在公司内部相关部门进行充分交流并达成一致，同时要完全取得供应商的参与认可，并经双方代表签字。

（3）通过供应商会议、供应商访问等形式对计划实施进行组织和进度跟进，内容包括对质量、交货、降低成本、新产品、新技术开发等方面的改进进行跟踪考核，定期检查进度，及时调整行动。

（4）在公司内部还要通过供应商月度考评、体系审核等机制跟踪供应商的综合表现，及时反馈并提出改进要求。

2. 合作伙伴关系的评价

从采购方来看，可以根据以下几条原则来判断合作伙伴关系是否奏效：

（1）正式的沟通程序；
（2）利于供应商的成功；
（3）共同获利；
（4）关系稳定，不依赖个别人；
（5）始终仔细审视供应商绩效；
（6）对对方具有合理的预期、期望；
（7）员工有责任遵循职业道德；
（8）共享有益信息；
（9）指导供应商改进；
（10）基于采购的总成本进行非敌意磋商，共同决策。

3. 避免合作伙伴关系失败的要点

对合作伙伴关系的研究和经验表明，一系列关键因素将影响合作关系的成功。这些因素均十分重要，缺乏任何一个都可能阻碍合作伙伴关系的发展甚至导致其失败。

（1）高层管理的承诺。高层管理的承诺是成功建立合作伙伴关系最核心的问题。高级管理层有权力指定支持建立合作伙伴关系所需要的资源、人员、信息和预算资金。这一过程很重要，没有资源的支持，成功建立合作伙伴关系的机会将大大降低。高层管理的承诺向每个组织传送出一种信息：合作协议是很重要的，应该得到支持。合作伙伴关系没有组织性保障是无法成功的。

（2）严格的供应商选择过程。由于建立和管理合作伙伴关系的工作量非常大，供应商转换成本也特别高，因此选择一个合适的联盟伙伴是采购方最重要的决策。通常确定一个候选供应商要耗费大量的时间，绩效管理系统有助于采购方从现有的供应商中“剔除掉”绩效较差的候选者。另外，对新供应商进行实地考察或对现有的供应商进行进一步了解，也是选择过程的重要部分。

（3）持续努力的改进。由于种种原因，合作行为也许是伙伴关系所追寻的最关键的利益。双方为形成伙伴关系努力提供了一个公司间联合战略和协同行动的机会，这些努力也促进了双方患难与共，相互依赖，加强了相互沟通。反过来，也极大地帮助了伙伴之间的相互理解和信任。

（4）目标一致。目标一致的原因有：第一，它暗示合作伙伴为建立目标花费了时间和精力，有了可操作的目标，便增加了成功的可能性；第二，它意味着双方都在努力满足对方的需求和要求。很多时候，仅仅就是因为目标不一致，导致了不可调和的矛盾，造成正在讨论中的联盟最终失败。

（5）合作伙伴关系支持体系和文件。跨职能小组经常用于帮助建立伙伴关系协议，但无论是什么样的小组，跨职能联盟小组必须表明他们能够有效地进行小组间的相互合作。

许多联盟伙伴公司，通过一个或更多正式签订的文件来指导双方关系。例如，该文件可能是一项长期采购协议。这些协议强调了各种各样的非价格问题，包括绩效改进要求、冲突解决机制、具体资产关系的指定、促使供应商进一步投资于合作伙伴关系的激励机制等。

（6）不断关注双赢机会。双赢关系的核心是认识对方的需求和期望，双方通过合作可以提高各自的价值，而不是为了分割一个固定的市场而彼此竞争。

（7）广泛沟通和分享信息。联盟与伙伴关系比传统协议强调的范围更广，因此，需要进行广泛的沟通和信息共享。例如，采购方可以与供应商分享自己未来的产品计划，并确定如何将其与供应商的技术发展计划结合起来。在合作伙伴关系中，可以通过多种方式进行沟通和信息共享，包括：合作伙伴关系双方的经理定期召开会议；职能部门间的点对点或平行沟通；电子邮件；电视或电话会议以及时事报道等。频繁的沟通应该能直接促进相互间信任的进一步加深。

（8）建立信任。信任意味着合作伙伴关系的成功前景。加深信任的方式有很多种，包括组织间进行公开的沟通；履行做出的承诺和义务；遵循道德和诚实的办事原则；为对方考虑而不仅仅考虑自己的利益；公开发表有关成功联盟的事件，尤其是那些能够巩固联盟伙伴市场地位的事件；对于涉及双方关系的内部信息和数据严格保守秘密；定期召开组织间的会议。

（9）资源让步。公司可以通过多种方式对联盟与合作伙伴关系提供支持：差旅费和会议预算；组建制定和执行协议的小组；提供适当的信息；提供有能力的人才；保障小组对内部客户进行关系培训等。其中，高级管理层在保证支持伙伴关系能够顺利取得所需资源的方面有重要的作用。

（10）关于联盟与合作伙伴关系目标和期望利益的内部教育。对大多数组织来说，建立合作协议意味着要有所变化。为了避免来自业务单位或生产部门的抵制，进取型组织就会教育内部客户要关注利用合作伙伴所带来的利益。

（11）人员发生变动时，保持联盟与合作伙伴关系的能力。当最初的参与者被调离或发生了其他人事变动时，也许联盟与合作伙伴关系将面临最大的挑战。只有那些当人员变动时仍保持组织连续性的公司，才能获得成功联盟，也就是说，要求每个有可能变动的组织结构都能接受合作伙伴关系。

对供应链联盟与合作伙伴关系的研究表明，保持更高的信任度，进行更多的沟通和信息共享，与合作关系是否令人满意有很大关系；合作战略发展和持续地改进也与合作关系的成功和满意度高度相关。组织必须密切注意那些将影响合作关系成功性的因素。

目前，我国企业之间竞争关系突出，合作关系并不多见。正确理解与供应商之间的关系，打造和维护伙伴型供应商关系，这对中国企业来说无疑是一个挑战。

10.3 供应商调查与开发

10.3.1 供应源调查

供应商管理的首要工作，就是要了解供应商、了解资源市场。要了解供应商的情况，就是要进行供应商调查。

供应商调查，在不同的阶段有不同的要求。供应商调查可以分成三种，第一种是资源市场分析，第二种是供应商初步调查，第三种是供应商深入调查。

1. 资源市场分析

（1）资源市场调查的内容

① 资源市场的规模、容量、性质。例如资源市场究竟有多大范围，有多少资源，多少需求量，是卖方市场还是买方市场，是完全竞争市场还是垄断市场。

② 资源市场的环境如何。例如市场的管理制度、法制建设、市场的规范化程度、市场的经济环境、政治环境等外部条件如何，市场的发展前景如何。

③ 资源市场中各个供应商的情况如何，把众多的供应商的调查资料进行分析，就可以得出资源市场自身的基本情况，例如资源市场的生产能力、技术水平、管理水平、质量水平、价格水平、需求情况及竞争性质等。

资源市场调查的目的，就是要进行资源市场分析。资源市场分析对于企业指定采购策略以及产品策略、生产策略都有很重要的指导意义。

（2）资源市场分析的内容：

① 要确定资源市场是紧缺型的市场还是富余型市场？是垄断性市场还是竞争性市场？

② 要确定资源市场是成长型的市场还是没落型市场？如果是没落性市场，则我们要趁早准备替换产品。

③ 要确定资源市场总的水平，并根据整个市场水平来选择合适的供应商。

2. 供应商初步调查

所谓供应商初步调查，是对供应商的基本情况的调查。主要是了解供应商的名称、地址、生产能力，能提供什么产品，能提供多少，价格如何，质量如何，市场份额有多大，运输进货条件如何。

（1）供应商初步调查的目的。供应商初步调查的目的，是为了了解供应商的一般情况。而了解供应商的一般情况的目的一是为选择最佳供应商做准备；二是为了了解、掌握整个资源市场的情况。因为许多供应商基本情况的汇总就是整个资源市场的基本情况。

（2）供应商初步调查的特点。供应商初步调查的特点，一是调查内容浅，只要了解一些简单的、基本的情况；二是调查面广，最好能够对资源市场中所有供应商都有所调查、有所了解，从而能够掌握资源市场的基本情况。

（3）供应商初步调查的方法。供应商初步调查的基本方法，一般可以采用访问调查法，通过访问有关人员而获得信息。例如，可以访问供应企业的市场部有关人员，或者访问有关用户、有关市场主管人员，或者其他的知情人士。通过访问建立起供应商卡片。

在初步供应商调查的基础上，要利用供应商初步调查的资料进行供应商分析。初步调查供应商分析的主要目的，是比较各个供应商的优势和劣势，选择适合于企业需要的供应商。

（4）供应商分析的主要内容。产品的品种、规格和质量水平是否符合企业需要，价格水平如何。只有产品的品种、规格、质量水平都适合于企业，才算得上企业的可能供应商。对可能供应商有必要进行下面的分析：

企业的实力、规模如何，产品的生产能力如何，技术水平如何，管理水平如何，企业的信用度如何。企业的信用度，是指企业对客户、对银行等的诚信程度；表现为供应商对自己的承诺和义务认真履行的程度，特别是像产品质量保证、按时交货、往来账目处理等方面能够以诚相待，一丝不苟地履行自己的责任和义务。

供应商相对与本企业的地理交通状况如何，进行运输方式分析、运输时间分析、运输费用分析，看运输成本是否合适。

3. 供应商深入调查

供应商深入调查，是指对经过初步调查后，准备发展为自己的供应商的企业进行的更加深入仔细的考察活动，这种考察，是深入到供应商企业的生产线、各个生产工艺、质量检验环节甚至管理部门，对现有的设备工艺、生产技术、管理技术等进行考察，看看所采购的产品能不能满足本企业所应具备的生产工艺条件、质量保证体系和管理规范要求。只有通过这样深入的供应商调查，才能发现可靠的供应商，建立起比较稳定的物资采购供需关系。

进行深入的供应商调查，并不是所有的供应商都必须进行深入调查，只是在以下情况下才需要：

（1）准备发展成紧密关系的供应商

（2）寻找关键零部件产品的供应商

如果我们所采购的是一种关键零部件，特别是精密度高、加工难度大、质量要求高、在我们的产品中起核心功能作用的零部件产品，我们在选择供应商时，就需要特别小心，要进行反复的深入考察审核，只有经过深入调查证明确实能够达到要求时，才确定发展它为我们的供应商。

10.3.2 供应商的开发

开发供应商就是要从无到有的寻找新的供应商，建立起适合于企业需要的供应商队伍。供应商开发是一个很重要的工作，需要精心策划认真组织。开发供应商的流程包括以下三个方面：

（1）寻找供应商。新供应商资汛来源主要有以下几种方式：各种采购指南；新闻传播媒体，如电视、广播、报纸等；各种产品发表会；各类产品展示（销）会；行业协会；行业或政府之统计调查报告或刊物；同行或供应商介绍；公开征询；供应商主动联络和其他途径。

（3）填写供应商基本资料表。如公司名称、地址、电话、传真、E-mail、负责人、联系人；公司概况，如资本额、成立日期、占地面积、营业额、银行讯息；设备状况；人力资源状况；主要产品及原材料；主要客户和其他必要事项。

（3）提出供应商调查评核之申请。

10.4 供应商选择与评价

在现在经济发展中，越来越多的企业选择外发产品，最出名的例子就是 DELL，和戴尔做生意的厂商统统都是最好的厂商，比如说微创、广达电脑、人宝电脑、台达电子、光宝电子。戴尔电脑对伙伴关系非常重视，不会一看哪边供货便宜就哪边进货，戴尔非常注重伙伴的关系，也因为如此，跟伙伴之间都是双赢的关系。戴尔虽然要求非常严谨，但是不会严苛。到今天 DELL 的一天营业额在 6500 万美元，DELL 能有今天的发展，离不开供应商的协助。

所以说选择一家好的供应商，对于一个外包企业来说是非常重要，供应商选择是企业的一大重要决策，一个好的供应商是指拥有制造高质量产品的加工技术，拥有足够的生产能力，以及能够在获得利润的同时提供有竞争力的产品。

1. 如何选择供应商——选择你所需要的供应商

对于企业来说，供应商并不是越大，技术在世界最先进就是好，对供应商管理应注意以下几点；

（1）门当户对原则：供应商的规模和层次和采购商相当。这个是很需要的，如果你的产品量只占他们量的很少一部分，那你的产品的价格，供应量交期都会有一定的问题。

（2）供应商数量。对于主要供应商来说（相对于客户来说），同类物料的供应商数量应该在两家以上，对供应商进行主次之分，这样也就可以保证供应稳定，可以降低管理成本和实现更好、更有效的管理。

2. 选择供应商应考虑的因素

评价和选择一个供应商，一般应考虑以下几个因素：

（1）产品质量。一般来说，衡量供应商最重要的因素是质量。只有良好的设备和技术及技术的不断创新，才能保证供应产品的品质。

（2）技术力量。技术力量是指供应商提供商品的技术参数是否能达到要求。譬如，供应商具有一支技术队伍和有能力去制造所需的产品吗？供应商有产品开发和改进的项目吗？供应商能够帮助改进产品吗？这些问题都很重要。

（3）能力。能力即潜在供应商的设备和生产能力、技术力量、管理与组织能力以及运行控制能力等，这些因素旨在考虑供应商提供所需物资的质量与数目的能力以及供应商能否持续、稳定地提供相关服务的能力。

（4）产品价格。产品的价格是选择供应商的主要因素，但不是最重要的因素，价格应该是在综合考虑了要求供应商按照所需的时间，所需的数量、质量和服务后确定的。

（5）可信度。购买者关心按时交货以避免中断生产。同时，产品的生命周期对最终产品的质量、制造商的质量保证以及重复销售有直接影响。

（6）企业信誉及历来表现

（7）售后服务。售后服务则是指卖方提供机器、设备等的安装或维护；操作或使用方法的教育培训；运送及退换产品等。

（8）良好的管理制度、优秀的企业集体。没有良好的管理制度及企业运营财务状况，可能会中断物料的长期连续供应。因此对长期采购的物料，更应该注重企业的整体状况。

3. 供应商评估方法

常用的选择供应商的方法有两种：一是走访供应商，二是招标法，三是协商法。

（1）走访供应商。走访供应商就是调查了解供应商。通过走访，核实供应商在问卷调查中所回答的信息；与潜在供应商讨论产品和服务；解决不确定的因素、存在的问题和矛盾。

（2）招标法。招标选择是采购企业用招标的方式吸引多个有实力的供应商来投标竞争，然后经过评标小组分析评比而选择最优供应商的方法。

招标选择的主要工作，一是要准备一份合适的招标书；二是要建立一个合适的评标小组和评标规则；三是要组织好整个招、投标活动。

招标书是采购企业的一份目标任务书，也是一份招标操作说明书。招标书中通常含有：招标项目说明、技术规格要求、交货时间地点，合同样本和投标书格式。

公开招标和邀请招标是企业采购中选择供应商的两种主要招标形式。招标活动的一个关键环节就是要组织好评标。评标就意味着具体选择供应商。要搞好评标活动，一是要组织一个好的评标小组；二是要拟定一个好的评标规则；三是要组织好评标活动。

（3）协商法。即由企业先选出供应条件较为有利的几个供应商，同他们分别进行协商，再确定适当的供应商。与招标法相比，协商方法由于供需双方能充分协商，在物资质量、交货日期和售后服务等方面较有保证。但由于选择范围有限，不一定能得以价格最合理、供应条件最有利的供应来源。当采购时间紧迫、投标单价少、竞争程度小、订购物资规格和技术条件复杂时，协商选择方法比招标法更为适合。

10.5 供应商的控制与激励

供应商激励与控制的目的，一是要充分发挥供应商的积极性和主动性，保证本企业的生产正常进行；二是要防止供应商企业的不轨行为，预防一切对企业的不确定性损失。

10.5.1 供应商的激励

为什么要建立供应链企业的激励机制？要回答这个问题，不妨从一个实际例子谈起。某一大型汽车制造商为了促进其生产的汽车在市场上的销售，向分销商提出了一个促销的激励措施。公司规定，只要经销商的销售额达到一定数额，年底时制造商将付给经销商一笔奖励资金。同时，为了帮助经销商，制造商出面与银行签订了分期付款的协议。此举推行下去之后，曾出现一阵销售热潮，库存量明显下降。但是，到年底一算账，制造商才发现有问题。原来，经销商为了扩大销售业绩，纷纷下调价格出售汽车。结果，汽车卖出去不少，经销商也得到了实惠，但是制造商则损失惨重。制造商不得不承受低价销售的损失，使本来就步履艰难的生产经营活动更加雪上加霜。于是，制造商不得不检讨该项措施的失误，第二年重新制定新的促销战略。

这个例子说明，制造商的出发点是激励经销商多卖汽车，希望在给自己带来效益的同时，经销商也能获得一定利益。但是，事与愿违，此激励措施不但没有发挥正常作用，反而给企业造成一定的损失。

在现代物流管理理论中，组织的物流管理范围被扩大，向两端延伸到供应商和用户，以供应链一体化为主的物流管理模式成为当今物流管理的突出特征。组织与供应商之间已经超越了买卖关系，而形成了双方共同努力，谋求共赢的战略合作伙伴关系。在这种前提下，组织对供应商的关注程度被提高，甚至将供应商纳入了日常的管理，对供应商的激励就是对其实施有效管理的手段之一。

对供应商实施有效的激励，有利于增强供应商之间的适度竞争，保持对供应商之间的适度竞争，保持对供应商的动态管理，提高供应商的服务水平，降低公司采购的风险。下面谈谈如何对供应商实施有效的激励。

1. 建立供应商激励标准

激励标准是对供应商实施激励的依据，制定对供应商的激励标准需要考虑如下因素：本企业采购物资的种类、数量、采购频率、采购政策、货款的结算政策等；供应商的供货能力，可以提供的物资种类、数量；供应商所属行业的进入壁垒；供应商的需求，重点是现阶段供应商最迫切的需求；竞争对手的采购政策、采购规模和是否有替代品。

考虑上述因素的主要目的是针对不同的供应商，为其提供量身定做的激励方案，以达到良好的激励效果。

2. 激励机制的内容

从一般意义上讲，激励机制的内容包括激励的主体与客体、激励的目标和激励的手段。

（1）激励主体与客体。激励主体是指激励者，激励客体是指被激励者，即激励对象。激励的主体从最初的业主转换到管理者、上级，到今天已经抽象为委托人。相应的，激励的客体从最初针对蓝领的工人阶层转换到白领的职员阶层，以及今天的代理人。供应链管理中的激励对象（激励的客体）主要指其成员企业，如上游的供应商企业、下游的分销商企业等，也包括每个企业内部的管理人员和员工。在这里主要讨论对以代理人为特征的供应链企业的激励，或对代理人的激励。因此，供应链管理环境下的激励主体与客体主要涉及以下几对：

① 核心企业对成员企业的激励

② 制造商（下游企业）对供应商（上游企业）的激励

③ 制造商（上游企业）对销售商（下游企业）的激励

④ 供应链对成员企业的激励

⑤ 成员企业对供应链的激励

（2）激励目标。激励目标主要是通过某些激励手段，调动委托人和代理人的积极性，兼顾合作双方的共同利益，消除由于信息不对称和败德行为带来的风险，使供应链的运作更加顺畅，实现供应链企业共赢的目标。

（3）激励手段。供应链管理模式下的激励手段有多种多样。从激励理论的角度来理解的话，主要就是正激励和负激励两大类。

正激励和负激励是一种广义范围内的划分。正激励是指一般意义上的正向强化、正向激励，是鼓励人们采取某种行为；而负激励则是指一般意义上的负强化，是一种约束、一种惩罚，阻止人们采取某种行为。

一般而言，有以下几种激励模式可供参考。

① 价格激励。在供应链环境下，各个企业在战略上是相互合作关系，但是各个企业的利益不能被忽视。供应链的各个企业间的利益分配主要体现在价格上。价格包含供应链利润在所有企业间的分配、供应链优化而产生的额外收益或损失在所有企业间的均衡。供应

链优化所产生的额外收益或损失大多数时候是在相应企业承担，但是在许多时候并不能辨别相应对象或者相应对象错位，因而必须对额外收益或损失进行均衡，这个均衡通过价格来反映。

价格对企业的激励是显然的。高的价格能增强企业的积极性，不合理的低价会挫伤企业的积极性。供应链利润的合理分配有利于供应链企业间合作的稳定和运行的顺畅。

但是，价格激励本身也隐含着一定风险，这就是逆向选择问题。即制造商在挑选供应商时，由于过份强调低价格的谈判，他们往往选中了报价较低的企业，而将一些整体水平较好的企业排除在外。其结果影响了产品的质量、交货期等。当然，看重眼前的利益是导致这一现象的一个不可忽视的原因，但出现这种差供应商排挤好供应商的最为根本的原因是：在签约前对供应商的不了解，没意识到报价越低，意味着违约的风险越高。因此，使用价格激励机制时要谨慎从事，不可一味强调低价策略。

② 订单激励。供应链获得更多的订单是一种极大的激励，在供应链内的企业也需要更多的订单激励。一般地说，一个制造商拥有多个供应商。多个供应商竞争来自于制造商的订单，多的订单对供应商是一种激励。

③ 商誉激励。商誉是一个企业的无形资产，对于企业极其重要。商誉来自于供应链内其他企业的评价和在公众中的声誉，反映企业的社会地位（包括经济地位、政治地位和文化地位）。

从我国目前的情况看，一个不可否认的事实是：外资企业和合资企业更看重自己的声誉，也拥有比较高的商业信誉。他们为着自己的声誉，也为着自己的未来利益，努力提高自身代理水平与合作水平。这是经过市场经济的长期洗礼而形成的无形资产，是他们在激烈的市场竞争中颇具实力的一个重要原因。我国有些较差的国有企业在计划经济条件下成长，长期以来习惯于听命上级领导的指示，对纵向关系十分重视，而对横向关系则没有提高到一个战略的高度来认识。久而久之，企业没有养成良好的合作精神。除了履行合同的意识较差外（如不能按交货期按时交货、不按合同付款、恶意欠债等），企业之间相互拖欠货款已经不是个别现象了，甚至发展成按期付款反而被看作不正常的奇怪现象。这些行为严重影响了这些企业的声誉。因为声誉差，一方面使企业难以获得订单，另一方面也埋下了风险的种子。

为了改变这种状况，应该从企业长远发展的战略目标出发，提高企业对商业信誉重要性的认识，不断提高信守合同、依法经营的市场经济意识。整个社会也要逐渐形成一个激励企业提高信誉的环境，一方面通过加强法制建设为市场经济保驾护航，严惩那些不遵守合同的行为，另一方面则要大力宣传那些遵纪守法、信守合同、注重信誉的企业，为这些企业获得更广泛的认同创造良好的氛围。通过这些措施，既可打击那些不遵守市场经济游戏规则的企业，又可帮助那些做得好的企业赢得更多的用户，起到一种激励作用。

④ 信息激励。在信息时代里，信息对企业意味着生存。企业获得更多的信息意味着企业拥有更多的机会、更多的资源，从而获得激励。信息对供应链的激励实质属于一种间接

的激励模式，但是它的激励作用不可低估。如果能够很快捷地获得合作企业的需求信息，本企业能够主动采取措施提供优质服务，必然使合作方的满意度大为提高。这对在合作方建立起信任有着非常重要的作用。因此，企业在新的信息不断产生的条件下，要始终保持着对了解信息的欲望，更加关注合作双方的运行状况，不断探求解决新问题的方法，这样就达到了对供应链企业激励的目的。

信息激励机制的提出，也在某种程度上克服了由于信息不对称而使供应链中的企业相互猜忌的弊端，消除了由此带来的风险。

⑤ 淘汰激励。淘汰激励是负激励的一种。优胜劣汰是世间事物生存的自然法则，供应链管理也不例外。为了使供应链的整体竞争力保持在一个较高的水平，供应链必须建立对成员企业的淘汰机制，同时供应链自身也面临淘汰。淘汰弱者是市场规律之一，保持淘汰对企业或供应链都是一种激励。对于优秀企业或供应链来讲，淘汰弱者使其获得更优秀的业绩；对于业绩较差者，为避免淘汰的危险它更需要求上进。

淘汰激励是在供应链系统内形成一种危机激励机制，让所有合作企业都有一种危机感。这样一来，企业为了能在供应链管理体系获得群体优势的同时自己也获得发展，就必须承担一定的责任和义务，对自己承担的供货任务，从成本、质量、交货期等负有全方位的责任。这一点对防止短期行为和“一锤子买卖”给供应链群体带来的风险也起到一定的作用。危机感可以从另一个角度激发企业发展。

⑥ 新产品。新产品新技术的共同开发和共同投资也是一种激励机制，它可以让供应商全面掌握新产品的开发信息，有利于新技术在供应链企业中的推广和开拓供应商的市场。

传统的管理模式下，制造商独立进行产品的研究与开发，只将零部件的最后设计结果交由供应商制造。供应商没有机会参与产品的研究与开发过程，只是被动地接受来自制造商的信息。这种合作方式最理想的结果也就是供应商按期、按量、按质交货，不可能使供应商积极主动关心供应链管理。相反，供应链管理实施好的企业，都将供应商、经销商甚至用户结合到产品的研究开发工作中来，按照团队的工作方式展开全面合作。在这种环境下，合作企业也成为整个产品开发中的一分子，其成败不仅影响制造商，而且也影响供应商及经销商。因此，每个人都会关心产品的开发工作，这就形成了一种激励机制，构成对供应链上企业的激励作用。

⑦ 组织激励。在一个较好的供应链环境下，企业之间的合作愉快，供应链的运作也通畅，少有争执。也就是说，一个良好组织的供应链对供应链及供应链内的企业都是一种激励。

减少供应商的数量，并与主要的供应商和经销商保持长期稳定的合作关系是制造商采取的组织激励的主要措施。但有些企业对待供应商与经销商的态度忽冷忽热，零部件供过于求时和供不应求时对经销商的态度两个样；产品供不应求时对经销商态度傲慢，供过于求时往往企图将损失转嫁给经销商，因此得不到供应商和经销商的信任与合作。产生这种现象的根本原因，还是由于企业管理者的头脑中没有建立与供应商、经销商长期的战略合作的意识，管理者追求短期业绩的心理较重。如果不能从组织上保证供应链管理系统的运行环境，供应链的绩效也会受到影响。

10.5.2 供应商的管理方法

企业选择供应商，首先运用价值工程原理，对市场上供应商提供的产品进行选择。就价格，交货时间、信誉、供应商实力等进行比较。

1. 如何管理供应商

（1）运用重点管理法管理供应商。对供应商进行重点管理，有利于企业节约人力、物力。首先用 ABC 分类法对供应商进行分类，对于少数关键供应商，进行重点管理。

依据下列比例，对供应商进行划分：

A 类供应商占总供应商数量的 10%左右，其供应的物资价值占企业采购物资价值的 60%～70%左右；

B 类供应商占 20%左右，其供应的物资价值占 20%左右；

C 类供应商占 60%～70%左右，但其供应的物资价值仅占 10%～20%左右。这样划分出 ABC 三类。

（2）对供应商的业绩进行科学考评。建立包括质量、价格、交货时间、合同完成率等在内的指标体系，对供应商进行综合的评价。企业可以对这些指标，按照企业需要的重要程度给予一定的权重，进行综合考核。这些指标真正发挥作用，还在于历史数据的收集、整理，及数据的真实有效。所以，平时维护供应商资料的工作量比较大，需要一定投人。这些资料，对于采购决策的支持，起着重要的作用。

（3）保持供应商之间的适度竞争，优胜劣汰。对于供应商的选择，既可以选择独家供应，也可以选择多家供应，这要根据企业所面临的具体情况考虑。

（4）建立企业同供应商的密切合作、互荣共存的关系。作为一个企业，在考虑自身利益的同时，要兼顾客户利益和供应商利益，保证各自的合理利润，才是企业发展的长久大计。

10.6 供应链信息系统

互联网技术的蓬勃发展为供应链成员信息共享和交流提供了相对方便、快捷和廉价的方式。随着上网技术的发展和成熟，供应链成员可以不受空间限制地从事商业活动。未来的供应链管理将充满无限的商机。

在具体集成和应用这些系统时，不应仅仅将它们视为是一种技术解决方案，而应深刻理解它们所折射的管理思想。

1. 供应链信息系统

（1）销售时点信息系统（POS）。POS 是指通过自动读取设备（收银机）在销售商品时直接读取商品销售信息，并通过通讯网络和计算机系统传送至有关部门进行分析加工，以提高经营效率的系统。

（2）电子自动订货系统（EOS）。EOS 是指企业间利用通讯网络和终端设备以在线方式进行订货作业和订货信息交换的系统。相对于传统的订货方式，EOS 系统可以缩短从接到订单到发出订货的时间，缩短订货商品的交货期，减少商品订单的出错率；有利于减少企业的库存水平，提高企业的库存管理效率；对于生产厂家和批发商来说，通过分析零售商的商品订货信息，能准确判断畅销商品和滞销商品，有利于调整商品生产和销售计划。

（3）企业资源计划（ERP）、制造资源计划（MRPII）、及时生产制（JIT）

ERP/ MRPII/JIT 等主要是用于企业生产控制和库存控制。当然 ERP 的范围更广，已体现出了供应链管理的思想，其应用领域从传统制造业拓展到其他类型的行业。ERP/ MRPII/JIT 等技术的应用就可以解决企业生产中出现的多种复杂问题，促进了企业业务流程、信息流程和组织结构的变革，提高企业生产和整个供应链的柔性，保证生产及供应链的正常运行。

（4）客户关系管理（CRM）。客户关系管理（CRM）是指在企业的运营过程中不断累积客户信息，并使用获得的客户信息来制定市场战略以满足客户个性化需求。CRM 最主要的功能模块是客户服务、市场营销、销售。通过将 CRM 应用于企业之间的信息共享，可以提升供应链上各企业之间的服务水平，提高客户满意度、维持较高的客户保留，对客户收益和潜在收益产生积极的影响等。

（5）电子商务。电子商务是各参与方之间以电子方式而不是通过物理交换或直接物理接触完成的任何形式的业务交易，它包括电子数据交换（EDI）、电子支付手段、电子订货系统、电子邮件、传真、网络、电子公告系统、条码、图像处理、智能卡等。在供应链管理中，电子商务一般为企业对企业（B2B）和企业对消费者（B2C）两种类型。电子商务在供货体系管理、库存管理、运输管理和信息流通等方面提高了企业供应链管理运作的效率。

2. 企业间供应链信息共享系统

为了实现高质量和高效的信息共享，就必须建立企业间的供应链信息共享系统。

（1）信息共享系统的实现步骤

① 创建网络化的企业运作模式。处于供应链核心环节的企业要将与自己业务有关（直接和间接）的上下游企业纳入一条环环相扣的供应链中，使多个企业能在一个整体的信息系统管理下实现协作经营和协调运作，把这些企业的分散计划纳入整个供应链的计划中，实现资源和信息共享，增强了该供应链在市场中的整体优势，同时也使每个企业均可实现以最小的个别成本和转换成本来获得成本优势。这种网络化的企业运作模式拆除了企业的

围墙，将各个企业独立的信息孤岛连接在一起，通过网络、电子商务把过去分离的业务过程集成起来，覆盖了从供应商到客户的全部过程。对供应链中的企业进行流程再造，建立网络化的企业运作模式是建立企业间的供应链信息共享系统的基石。

② 建立统一的信息系统架构。统一的信息系统架构是决定信息能否共享的物质技术基础，主要包括：为系统功能和结构建立统一的业务标准和建立统一信息交流规范体系等。因为即使某些细节之处没有遵循共同的标准也会影响数据交流和信息共享。例如供应链中的企业通过 EDI 进行数据交换时，双方必须严格遵守文件的标准格式，任一方擅自改动格式都将导致对方的系统无法正常工作。我国湖北某汽车公司在建立完整的供应链系统之前与其合作企业之间的信息交流尚未建立规范体系和共同遵守的工作准则。1992 年 2 月法国某汽车公司更改了发货合同的格式，未提前与该公司做好技术上的准备，从而导致该公司的翻译软件无法工作，无法获取数据。

（2）信息共享系统的好处

① 缩短需求响应时间

② 减少需求预测偏差

③ 提高送货准确性和改善客户服务

④ 降低存货水平和缩短定货提前期

⑤ 节约交易成本

⑥ 降低采购成本，促进供应商管理

⑦ 减少生产周期

⑧ 增强企业竞争优势

10.7 采购与供应链的发展趋势

随着信息技术计算机技术的进步，管理理念的更新，采购与供应管理也在不断的发展变化，一些新的发展趋势已经初见端倪，有一些已经在实际工作中被逐渐采用，现在把这些趋势介绍如下。

1. 全球化采购

越来越多的迹象表明，全球正在变成一个单一的市场，哪里成本低，就在哪里生产，在这种情况下，全球化采购应运而生。全球化采购就是在全球范围内组织货源，面向全球范围内的供应商实施采购工作。以求在价格、质量、服务等反面达到仅靠国内采购所达不到的竞争优势。

全球化采购原因包括：

（1）价格。价格是全球化采购的主要原因。各国在劳动力成本、汇率、生产效率、产品垄断程度方面存在差别，再加上信息和运输技术的进步，可以在国外市场寻找到具有更低价格的商品。

（2）质量。在某些产品的质量方面，国外供应商能提供具有更优质量的物料，这对于有志于参与全球竞争的客户来说，具有极大的吸引力。

（3）某些货物在国内无法得到。由于技术、资源或生产方面的原因，采购方所需要的某些产品在国内无法找到，只能寻求于国际市场。

（4）更快的交货、更完善的技术服务和供应的连续性。一些全球性的供应商为了保持自己的竞争优势和良好的声誉，可以比国内供应提供更快的交货速度、更好的技术服务和供应连续性。

（5）出于竞争的考虑。通过引进国外的供应商来竞争，通常会给国内供应商带来压力，采购方利用这一点不仅可以激励国内供应商不断进行技术和服务方面的改进，还可以在价格或其他方面取得优惠。

（6）全球采购环境的好转。目前，全球环境政治形势不断好转，随着计算机技术、交通技术、通信技术的不断进步，各国之间的交流也越来越多，信息传递更为方面，这一切都为全球采购创造了良好的条件。

2. 电子化采购

电子采购已将采购功能转变成了一个交易场上的强有力的竞争武器，并迅速成为一种商业标准。电子采购越来越成为电子商务系统中不可缺少的重要平台，并正成为企业有效降低制造成本、实施全球性战略采购、提高国际竞争力的一个有效工具。相对于传统的采购方式，其优势主要体现在以下几个方面：

（1）提高了通信速度

（2）加强了信息交流

（3）降低了成本

（4）加强了联系，提高了服务质量

（5）服务时间延长

（6）增强了企业的竞争力。

3. 供应商伙伴关系

供应商伙伴关系是企业与供应商之间达成的最高层次的合作关系，它是指在相互信任的基础上，供需双方为了实现共同的目标而采取的共担风险、共享利益的长期合作关系。

许多企业正在逐渐看到建立良好的供应商关系的重要性。日本企业的成功使人们重新认识采供双方之间的关系。日本企业的经验表明，好的供应商关系可以带来许多好处，即得到能够接受交付时间、质量、数量改变的灵活多变的供应商。另外，供应商还能帮助发现问题，提出解决建议。因此，单纯依靠价格选择和变换供应商使一种很短视的方法，不能满足不断变化着的需求。在新的采购环境下，供应商正在从单纯的货物和服务的提供者转变为采购方的战略合作伙伴，在更紧密的共同利益下，游戏规则从单赢变成双赢。

4. JIT 采购

又称准时采购，是一种先进的采购模式、它的基本思想是：在恰当的时间，恰当的地点，以恰当的数量，恰当的质量提供恰当的物品。它是从准时生产发展而来的，是为了消除库存和不必要的浪费而进行持续性改进。

准时化采购要求选择较少的供应商，与供应商形成信息的共享，供应商应该准时提供高质量的产品，这对采购双方都带来了一定的挑战。

【本章小结】

通过本章学习，了解供应风险管理的种类和控制步骤、供应商关系的分类和建立供应商伙伴关系；熟悉供应商调查的内容、供应商选择的步骤、供应商激励的目标和手段；掌握供应链信息系统的内容和采购与供应链的发展趋势。

【案例分析】

案例一：IBM 与用友：合作带来共赢

“高效可靠的财务系统对于我们这样的集团化企业来说至关重要。在我们的财务信息化改造项目完成后，财务系统的效率和稳定性都有了大幅度提升，为集团的进一步发展，提供了夯实的保障！”这是 2007 年徐州矿物集团财务项目完成后，客户的感受。

徐州矿物集团的财务系统采用了基于 IBM Websphere 中间件的 UAP 平台的 NC 集团财务方案。而在硬件上，包括 IBM System p520 服务器等在内的组合应用，也进一步提高了系统的优势。

为徐州矿物集团进行财务系统改造的，是 IBM 的重要合作伙伴——用友软件。

用友软件股份有限公司成立于 1988 年，致力于把基于先进信息技术（包括通信技术）的最佳管理与业务实践普及到客户的管理与业务创新活动中，全面提供具有自主知识产权的企业管理/ERP 软件、服务与解决方案。2001 年 5 月，用友软件股票在上海证券交易所挂牌上市（股票简称：用友软件；股票代码：600588）。用友软件股份有限公司连续多年被评定为国家“规划布局内重点软件企业”，是中国软件业最具代表性企业。“用友牌 ERP 管理软件”系“中国名牌产品”。

经过 20 年发展，用友软件已经成长为亚太本土最大管理软件供应商，是中国最大的管理软件、ERP 软件、财务软件、集团管理软件、人力资源管理软件及小型管理软件供应商。目前，中国及亚太地区超过 60 万家企业运行用友软件，每年超过 8 万家企业选择用友软件，每天超过 300 万用户使用用友软件。用友软件让企业业务更加高效，反应更加迅速，效益更加显著。

用友软件的 ERP/企业管理软件，集团企业和行业解决方案，小型企业管理软件及在线服务等产品业务线，全面覆盖众多行业领域、企业规模和成长阶段。用友软件拥有中国和亚太实力最强的企业管理软件研发体系，规模最大的支持、实施、培训服务网络，以及完备的产业生态系统。

而用友软件的明星产品——用友 NC 是针对集团与行业客户群研发的全线产品，率先采用 J2EE 架构，按照“集中管理、协同商务”的产品设计理念，经过 10 年的研发和实践，形成了国际领先的技术和平台，覆盖 6 大领域 10 大行业的成熟集团管控应用架构，目前用友 NC 高端业务产品和解决方案已经在 1600 多家集团型客户和行业客户中得到成功应用。

用友软件拥有由总部研发中心、南京制造业研发基地、上海先进应用研究中心等在内的中国最大的企业应用软件研发体系和 1400 人的研发队伍。用友的 41 家分子公司、60 家客户服务中心、150 家培训教育中心、3000 名服务专家组成了中国管理软件业最大的服务网络。在日本、泰国、新加坡等亚洲地区，用友软件建立了分公司或代表处。用友软件与超过 2000 家的各类合作伙伴一起为客户提供优质的服务和创新的解决方案。

以用友软件股份有限公司为主体的用友集团，定位于企业及政府、社团组织管理与经营信息化应用软件与服务提供商，旗下还拥有用友政务软件公司、用友移动商务公司、海晟用友软件公司、用友艾福斯公司、用友华表公司等在内的投资控股企业。

案例二　北京华联综合超市条码应用

北京华联综合超市有限公司是国内贸易局“全国华联商厦集团”所属企业。“华联商厦集团”是目前中国民族商业规模最大的零售企业连锁集团。“集团”下属百货公司、连锁超市和大型综合超市等业态。自 1997 年在北京注册成立以来，北京华联综合超市历经多年的发展目前已在北京、南京、武汉、太原、合肥、兰州、西宁、南昌、南宁、大连、苏州、常州、榆次、镇江、昆山、上海、广州、杭州、哈尔滨、长春、成都、西安、呼和浩特、郑州、梧州等 20 多个城市，开设了 50 余家大型综合超市。到 2004 年，大型综合超市将发展至 200 家。

2000 年，北京华联综合超市开始在商品零售、出入库管理、库存盘点等环节应用条码信息管理系统。条码的使用包括：

（1）商品流通的管理。随着华联的快速发展和遍布各地的连锁超市的开业，但各店之间的数据联络、整体运作的规划对每个单店的销售和库存信息提出了极高的挑战。

（2）供应商的管理。

（3）员工的管理。

超市中的商品流通包括：收货、入库、点仓、出库、查价、销售、盘点等，具体操作如下：

（1）收货。收货部员工利用无线数据采集终端，通过无线网与主机连接的无线数据采集终端上已有此次要收的货品名称、数量、货号等资料，通过扫描货物自带的条码，确认货号，再输人此货物的数量，无线手提终端上便可马上显示此货物是否符合订单的要求。如果符合，便把货物送到人库步骤。

（2）入库和出库。入库和出库其实是仓库部门重复以上的步骤，增加这一步只是为了方便管理，落实各部门的责任，也可防止有些货物收货后需直接进入商场而不入库所产生的混乱。

（3）点仓。点仓是仓库部门最重要，也是最必要的一道工序。仓库管理人员手持无线数据终端（通过无线网与主机连接的无线手提终端上已经有各货品的货号、摆放位置，具体数量等资料）扫描货品的条码，确认货号，确认数量。所有的数据都会通过无线网实时性地传送到主机。

（4）查价。查价是超市的一项繁琐的任务。因为货物经常会有特价或调整的时候，混乱也容易发生，所以售货员携带无线数据终端及便携式条码打印机，按照无线数据终端上的主机数据检查货品的变动情况，对应变而还没变的货晶，马上通过无线数据终端连接便携式条码打印机打印更改后的条码标签，贴于货架或货品上。

（5）销售。销售一项是超市的命脉，主要是通过 POS 系统对产品条码的识别，而体现等价交换，为提高效率及加快顾客结账速度，华联超市在各连锁超市选用 NCR 固定式扫描器代替原来的手持式条码扫描器，加快了各通道的结算速度。

（6）盘点。盘点是超市收集数据的重要手段，也是超市必不可少的工作。以前的盘点，必须暂停营业来进行手工清点，盘点周期长，效率低，期间对生意的影响及对公司形象的影响之大无可估量。作为世界性大型超市的代表，其盘点方式已进行必要的完善，其主要分抽盘和整盘两部分：抽盘是指每天的抽样盘点。每天分几次，计算机主机将随意指令售货员到几号货架、清点什么货品。售货员只需手拿无线数据终端，按照通过无线网传输过来的主机指令，到几号货架，扫描指定商品的条码，确认商品后对其进行清点，然后把资料通过无线手提终端传输至主机，主机再进行数据分析。整盘顾名思义就是整店盘点。是一种定期的盘点，超市分成若干区域，分别由不同的售货员负责，也是通过无线数据终端得到主机上的指令，按指定的路线、指定的顺序清点货晶，然后，不断把清点资料传输回主机，盘点期间根本不影响超市的正常运作。因为平时做的抽盘和定期的整盘加上所有的工作都是实时性地和主机进行数据交换，所以，主机上资料的准确性十分高，整个超市的运作也 目了然。

（7）供应商管理。华联超市使用条码对供应商进行管理，主要是要求供应商的供应货物必须有条码，以便进行货物的追踪服务。供应商必须把条码的内容含义清晰反映给超市，超市将逐渐通过货品的条码进行订货。

试分析物流信息技术对供应商的管理有何影响。

【思考题】

1．如何选择供应商？
2．伙伴型供应商关系的建立途径。
3．供应商调查的步骤。
4．供应商激励的手段有哪些？
5．供应商管理的方法。
6．供应链信息系统有哪几部分组成？

参 考 文 献

[1] 孙明贵. 采购物流实务 [M]. 北京：机械工业出版社，2003.
[2] 马士华. 供应链管理 [M]. 北京：机械工业出版社，2005.
[3] 李恒兴. 采购管理 [M]. 北京：北京理工大学出版社，2007.
[4] 王槐林. 采购管理与库存控制 [M]. 北京：中国物资出版社. 2005.
[5] 霍红，华蕊. 管理 [M]. 北京：中国物资出版社. 2005.
[6] 龚国华，吴嵋山，王国才. 采购与供应链 [M]. 上海：复旦大学出版社. 2005.
[7] 朱新民，林敏晖. 物流采购管理 [M]. 北京：机械工业出版社. 2006.
[8] 胡铭. 质量管理学 [M]. 北京：武汉大学出版社，2004.
[9] 谭跃雄. 现代质量管理学(修订版) [M]. 长沙：中南大学出版社，2003.
[10] 郑称德. 采购与供应管理 [M]. 北京：高等教育出版社，2005.
[11] 王忠宗. 采购管理手册 [M]. 广州：广东经济出版社，2003.
[12] 何为达. 政府采购管理 [M]. 北京：企业管理出版社，2005.
[13] 胡阳. 现代物流管理制度制度 [M]. 北京：蓝天出版社，2005.
[14] 史忠健. 物流采购与供应管理 [M]. 北京：中国劳动社会保障出版社，2007.
[15] 郑称德. 采购与供应管理 [M]. 北京：高等教育出版社，2005.
[16] 中国交通运输协会. 采购与供应管理应试指南 [M]. 北京：电子工业出版社，2006.
[17] 利恩德斯. 采购与供应管理 [M]. 北京：机械工业出版社，2003.
[18] 倪志伟. 现代物流技术 [M]. 北京：中国物资出版社，2007.
[19] 黄中鼎. 现代物流管理 [M]. 上海：复旦大学出版社，2005.
[20] 陆辉. 配送管理实务 [M]. 成都：西南交通大学出版社，2007.